# Methoden und Prinzipien der Interpretation im islamischen Recht

HANDBUCH ZUM ISLAMISCHEN RECHT

BAND IV

Serdar Kurnaz

# Methoden und Prinzipien der Interpretation im islamischen Recht

ebv BERLIN

EBVERLAG

Bibliografische Information
der Deutschen Nationalbibliothek

Die Deutsche Nationalbibliothek verzeichnet diese Publikation in der Deutschen Nationalbibliografie; detaillierte bibliografische Daten sind im Internet über http://dnb.d-nb.de abrufbar.



Umschlagmotiv: Derya Kurnaz Eni

Umschlaggestaltung: Rainer Kuhl

Layout: Sina Nikolajew



ISBN: 978-3-86893-413-7

E-Mail: post@ebverlag.de
Internet: www.ebverlag.de

Druck und Bindung: Hubert & Co, Göttingen
Printed in Germany

# Inhalt


**Abbildungsverzeichnis** ... 9

**Verzeichnis der Textbeispiele** ... 9

**Vorwort** ... 11

**Einleitung** ... 15

**1. Erkenntnistheoretische Grundlagen und Grundannahmen** ... 23
1.1 Kategorien des Wissens ... 23
Textbeispiel 1: Wissenskategorien ... 24
1.2 *Bayān* als hermeneutische Grundlage ... 30
1.3 Die erkenntnistheoretischen Kategorien *ṯubūt* und *dalāla* ... 35
1.4 *Ḥaqīqa-maǧāz*-Dichotomie ... 37
Zusammenfassung ... 40

**2. Methoden zur Interpretation von Aussagen in Koran und Sunna** ... 41
2.1 Juristisch relevante Aussagen ... 41
2.2 Klarheit und Unklarheit ... 43
2.2.1 Klarheit und Unklarheit nach den Malikiten, Schafiiten und Hanbaliten ... 46
2.2.2 Klarheit und Unklarheit nach den Hanafiten ... 48
2.2.3 Anwendungsbeispiele ... 52
Textbeispiel 2: Unklare Aussagen ... 53
Textbeispiel 3: Allgemeine Aussage ... 54
2.3 Spezifikation (*taḫṣīṣ*) ... 56
2.3.1 Das Allgemeine (*al-ʿāmm*) ... 56
2.3.1.1 Sprachliche Formen ... 58
2.3.1.2 Umfang allgemeingültiger Aussagen ... 58
2.3.1.3 Hinweischarakter allgemeiner Wörter und Aussagen ... 63
2.3.2 Spezifische Wörter und Aussagen (*ḫāṣṣ*) ... 63

2.3.3 Der Spezifikationsvorgang ... 66
2.3.3.1 Bedingungen einer Spezifikation ... 67
2.3.3.2 Spezifikatoren (Sg. *muḫaṣṣiṣ*) ... 70
2.3.3.3 Die Folgen einer Spezifikation ... 78
2.3.3.4 Textbeispiel ... 81
Textbeispiel 4: Spezifikation ... 81
2.4 Konkretisierung der unbestimmten Aussage (*taqyīd al-muṭlaq*) ... 84
Textbeispiel 5: Konkretisierung ... 88
2.5 Bewertung normativer Aussagen ... 90
2.5.1 Gebietende Aussagen (*al-awāmir,* Sg. *al-amr*) ... 90
2.5.2 Textbeispiel für die Auslegung gebietender Aussagen ... 99
Textbeispiel 6: Normativer Status gebietender Aussagen ... 100
2.5.3 Verbietende Aussagen (*an-nawāhī,* Sg. *an-nahy*) ... 103
2.5.4 Textbeispiel zu verbietenden Aussagen ... 107
Textbeispiel 7: Normativer Status verbietender Aussagen ... 108
Zusammenfassung ... 111

**3. Textuelle Implikationen ... 113**
3.1 Der Hinweis (*ad-dalāla*) ... 113
3.2 Das Verstandene (*al-mafhūm*) ... 115
3.3 Textbeispiel ... 119
Textbeispiel 8: Umkehrschluss ... 120
Zusammenfassung ... 122

**4. Auflösung der Kollision (*taʿāruḍ*) von Hinweisen: Wahrscheinlichkeitsabwägung (*tarǧīḥ*) und Abrogation (*nasḫ*) ... 123**
4.1 Wahrscheinlichkeitsabwägung (*tarǧīḥ*) ... 123
4.1.1 Der Text als Entscheidungsgrundlage ... 124
4.1.2 Die Überlieferungskette als Entscheidungskriterium ... 125
4.1.3 Entscheidungskriterium entsprechend der Folge eines Textes ... 127
4.1.4 Weitere Kollisionsfälle ... 128
4.1.5 Textbeispiel zur Kollision von Hinweisen ... 129
Textbeispiel 9: Kollision von Hinweisen ... 131
4.2 Abrogation (*nasḫ*) ... 135
4.3 Textbeispiel zur Abrogation ... 140
Textbeispiel 10: Abrogation ... 140
Zusammenfassung ... 143

| | | |
|---|---|---|
| **5.** | **Zeitgenössische Kritik und Herangehensweisen** | **145** |
| 5.1 | Moderne *maqāṣid*-Debatte | 145 |
| 5.2 | Salafismus und Formen des *back to the roots* | 152 |
| 5.3 | Islamisches Recht als Minderheitenrecht | 154 |
| 5.4 | Islamisches Recht als Ethik | 157 |
| 5.5 | Kritik Fazlur Rahmans an der muslimischen Tradition – die historisch-kritische Lesart | 159 |
| | Zusammenfassung | 162 |
| **Schlusswort** | | **163** |
| **Literaturempfehlungen und Bibliographie** | | **167** |
| | Enzyklopädien und Lexika | 167 |
| | Bibliographie | 167 |
| **Index** | | **173** |
| | Schlagwortverzeichnis | 173 |
| | Personenverzeichnis | 195 |
| **Anhang** | | **199** |
| | Link zum Schema *Normderivation durch Textauslegung* | 199 |

## Abbildungsverzeichnis


| | | |
|---|---|---|
| Schema 1: | Wissen | 27 |
| Schema 2: | Erkenntnistheoretische Kategorien | 37 |
| Schema 3: | Aussagen und ihre Auswirkung | 43 |
| Schema 4: | Klarheit und Unklarheit | 52 |
| Schema 5: | Spezifikation | 80 |
| Schema 6: | Konkretisierung | 88 |
| Schema 7: | *Dalāla* | 115 |
| Schema 8: | *Manṭūq* und *mafhūm* | 119 |
| Schema 9: | Überliefererketten bzw. Isnade | 126 |
| Schema 10: | Normderivation durch Textauslegung | 199 |


## Verzeichnis der Textbeispiele


| | | |
|---|---|---|
| Textbeispiel 1: | al-Ǧuwaynī, *Kitāb al-Waraqāt fī uṣūl al-fiqh* | 24 |
| Textbeispiel 2: | al-Ǧaṣṣāṣ, *Šarḥ Muḫtaṣar*, III:18 f. | 53 |
| Textbeispiel 3: | an-Nawawī, *al-Maǧmūʿ*, IX:170 | 54 |
| Textbeispiel 4: | al-Buḫārī, *Kašf al-asrār*, I:429 f. | 81 |
| Textbeispiel 5: | al-Bāǧī, *Iḥkām*, I:287 | 88 |
| Textbeispiel 6: | ar-Rāzī, *Tafsīr*, VII:119 | 100 |
| Textbeispiel 7: | Ibn Rušd, *al-Muqaddimāt*, I:443 | 108 |
| Textbeispiel 8: | Ibn ʿAqīl, *al-Wāḍiḥ*, II:43 f. | 120 |
| Textbeispiel 9: | Ibn Rušd, *Bidāya*, 523 f. | 131 |
| Textbeispiel 10: | al-Māturīdī, *Tafsīr*, V:405–407 | 140 |

## Vorwort

Das Handbuch zum islamischen Recht besteht aus sechs Bänden. Der vorliegende vierte Band fasst die Interpretationsmethoden zusammen, die die Rechtsgelehrten entwickelt haben. Er behandelt die Frage, wie Belege aus den anerkannten Rechtsquellen interpretiert und aus ihnen Normen hergeleitet werden können. Diesem Band gehen drei Bände voraus: Band I beschreibt die Entstehung und Entwicklung der islamischen Rechtswissenschaften, der Rechtsschulen sowie der Bildungseinrichtungen. Dem schließt sich Band II an: Er fasst die theoretische Diskussion um Normkategorien zusammen und beinhaltet eine konzise Beschreibung von ausformulierten Normen aus ausgewählten Bereichen des islamischen Rechts. Band III widmet sich im Anschluss der Frage nach den Quellen des islamischen Rechts und ausgewählten Methoden zur Herleitung von Normen. Band V setzt nach dem vorliegenden Band IV im 19. Jahrhundert an und fasst die moderne Entwicklung im islamischen Recht zusammen. Dieser Band hat seinen Schwerpunkt auf der Entwicklung in Deutschland, speziell der universitären Auseinandersetzung mit dem islamischen Recht. Band VI umfasst die wichtigsten Begriffe, ihre Erklärung sowie die Kurzbiographien von allen Gelehrten und Wissenschaftler:innen[1], die in den Bänden vorkommen.

1 Das vorliegende Buch nimmt es sich zum Ziel, eine gendergerechte Sprache zu verwenden. In historischen Bezügen jedoch muss auf das Gendern zumeist verzichtet werden, da der historische Diskurs weit überwiegend männerdominiert war. Gibt es Ausnahmen, wie etwa im Falle von Prophetengefährt:innen, wird auf die gendergerechte Sprache geachtet.

Die Reihenfolge der Bände ergibt sich aus meiner Beobachtung zur Entwicklung des islamischen Rechts: Zur Entstehungszeit des islamischen Rechts haben semi-professionelle Richter sowie Rechtsgelehrte in ihren Unterrichtszirkeln Normen formuliert. Es haben sich unterschiedliche Praktiken entwickelt, aus denen sich Rechtsschulen herausgebildet haben. Rechtstheoretische, -methodische, -dogmatische und -hermeneutische Überlegungen folgten auf bereits etablierte bzw. sich allmählich durchsetzende Korpora von Normen. Größere Umbrüche und die Suche nach Neujustierungsmöglichkeiten sowie neuen Zugängen finden wir ab dem 19. Jahrhundert. Das heißt nicht, dass es vor dem 19. Jahrhundert keine Änderungen gab – der Rahmen, in dem das Handbuch entstanden ist, erlaubt es jedoch nicht, auf alle Entwicklungen einzeln einzugehen, weshalb Band V spät im 19. Jahrhundert ansetzt. Eine differenzierte Betrachtung der verschiedenen Entwicklungsstufen des islamischen Rechts erfolgt in Band I gesondert.

Ziel des Handbuches ist es, Studierenden der Islamischen Theologie, der Islamwissenschaft sowie der Rechtswissenschaft einen Überblick über die islamischen Rechtswissenschaften zu geben und auf zentrale Entwicklungen, Veränderungen und Konzepte des islamischen Rechts sowie auf die Denkweise der muslimischen Rechtsgelehrten aufmerksam zu machen. Das Handbuch adressiert auf dieselbe Weise das interessierte Publikum, das sich mit der muslimischen Rechtstradition auseinandersetzen möchte.

Obwohl alle Bände inhaltlich zusammenhängen, können sie unabhängig voneinander gelesen werden. Sie sind als in sich geschlossene, eigenständige Einführungen in das jeweilige Thema konzipiert. Dennoch gibt es Querverweise innerhalb der Bände, um auf nähere Informationen an anderer Stelle aufmerksam zu machen. Die Bände I bis V enthalten Übersetzungen aus Primärquellen, die ich so wörtlich wie möglich vorgenommen habe. Sie sollen das Fremde und Bemerkenswerte des Originals in der Zielsprache Deutsch so verständlich wie möglich wiedergeben und als Diskussions- und Vertiefungsgrundlage des jeweiligen Themas dienen. Sofern die zitierte Quelle des arabischen Originals Vokalzeichen beinhaltete, wurden diese übernommen. Die Vokalisationen in den Textbeispielen sind daher nicht einheitlich. Studierende und Leser:innen ohne Arabischkenntnisse, für die die

Auseinandersetzung mit den Primärquellen von sekundärer Wichtigkeit ist, können den Inhalt in jedem Fall auch rein aus der Übersetzung verstehen. Jedes Kapitel endet mit einer Zusammenfassung, die die wichtigsten Punkte des jeweiligen Kapitels zusammenträgt.

Das Handbuch gibt die bekanntesten Theorien und Ansätze zu den islamischen Rechtswissenschaften sowie ihrer Entstehung und Entwicklung wieder. Daher wird nur für solche Informationen im Fußnotenapparat auf Belegstellen verwiesen, für die ein direktes Zitat (inklusive Koran- und Hadithzitate) vorliegt, eine Textstelle übersetzt oder eine bestimmte Deutung wiedergegeben wird, die nur von vereinzelten Personen vertreten wird. Für jeden Band habe ich eine Literaturauswahl getroffen, die als Leitlektüre diente. Das Literaturverzeichnis umfasst daher nicht nur die im Fußnotenapparat vorkommenden Quellen, sondern darüber hinaus auch solche, die ich inhaltlich einbezogen, aber im Fußnotenapparat nicht kenntlich gemacht habe. Ferner umfasst es Literaturempfehlungen und fällt deshalb länger aus als eine reine Auflistung der tatsächlich einbezogenen Quellen. Ich habe alle technischen Begriffe, alle explizit genannten Werke aus den islamischen Rechtswissenschaften und auch die Gelehrten in den folgenden Werken nachgeschlagen und die dortigen Aussagen in paraphrasierter Form angeführt. Da es unzählige Einträge sind, seien hier die Enzyklopädien nur genannt und die konsultierten Einträge nicht gesondert aufgelistet: *Encyclopaedia of Islam,* Second Edition (*EI*[2]), *Encyclopeadia of Islam – Three* (*EI*[3]), *Türkiye Diyanet Vakfı İslâm Ansiklopedisi, Lexikon für Kirchen- und Religionsrecht.* Für die *EI*[3] gilt zu beachten, dass einige islamrechtlich relevante Themen nicht mithilfe der Transkription des arabischen Terminus' gefunden werden können, sondern mit der englischen Übersetzung, wie etwa »courts of law« und »education«. Die bibliographischen Informationen zu den Enzyklopädien sind im Literaturverzeichnis komplett angeführt; man beachte auch ihre online abrufbaren Versionen. Neben den dortigen Einträgen habe ich mich in diesem Band besonders an den folgenden Studien orientiert, die im Literaturverzeichnis vollständig aufgelistet sind: Gleave, *Islam and Literalism*; Görgün, *Sprache, Handlung und Norm*; Hallaq, *A History of Islamic Legal Theories*; Kurnaz, *Methoden zur Normderivation im islamischen Recht*; Weiss, *The*

*Search for God's Law*; Vishanoff, *The Formation of Islamic Hermeneutics*; Zysow, *The Economy of Certainty*.

Mit einem Schlagwort- und Personenverzeichnis und einem Anhang, der einen QR-Code sowie einen Link zu einer weiteren Übersichtsskizze enthält, wird das Buch abgeschlossen.

Jeder der Bände des Handbuchs zum islamischen Recht profitierte von kritischen Rückmeldungen von Freund:innen und Kolleg:innen. Einige von ihnen haben einzelne oder alle Bände gegengelesen, manche unterstützten mich bei der Literaturbeschaffung und -auswahl, andere gingen sorgfältig die Konzeption des Handbuchs mit mir durch. Ich habe in diesem Sinne Aydın Süer, Bahattin Akyol, Hatem Elliesie, Hureyre Kam, Irem Kurt, Ufuk Topkara und Usama Abdurahman zu danken. Danken möchte ich auch Sina Nikolajew für das umsichtige Lektorat sowie die geduldige und genaue Publikationsvorbereitung. Derya Kurnaz Eni möchte ich für das schöne Motiv, das sie für das Handbuch entworfen hat, danken. Gedankt sei auch Rainer Kuhl vom EB-Verlag für die Betreuung der Reihe und die Aufnahme in das Publikationsprogramm.

Berlin, im Juli 2023

# Einleitung

Córdoba, Andalusien; wir schreiben das Jahr 1134: Ein muslimischer Bauer erwirbt von einer christlichen Familie zu einem günstigen Preis Wein. Er weiß, er darf Wein für den Konsum weder kaufen noch verkaufen, doch sein Ziel ist es ohnehin, aus diesem Wein Essig herzustellen. Kurze Zeit später warnen ihn seine Freunde: Man dürfe Essig nur verwerten und verkaufen, wenn Wein von selbst zu Essig werde. Der menschliche Eingriff sei untersagt. Der Bauer denkt sich, dass es doch wohl egal sein könne, ob man bewusst aus Wein Essig herstellt oder ob der Wein selbst zu Essig wird. In jedem Fall entsteht aus Wein Essig, und diesen darf man ja wohl konsumieren!? Um sicherzugehen, fragt er einen Rechtsgelehrten (*muftī*). Wie wird dieser wohl antworten und seine Meinung begründen?

Berlin 2019: Im Sommer feiert eine Gruppe Abiturient:innen ihren Abschluss. Bei der Party werden reichlich alkoholische Getränke genossen. Es gibt auch Süßigkeiten, die Alkohol enthalten. Die muslimischen Abiturient:innen halten sich zurück und nehmen von allen alkoholischen Getränken Abstand. Einige unter ihnen fragen sich, ob sie wirklich keinen Alkohol trinken dürfen oder ob sich das Verbot nur auf den Weinkonsum beschränkt. Schließlich steht ja im Koran nur, dass der Konsum von Wein verboten ist. Zumindest die alkoholhaltigen Süßigkeiten dürfte man demnach konsumieren, da man ja durch den Konsum nicht berauscht wird – oder etwa nicht?

Diese beiden Fälle sind fiktiv, aber es sind solche Fragestellungen, die in klassischen Rechtswerken oder in modernen Fatwas (*fatwā*, Pl. *fatāwā*, [religiöse] Gutachten) in der muslimischen Tradition besprochen werden. Muslim:innen gehen davon aus, dass Gott durch den Koran und sein Prophet durch seine Sunna (also seine in Form von Berichten überlieferten Aussagen, Handlungen und stillschweigende

Zustimmung) die Grenzen aufzeigen, innerhalb derer die Muslim:innen ihren Alltag gestalten sollen. Daraus ergeben sich für die Zulässigkeit von Handlungen viele Fragen. Meist werden mehrere Antworten für dieselbe Frage angeführt, obwohl man sich jeweils auf die gleichen Belegstellen in Koran und Sunna beruft. Die Gelehrten legen die Texte also unterschiedlich aus. Wieso ist das aber so? Gehen wir vom Beispiel der Abiturient:innenfeier aus und schauen uns einige Textbeispiele an.

Q 5:90 schreibt vor: »Ihr Gläubigen! Siehe, Wein, Losspiel, Opfersteine sowie Pfeile – sie sind ein Greuel, sind ein Werk des Satans! So meidet das, vielleicht wird's euch dann wohlergehen!«[2] Vom Propheten wird überliefert, dass alles Berauschende verboten sei.[3] Ein weiterer Hadith (*ḥadīṯ*, Pl. *aḥādīṯ*) besagt, dass man berauschende Getränke, wie etwa Honigwein und Weizenbier, in kleinen Mengen konsumieren dürfe, solange man nicht berauscht werde.[4] Wir haben damit in den religiösen Texten, an denen sich Muslim:innen für die Gestaltung ihres Alltags orientieren, verschiedene Aussagen. Keine dieser Aussagen hat die Form einer klaren Norm oder Regelung (*ḥukm*, Pl. *aḥkām*). Normen bzw. Regelungen müssen also erst hergeleitet werden. Stellt man sie nebeneinander, kann man sie unterschiedlich deuten:

1) Q 5:90 schränkt den Hadith, der alles Berauschende für verboten erklärt, ein: Nur der Weinkonsum ist verboten. Alle weiteren alkoholischen Getränke dürfen konsumiert werden, solange die konsumierte Menge nicht berauscht.
2) Kombiniert man die drei Texte, ist nur der Rausch verboten. Man darf jedes Getränk – auch Wein – konsumieren, solange man nicht berauscht wird.

2 Alle Koranübersetzungen orientieren sich an Bobzin, *Der Koran*. Veränderungen wurden kenntlich gemacht.

3 Muslim, *Ṣaḥīḥ*, *Kitāb al-Ašriba*, *Bāb* 7, Hadith Nr. 73/2003.

4 Für diesen und weitere Hadithe sowie ihre Besprechung siehe aṭ-Ṭaḥāwī, *Šarḥ Maʿānī*, IV:219–222.

3) Der Hadith zu Weizenbier und Honigwein stellt eine veraltete Praxis dar, die durch den anderen Hadith und Q 5:90 für nichtig erklärt, also abrogiert wurde. Folglich dürfen Alkoholika nicht konsumiert werden.
4) Q 5:90 erwähnt Wein repräsentativ für alles, was berauscht. Da der Koran noch stärker zu berücksichtigen ist als Hadithe, ist jeder Hadith, der ihm widerspricht, hinfällig und unecht. Alkoholika dürfen also nicht konsumiert werden.

Das sind nur vier mögliche Optionen, die man aus den erwähnten Texten herleiten könnte. Option 3 und 4 haben dasselbe Ergebnis, doch die Argumentation ist deutlich verschieden: Bei Option 3 sehen wir, dass der Gesetzgeber (*šāriʿ*; in unserem Fall ist der Gesetzgeber Gott und sein Prophet) eine alte Praxis selbst für nichtig erklärt. Bei Option 4 würden Gelehrte entscheiden, dass ein Hadith – also ein Bericht über eine Praxis zu Lebzeiten des Propheten – nicht echt sei.

Damit liegen jeder Deutungsoption bestimmte Vorannahmen zugrunde, wie zum Beispiel, dass der jüngste Text die älteren für nichtig erklärt (Option 3), dass der Koran stärker zu berücksichtigen ist als Hadithe (Option 4) und dass allgemeine Aussagen von spezifischen eingeschränkt werden können (Option 1).

Darüber hinaus ergeben sich durch die oben genannten Referenztexte weitere Probleme, die man lösen muss. Es ist nicht klar, was in Q 5:90 mit »Losspiel, Pfeil und Opfersteine« gemeint ist. Ist das eine altarabische Praxis, auf die der Koran reagiert, oder verbietet er alles, was man unter »Losspiel, Pfeil und Opfersteine« verstehen kann? Gesetzt den Fall, dass ›Pfeile‹ verboten sind: Ist es dann verboten, Darts zu spielen oder Bogenschießen als Sportart auszuüben? Wäre Wichteln an Weihnachten in der Schule untersagt, da es als eine Art Losspiel verstanden werden könnte?

Aus diesen speziellen Fragen ergeben sich grundsätzliche Fragen für die Interpretation von den religiösen Quellen sowie die Herleitung von Normen aus den Rechtsquellen im Allgemeinen: Wie stelle ich die Bedeutungen fest, auf die die Aussagen in Koran und Sunna verweisen? Nach welchen Prinzipien und Grundannahmen dürfen die Texte ausgelegt werden? Wie sicher kann ich mir sein, dass die

Bedeutung, die ich erkannt habe, auch von den religiösen Texten gemeint ist? Wie erfasse ich den Normativitätsgrad einer Aussage; wie verbindlich ist sie? Handelt es sich bei Aufforderungen immer um Verpflichtungen oder auch um Empfehlungen? Auf diese und weitere Probleme, die sich während der Herleitung von Normen aus den religiösen Texten ergeben, will die vorliegende Einführung eingehen. Sie fasst die Herangehensweise der muslimischen Gelehrten zusammen, um zu zeigen, wie diejenigen Rechtsnormen im islamischen Recht begründet werden, die einen direkten Bezug zu den autoritativen Texten (*nuṣūṣ*), also Koran und Sunna, haben.

Muslimische Gelehrte haben ein Rechtssystem entwickelt, das Normen beinhaltet, die aus religiösen Texten hergeleitet werden. Sie gehen davon aus, dass menschliche Handlungen den Aussagen entsprechend in den religiösen Texten Koran und Sunna bewertet und kategorisiert werden müssen. Diese Texte beinhalten Handlungsanweisungen, die dazu auffordern, bestimmte Handlungen zu vollziehen oder zu unterlassen. Solche Aussagen sind nicht systematisch angeordnet und liegen recht verstreut im Koran und in der Hadithliteratur vor. Häufig ergänzen sie sich gegenseitig und nehmen direkt Bezug aufeinander; oft stellen die Gelehrten einen Bezug her. Nicht selten widersprechen sich die dort angegebenen Informationen zu einem Sachverhalt. Daher sind Methoden notwendig, die den Gelehrten und Juristen als Werkzeug dafür dienen, rechtsrelevante Texte systematisch aufzuarbeiten, sie zu deuten und aus ihnen Normen zu formulieren. Die religiösen Texte beinhalten selbst keine Normen, sondern nur Hinweise (*adilla*, Sg. *dalīl*) und Belegstellen, um Normen zu begründen. Methoden und Prinzipien, die für die Herleitung von Normen (Normderivation; arab. *istinbāṭ al-aḥkām*) aus den Quellen dienen, werden ›Normderivationsmethoden‹ (*ṭuruq al-istinbāṭ*) genannt.

Die vorliegende Einführung befasst sich mit den Normderivationsmethoden, also den Interpretationsmethoden und -prinzipien, die der Textauslegung dienen. Sie sind in den *uṣūl al-fiqh* zu finden. *Uṣūl al-fiqh* bedeutet wörtlich ›Wurzeln des Verstehens‹ bzw. ›Wurzeln des Rechts‹; die gewöhnliche Übersetzung ist ›Rechtsmethodologie‹. *Uṣūl al-fiqh* ist die Disziplin, die nach den Grundlagen des Rechts fragt. Dazu gehört unter anderem die Frage nach den legitimen

Normderivationsmethoden, also der Rechtsmethodik. Ziel ist es hier, diese Methoden kurz vorzustellen, ihre Funktionsweise darzustellen und ihre Grenzen aufzuzeigen. Dabei werde ich hauptsächlich die Herangehensweise der sunnitischen Rechtsschulen vorstellen. Schiitische und mutazilitische Positionen werde ich an geeigneten Stellen ergänzen.

Bevor wir uns die einzelnen Methoden anschauen können, sei eine Begriffsklärung vorausgeschickt: Die unterschiedlichen Methoden und Prinzipien zur Interpretation autoritativer textueller Quellen fallen alle unter den Begriff ›Idschtihad‹ (*iǧtihād*), der zwei Bedeutungen hat: Im engeren Sinne ist es die Bemühung darum, eine Lösung für einen Fall zu finden, der in Koran und Sunna nicht thematisiert wird. Im weiteren Sinne umfasst es alle Methoden zur Normderivation, also zur Herleitung von Normen aus den Rechtsquellen, sei es die Textauslegung oder die Füllung von Rechtslücken durch Analogie oder weitere Methoden wie *istiḥsān* (›das Für-gut-Halten‹) und *istiṣlāḥ* (›das Für-nützlich-Halten‹).[5]

Die Herleitung von Normen wird im Arabischen *istinbāṭ* genannt. Sie kann eine spezielle Form des Idschtihad sein. *Istinbāṭ* bedeutet wörtlich ›Herleitung, Hervorbringung‹. Es ist die Herleitung von Normen aus den Rechtsquellen, wie etwa Koran und Sunna, die als *dalīl,* also ›Hinweis‹ bezeichnet werden. Damit beinhalten die Rechtsquellen (*adilla,* Sg. *dalīl*) keine fertigen Normen, sondern Hinweise zu solchen. Sowohl ›Rechtsquelle‹ als auch ›Hinweis‹ werden mit demselben Begriff – *dalīl* (Pl. *adilla*) – wiedergegeben. Um sie voneinander zu unterscheiden, bezeichnen viele Autoren rechtsmethodischer Werke Rechtsquellen als *dalīl iǧmālī* (›summierter Hinweis‹, denn viele einzelne Hinweise ergeben als Ganzes eine Quelle) und *dalīl tafṣīlī* (›detailspezifischer Hinweis‹). Moderne Einführungen sprechen zudem oft von *maṣdar,* wenn sie eine Rechtsquelle wiedergeben.

Verwandt ist *dalīl* mit Indizien (*qarā'in,* Sg. *qarīna*). Indizien sind ebenfalls Hinweise, die auf Normen verweisen können. Sie sind im

5 Für Quellen und Methoden siehe Band III.

Unterschied zu Hinweisen nicht darauf beschränkt, textuell zu sein. Es gibt zum Beispiel rationale Indizien und Zustandsindizien (*qarāʾin al-aḥwāl*). Sind Indizien textuell überliefert (also *samʿī*), dann sind sie meist mit *dalīl* gleichzusetzen. Überlieferte textuelle Indizien haben verschiedene Arten: a) wörtliche (*lafẓīya*) Indizien, b) kontextuelle (*siyāqīya*) Indizien und c) intratextuelle (also im selben Textkorpus, aber an anderer Stelle) bzw. sich außerhalb des Gesagten befindliche (*ḫāriǧīya*). Sie alle gehören zu den wesentlichen Bestandteilen der Textauslegung, wie wir im Folgenden noch sehen werden.

Ziel der Einführung ist es, die Methoden darzustellen, die sich mit der Auslegung der Aussagen in Koran und Sunna als ›autoritative Texte‹ und somit als Referenztexte (*nuṣūṣ*, Sg. *naṣṣ*) befassen. Diese Methoden befähigen die Gelehrten dazu, Normen zu formulieren. In der Sunna werden bekanntlich nicht nur Aussagen des Propheten überliefert. Sie beinhaltet auch Berichte über seine Handlungen (*afʿāl*) und Aussagen darüber, dass er etwas stillschweigend zugelassen hat (das ist *iqrār* bzw. *taqrīr*). Wie genau die Gelehrten solche überlieferten Handlungen und Billigung des Propheten normativ bewerten, werde ich nicht besprechen. Ich möchte dennoch die Herangehensweise der Gelehrten kurz zusammenfassen: Beschreibt der Prophet zum Beispiel durch seine Taten, wie das Gebet verrichtet werden soll, dann ist die Befolgung der erklärenden Handlungen als Verpflichtung (*wuǧūb*) zu bewerten, denn die Aufforderung, das Gebet zu verrichten, ist eine Verpflichtung, keine Empfehlung (*nadb*). Daraus folgt das Auslegungsprinzip: Erklärt der Prophet mit seiner Handlung eine bereits von ihm geäußerte Aufforderung, dann erhält die erklärende Handlung denselben normativen Status wie die Aufforderung. Vollbringt der Prophet eine gottgefällige Tat, ohne dass er eine vorherige Aufforderung zu erklären gedenkt, wird ihr zumeist unterstellt, eine Empfehlung zu sein. Ansonsten werden Handlungen als freigestellte Handlungen bewertet. Man kann sie vollziehen oder unterlassen. Lässt der Prophet es stillschweigend zu, dass man z. B. zu bestimmten Anlässen und Feierlichkeiten tanzt, singt und musiziert, deutet dieses Schweigen darauf, dass diese Handlungen mindestens gebilligt werden und vollzogen werden dürfen. Also wird Billigung (*taqrīr*) so gedeutet, dass Menschen frei entscheiden können, ob sie etwas tun oder unterlassen, ohne dabei befürchten zu müssen, etwas Falsches zu tun oder jemandem zu schaden.

Die vorliegende Einführung beschreibt die Auslegungsmethoden rechtsschulübergreifend. An den wichtigen Stellen habe ich dennoch darauf geachtet, auf prägnante Unterschiede innerhalb der Rechtsschulen zu verweisen. Auf die berühmte Unterscheidung zwischen den *mutakallimūn* (den sog. ›Theologen‹, also den Malikiten, Schafiiten und Hanbaliten) und den *fuqahā'* (den sog. ›Rechtsgelehrten‹, also den Hanafiten) bin ich nicht eingegangen. Man nimmt generell an, dass die Hanafiten einer anderen Methode folgen als die anderen drei sunnitischen Rechtsschulen. Die neuere Forschung zeigt, dass hier kein methodischer Unterschied vorliegt, sondern ein begriffssystematischer. Das heißt, dass die Hanafiten oft andere Begriffe verwenden, um ähnliche Methoden zu beschreiben. Ferner unterscheiden sich die Hanafiten häufig von den anderen Rechtsschulen, da sie andere Voraussetzungen für die Gültigkeit der Methoden zur Textauslegung aufstellen.

Die Einführung hat neben der Einleitung und dem Schlusswort fünf Kapitel. Kapitel 1 beschäftigt sich mit der Erkenntnistheorie: Wenn alle Zeitungen über ein Erdbeben in Tokyo berichten, kann ich mir dann sicher sein, ob es dort ein Erdbeben gegeben hat? Die Erkenntnistheorie (Epistemologie) beschäftigt sich also mit den Möglichkeiten des Menschen, Wissen zu erwerben. Sie bespricht ferner, mit welcher Sicherheit Menschen Wissen erwerben können. Daran schließt sich Kapitel 2 an, das die Textauslegung im Lichte der erkenntnistheoretischen Annahmen behandelt. Neben der Auslegung des äußeren Wortlauts der religiösen Texte können auch implizite Bedeutungen für die Normderivation herangezogen werden. Kapitel 3 fragt nach diesen und bespricht, wie mit den Implikationen einer Aussage umgegangen werden soll. Angenommen, dass uns zwei Aussagen aus der Sunna vorliegen, die denselben Fall unterschiedlich bewerten: Wie lösen die Gelehrten diesen Widerspruch auf? Kapitel 4 stellt sich daher die Frage nach der Lösung von Kollisionsfällen. Diese Themen, die ich alle aus der vormodernen Literatur zusammenfasse, stelle ich abschließend in Kapitel 5 der zeitgenössischen Kritik gegenüber. Das Schlusswort fasst die Ergebnisse in einer Gesamtschau zusammen.

Im Anhang steht eine Übersichtsdarstellung (Schema 10) zur Normderivation durch Textauslegung unter dem angegebenen Link bzw. QR-Code zum Download bereit.

Mit einzelnen Textbeispielen aus der vormodernen Literatur zu den aufgezählten Themen möchte ich zeigen, wie die Gelehrten konkrete Fälle methodisch bearbeiteten. Die Übersetzungen, die ich angefertigt habe, sind bewusst wörtlich, um einen möglichst authentischen Zugang zu den klassischen Quellen zu schaffen. Die hier zu besprechenden Methoden und Prinzipien geben nicht wieder, wie Rechtsgelehrte, Juristen, Richter (Kadis) und Muftis tatsächlich argumentiert haben, um einen realen Fall zu lösen. Vielmehr handelt es sich an dieser Stelle um den theoretischen Überbau der etablierten Rechtsnormen innerhalb der Rechtsschulen. Daneben umfasst die Literatur zu den *uṣūl al-fiqh* weitere Methoden und Prinzipien für die Herleitung von Normen sowie die Frage nach den Quellen, um Normen herzuleiten bzw. zu begründen. Auf sie werde ich hier nicht eingehen.[6]

6 Für eine Zusammenfassung siehe Band III.

# Kapitel 1: Erkenntnistheoretische Grundlagen und Grundannahmen

Bevor wir uns die unterschiedlichen Methoden und Prinzipien zur Normderivation anschauen können, bedarf es einer erkenntnistheoretischen Einführung und der Darstellung der Grundstruktur der *uṣūl al-fiqh*. Nahezu alle folgenden Methoden bauen auf diesem Grundgerüst auf. Es zeigt die Grenzen der Erkenntnisfähigkeiten des Menschen und geht grundsätzlichen Fragen wie »Was ist Wissen«, »Welche Erkenntnisquellen gibt es?«, »Wie sicher ist meine Erkenntnis?«, »Gibt es unterschiedliche Erkenntniswege und auch unterschiedliche Lösungen?« nach. Konkret heißt dies für unser Eingangsbeispiel über die Abiturient:innen: Wie sicher geht der Hadith, der besagt, dass alles Berauschende verboten ist bzw. Bier in kleinen Mengen doch konsumiert werden darf, auf den Propheten zurück? Wie sicher kann ich mir sein, was *ḫamr* in Q 5:90 bedeutet? Meint es nur Traubenwein? Oder doch Alkoholika im Allgemeinen?

## 1.1 Kategorien des Wissens

Beginnen wir mit einem Textbeispiel aus dem Werk *al-Waraqāt* des einflussreichen schafiitischen Gelehrten Abū l-Maʿālī Imām al-Ḥaramayn al-Ǧuwaynī (gest. 478/1085),[7] um zu sehen, wie die Gelehrten

7 Das arabische Original stammt aus der kritischen Edition von Vishanoff, *Kitāb al-Waraqāt* (waraqat.vishanoff.com/a/a3, letzter Aufuf: 12.11.2021). Hakkı Arslan und Jens Bakker haben das *al-Waraqāt* bereits ins Deutsche übertragen, siehe Arslan/Bakker, *al-Waraqāt*, woran sich meine Übersetzung orientiert.

das Wissen kategorisieren und in welchen Bereich der Wissenskategorien islamrechtliches Wissen fällt.

## Textbeispiel 1: Wissenskategorien

| | | |
|---|---|---|
| Rn. 1 | *Fiqh* ist spezieller als Wissen. Wissen ist die Kenntnis des Wissensinhaltes entsprechend dem, was er ist. | والفقه أخصّ من العلم، والعلم معرفة المعلوم على ما هو به |
| Rn. 2 | Unkenntnis ist die [begriffliche] Vorstellung einer Sache im Gegensatz zu dem, was sie ist. | والجهل تصور الشيء على خلاف ما هو به |
| | Das notwendige Wissen ist das, was nicht durch Räsonieren und Beweisführung entsteht, wie etwa das Wissen[, das] durch einen der fünf Sinne – diese sind das Hören, Sehen, Riechen, Schmecken und Tasten – und durch *tawātur* entsteht.[8] | والعلم الضروري ما لم يقع عن نظر واستدلال كالعلم الواقع بإحدى الحواس الخمس التي هي حاسة السمع والبصر والشم والذوق واللمس، وبالتواتر |
| Rn. 3 | Das erworbene Wissen beruht auf Räsonieren und Beweisführung. Das Räsonieren ist die Reflexion über den Zustand des Gegenstandes, worüber räsoniert wird. Die Beweisführung ist die Suche nach einem Hinweis. Der Hinweis ist das, was zum Gesuchten führt. | وأما العلم المكتسب فهو الموقوف على النظر والاستدلال. والنظر هو الفكر في حال المنظور فيه، والاستدلال طلب الدليل، والدليل هو المرشد إلى المطلوب |

8 In vielen Editionen des *al-Waraqāt* kommt *tawātur* nicht vor. Vishanoff hat aber eine Handschrift gefunden, die es beinhaltet. Wie noch zu zeigen sein wird, entspricht auch diese Darstellung der Annahme der Mehrheit der Gelehrten, weshalb ich hier Vishanoff folge.

| | |
|---|---|
| Rn. 4 Die Vermutung ist das Für-möglich-Halten von zwei Sachen; die eine ist [aber] offensichtlicher als die andere. Der Zweifel ist das Für-möglich-Halten von zwei Sachen; keine der beiden hat einen Vorrang gegenüber den anderen. | والظن تجويز أمرين أحدهما أظهر من الآخر، والشك تجويز أمرين لا مزية لأحدهما على الآخر. |

**Textbeispiel 1:** al-Ǧuwaynī, *al-Waraqāt*

Al-Ǧuwaynī zählt alle wichtigen Informationen kurz auf. Die Erkenntnis des Menschen verortet er (entsprechend der Mehrheitsmeinung unter den Gelehrten) im Folgenden: Hat man eine Kenntnis über die Sache, so wie sie ist, sprechen wir vom Wissen. Ist eine Bedeutung wahrscheinlicher als eine andere, liegt eine Vermutung vor. Kann man sich nicht entscheiden, wird dieser Zustand als Zweifel betrachtet. Hat man eine Kenntnis über die Sache, die nicht ihr entspricht, sondern ihr widerspricht, liegt Unkenntnis bzw. Unwissenheit vor. Für das islamische Recht gilt, dass wir uns in den beiden Bereichen Wissen und Vermutung bewegen. Al-Ǧuwaynī hat mit seinen Ausführungen bereits mehrere Arten von Wissen angeführt; es gibt aber noch mehr, die sowohl in der *kalām*- (also der systematisch theologischen) als auch der *uṣūl al-fiqh*-Literatur vorkommen.

Wissen gibt es in zwei übergeordneten Arten: urewiges und in der Zeit erschaffenes Wissen. Das göttliche Wissen ist unerschaffen und urewig; menschliches Wissen dagegen ist erschaffen. Letzteres lässt sich in zwei Kategorien aufteilen: notwendig und erworben. Notwendiges Wissen kommt ohne Reflexion und Schlussfolgerungen zustande. Es haftet unmittelbar an der Seele des Menschen, sodass nicht daran gezweifelt werden kann. Es hat wiederum zwei Unterarten: Apriorisches (bzw. eingegebenes, *badīhī*) Wissen, wie z. B. das Wissen darum, dass man existiert oder dass ein Körper zur gleichen Zeit nicht an zwei verschiedenen Orten sein kann. Die zweite Art ist das notwendige Wissen (*al-ʿilm aḍ-ḍarūrī*), das durch eine Ursache (*causa*) zustande kommt. Dazu zählen die fünf Sinne: Wenn ich einen Baum sehe, dann bin ich mir sicher, dass ich einen Baum gesehen habe. Ich muss mich, wenn ich eine heiße Herdplatte anfasse, nicht durch Reflexion und Nachdenken davon überzeugen, dass meine Hand brennt; ich weiß es durch die Sinneswahrnehmung und fühle den verursachten Schmerz.

Daneben zählen viele Gelehrte auch eine zweite Form dieser Art auf: Notwendiges Wissen durch *tawātur*. *Tawātur* als Begriff gibt die Überlieferung von Nachrichten wieder, die von Generation zu Generation in solch einer Masse und auf so vielen Wegen übertragen wurde, dass ausgeschlossen werden kann, dass eine erdichtete, erfundene Überlieferung tradiert wurde (erfundene Nachrichten werden *mawḍūʿ* genannt). Solche Überlieferungen gehören nach vielen Gelehrten zum notwendigen Wissen. Der Koran ist z. B. auf diesem Wege tradiert worden. Man kann nach diesem Verständnis die Echtheit des Korans, wie er uns vorliegt, nicht bezweifeln.

Die zweite Art von Wissen ist erworbenes Wissen (*al-ʿilm al-muktasab*). Erworbenes Wissen entsteht durch Nachdenken und Reflexion. Es kann daher bezweifelt werden. Drei Arten lassen sich unterscheiden:

1) rationales (*ʿaqlī*) Wissen, wie etwa, dass durch die Schöpfung darauf geschlossen werden kann, dass es einen Schöpfer geben muss,
2) rein von der Überlieferung stammendes (*samʿī*) Wissen, wie etwa die Beschreibung, wie das Gebet verrichtet werden muss, denn dem Verstand ist es verschlossen, solche Handlungen zu erkennen,
3) sowohl rationales als auch von der Überlieferung stammendes Wissen, wie etwa die Herleitung dessen, welche Kaufverträge erlaubt sind und wie sie zustande kommen.

Die folgende Grafik fasst diese Kategorien zusammen:[9]

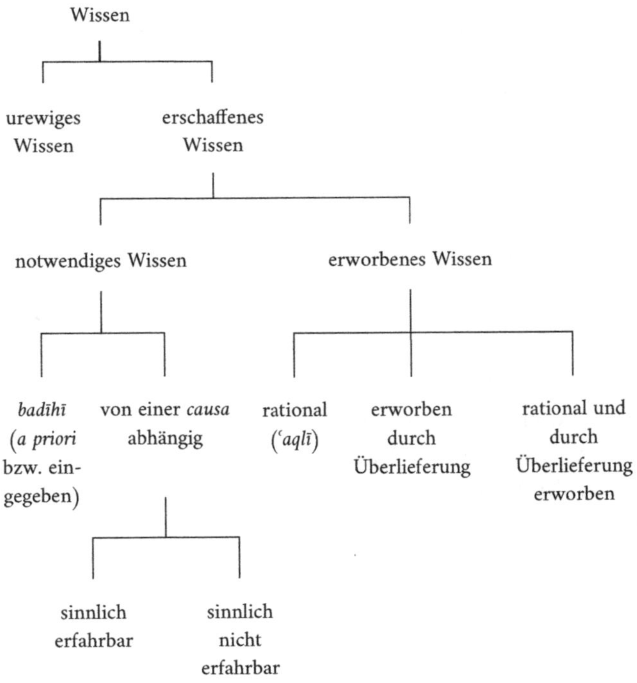


**Schema 1:** Wissen

Gegenstand des islamischen Rechts sind die beiden Arten des erworbenen Wissens: a) erworben durch Überlieferung und rational und b) erworben durch Überlieferung. Der Grund liegt darin, dass das islamische Recht zwei verschiedene Rechtsbereiche umfasst.

9 Die Darstellung stammt mit leichten Veränderungen aus Kurnaz, »Göttliches Recht im Wandel der Zeiten«, 83.

1) Gottesdienstliche Handlungen (*ʿibādāt*): Dies sind Handlungen, die der Mensch ausführen bzw. befolgen muss, um seine Beziehung zu Gott zu regeln, wie etwa die korrekte Form, Dankbarkeit zu zeigen. Sie kann der Mensch ohne Offenbarungstext nicht erkennen und daher nicht wissen, was getan werden soll.
2) Zwischenmenschliche Beziehungen (*muʿāmalāt*) und Strafen (*ʿuqūbāt*): Dies sind Handlungen, die den Alltag des Menschen mit Rücksicht auf die Beziehung zu anderen Menschen regeln, wie z. B. das Vertragsrecht. Der Mensch kann zwar hier gerechte Regelungen formulieren, bedarf aber der Offenbarung, um Fehltritte oder Gefahren zu erkennen, die er selbst nicht zu erkennen vermag.

Insbesondere an diesem zweiten Bereich scheiden sich die Geister. Die Sunniten wollen dem Menschen überwiegend die Eigenständigkeit bei der Entscheidung von Handlungsvorschlägen absprechen, wobei der Grad der Abhängigkeit von den autoritativen Texten unter ihnen umstritten ist. Mutaziliten und Schiiten sprechen dem Menschen dagegen durchaus die Fähigkeit zu, ohne Offenbarung in diesem Bereich korrekte Handlungsvorschläge zu machen. Diese Orientierung hängt von der Haltung ab, dem Menschen die Fähigkeit zu- oder abzusprechen, das Gute und Böse eigenständig zu erkennen und bestimmen zu können, ob Gott dementsprechende Handlungen bestrafen oder belohnen wird. Jedenfalls bewegen wir uns insbesondere im zwischenmenschlichen Bereich auf dem Boden der Vermutung. Im Bereich der gottesdienstlichen Handlungen haben wir über den normativen Status zwar definitives Wissen, aber wie eine Handlung genau vollzogen werden soll, ist meist spekulativ. Das tägliche Gebet zu verrichten ist z. B. definitiv eine Pflicht. Die Grundzüge sind dabei klar: Stehen (*qiyām*), Beugen (*rukūʿ*) und Niederwerfen (*saǧda*). In den Details, also was rezitiert werden soll, wie die Hände zu positionieren sind etc., ist man sich nicht einig. Man kann nur vermuten, wie hier genau vorgegangen werden soll.

Auch wenn wir durch die Kategorie *mutawātir* zum Teil notwendiges Wissen zum Gegenstand des islamischen Rechts haben, bewegen wir uns insgesamt im Bereich des erworbenen Wissens. Denn die autoritativen Texte, seien sie auch *mutawātir*, müssen ausgelegt werden, um Normen herleiten zu können. Sie beinhalten keine fertigen Normen. Jede Auslegung – wie wir noch sehen werden – ist meist eine Vermutung unterschiedlichen Grades. Konkret heißt dies im o. g. Fall: Q 5:90 formuliert nicht die Norm des Verbotes des Weinkonsums, sondern weist darauf hin, dass man Weinkonsum unterlassen soll. Das Verbot erfolgt erst nach einer Auslegung.

Damit ist ein großer Teil des islamischen Rechts im Bereich der Vermutung (*aẓ-ẓann*) zu verorten. Das islamrechtliche Wissen ist also falsifizierbar und besteht aus verschiedenen Stufen von Wahrscheinlichkeiten: es ist *ẓannī*. Notwendiges Wissen dagegen ist *qaṭʿī*, also definitiv. Es gilt als Gewissheit (*yaqīn*). In Zahlen ausgedrückt: Wenn Gewissheit den Wert von 1,0 hat, dann hat die Wahrscheinlichkeit einen Mindestwert von 0,6. Bei einem Wert von 0,5 sind zwei Optionen gleich wahrscheinlich, was dann nicht mehr eine Vermutung darstellt, sondern einen Zweifel (*šakk*) (siehe oben Rn. 4). Diese Wahrscheinlichkeit hat unterschiedliche Stufen. Durch Indizien, Belege und Argumente kann sie zunehmen, sodass mitunter fast eine Gewissheit vorliegt; man spricht dann z. B. von ›überwiegender Vermutung‹ (*ġalabat aẓ-ẓann*).

Wir werden noch sehen, dass die Gelehrten versuchen, einen Rahmen zu schaffen, um nicht nur von Vermutungen ausgehend Normen herzuleiten. Bestimmten Wortkategorien, aus denen Normen hergeleitet werden sollen, wird eine Eindeutigkeit unterstellt. Diese Formen weisen dann definitiv auf eine bestimmte Bedeutung hin. Wir können daher nicht vollständig von einem Bereich der Vermutungen ausgehen, sobald ausnahmsweise doch Bereiche vorhanden sind, die als Gewissheit eingestuft werden. Aus all diesen Gründen sagt etwa al-Ǧuwaynī, dass *fiqh* spezieller als *ʿilm* ist, d. h., *ʿilm* ist allgemeiner und umfasst mehr Wissenskategorien als *fiqh*.

Fassen wir die wichtigsten Punkte zur Erkenntnislehre in den *uṣūl al-fiqh* zusammen:

1) Der Mensch hat beschränkten Zugang zur Erkenntnis im Bereich des Rechts im Allgemeinen.
2) Er kann nur mittels der Offenbarung bestimmen, welche Handlungen im Bereich der gottesdienstlichen Handlungen vollzogen werden müssen.
3) Im zwischenmenschlichen Bereich nimmt er die autoritativen Texte zur Grundlage und kann selbst Normen herleiten und diese erweitern.
4) Normen müssen aus den autoritativen Texten Koran und Sunna abgeleitet werden.
5) Zum größten Teil bewegen wir uns im Rechtsdiskurs im Bereich des falsifizierbaren, spekulativen Wissens.

Der Fokus der Gelehrten liegt damit auf der rationalen Herleitung von Normen mit Rücksicht auf die autoritativen Texte. Rein rationale Herleitungen werden (zumindest weitestgehend) ausgeschlossen. Der Grund dafür liegt in einer erkenntnistheoretischen Haltung, die sich hinter dem Terminus *bayān* verbirgt und den wir im Folgenden näher betrachten werden.

## 1.2 *Bayān* als hermeneutische Grundlage

Im Koran teilt Gott den Gläubigen seinen Willen mit. Er ruft sie dazu auf, seinen Aufforderungen zu folgen, wie z. B. in Q 5:90. Der Prophet tut dies ebenfalls. Seine Aufforderungen finden wir in der Sunna, die in Form von Hadithen tradiert wird. Die Gelehrten stellen sich also die Frage, auf welchen Wegen der Gesetzgeber – Gott und der Prophet – ihre Erwartungen kommunizieren. Das behandeln die Gelehrten unter dem Begriff *bayān,* wörtlich ›Mitteilung‹ und ›Erklärung‹. Mit dem 3./9. Jahrhundert konzentrieren sich die Gelehrten rechtsschulübergreifend auf diesen Terminus. Zuvor sind Definitionen auch in anderen Disziplinen zu finden. Es lassen sich im Vergleich der Definitionsvarianten zwei Bedeutungen zusammenfassen:

1) *Bayān* ist die Mitteilung darüber, dass der:die Hörende etwas tun oder unterlassen soll.
2) *Bayān* ist eine Klarstellung, um eine bereits getroffene Aussage zu erklären.

Unter der Übersetzung ›Erklärung‹ können wir diese beiden Bedeutungen von *bayān* zusammenfassen: Der Sprecher erklärt, was der:die Hörende tun oder unterlassen soll bzw. erklärt eine unklare Aussage, die er bereits getroffen hat.

Ab dem 3./9. Jahrhundert, insbesondere mit den Bestrebungen von Muḥammad ibn Idrīs aš-Šāfiʿī (gest. 204/820), überwog unter den Gelehrten die Annahme, dass das Recht auf den religiösen Quellen begründet werden musste. Wir können zwar bereits im 2./8. Jahrhundert diesen Trend in bestimmten Rechtsbereichen wahrnehmen, ein Umschwung geschah aber erst in den nächsten zwei Jahrhunderten. Dies hat damit zu tun, dass mittlerweile auch rechtsmethodische Werke entstanden waren, die bestehende Normen begründen und legitimieren sowie die Gelehrten dazu befähigen sollen, weitere Normen herzuleiten.

Es gab auch theologische Gründe für diese Entwicklung. Die verbreitete theologische Haltung, dass der Mensch der Offenbarung bedarf, um gute und böse Handlungen zu erkennen und entsprechende Normen zu formulieren, begünstigte diese Ausrichtung des Rechts. Die Gelehrten fragten sich deshalb, wie Gott und sein Gesandter als Sprecher ihren Willen dem Menschen mittels des *bayān* kommunizierten. Sie bestimmen folgende Mittel, mit denen der Gesetzgeber seinen Willen mitteilt: Das gängigste Mittel ist die Ansprache bzw. die Aussage, durch die der Gesetzgeber die juristisch verantwortlichen Personen direkt adressiert. Er befiehlt z. B. direkt, etwas zu tun: »Verrichte das Gebet!«

Die Schrift ist ein weiteres Mittel, um Informationen mitzuteilen. Man ist sich nicht einig, ob Koran und Sunna – sofern die Aussagen des Propheten mittels Hadith tradiert werden – als Aussage oder Schrift eingestuft werden sollten. Hadithe sind schriftlich überlieferte Berichte über die Aussagen, Handlungen und stillschweigende Billigung des Propheten. Der Koran liegt uns ja auch als Schrift vor. Koran und Sunna werden daher gern als Schrift verstanden, da sie uns eben in Schriftform vorliegen. Der Grund, weshalb man insbesondere den Koran als Schrift verstehen möchte, geht auf eine theologische Haltung zurück: Nach der Mehrheitsmeinung ist der Koran eine Schrift, die sich auf einer himmlischen Tafel (*al-lawḥ al-maḥfūẓ*, ›die wohlverwahrte Tafel‹) befand. Man beruft sich dabei auf Q 85:21–22. Von dieser Tafel sei der Koran herabgesandt worden, und zwar zunächst als ganzes Buch auf eine Himmelssphäre, die ›Haus der Erhabenheit‹ (*bayt al-ʿizza*) heißt. Dieses Buch, das überzeitlich sei, also nicht im Laufe der Menschheitsgeschichte entstanden, sei dann über ca. 23 Jahre auf die Erde zu verschiedenen Anlässen herabgesandt worden. Die Herabsendung sei als Rede Gottes mittels des Propheten Muhammad an die Menschheit erfolgt. Demnach ist der Koran zwar verkündete Rede, war aber ursprünglich eine Schrift. Als solche kann er die zeitlichen und räumlichen Grenzen überwinden, die eine direkte Ansprache an anwesende Personen hat. Das ist zumindest das, was die Gelehrten von einer Schrift erwarten. Dazu ein Beispiel:

1) Maria sagt zu Jacob im Sommersemester 2022, dass sie in ihrer Lehrveranstaltung gesagt habe: »Liebe Studierende, lest die *Einführung zum islamischen Recht*, um den Kurs zu bestehen!«
2) In einem Artikel steht: »Lest die *Einführung zum islamischen Recht*, um die Prüfung zu bestehen.«

Fall 1 ist ein Beispiel für eine direkte Ansprache. Jacob weiß, dass Maria diese Aussage nur an die Kursteilnehmer:innen im Sommersemester 2022 gerichtet hat. Diese Aufforderung ist auf diesen Kurs beschränkt; nicht alle potentiellen Studierenden sollen die Einführung lesen, um das Seminar zu bestehen. Im Wintersemester 2022/23 kann sich bereits alles geändert haben. Der Artikel dagegen hat alle seine potentiellen Leser:innen im Blick und fordert alle, die den Artikel lesen, ob im Jahre 2022 oder 2050, dazu auf, die Einführung zu lesen, damit sie die Prüfung zum islamischen Recht bestehen können. Die Schrift kann damit zeitliche und räumliche Grenzen überwinden, so wie die Gelehrten es sich im Idealfall vorstellen.

Weitere Möglichkeiten zur Mitteilung von Handlungsanweisungen sind Handlungen selbst. Der Prophet kann nach der Vorstellung der Gelehrten durch seine eigenen Handlungen zeigen, was getan werden soll. Das Schweigen, Anspielungen sowie Andeutungen gehören ebenfalls zu den Mitteln der Mitteilung. So etwa wird dem Schweigen des Propheten oder des Korans unterstellt, die Zulässigkeit einer Handlung billigend anzuzeigen. Man nimmt an, dass beide Quellen nicht schweigen würden, wenn eine Handlung nicht zulässig wäre. Das sei theologisch undenkbar, weil die Menschen in diesem Fall durch Gott und seinen Propheten irregeleitet würden.

Ein wichtiges – vielleicht sogar das für die *uṣūl al-fiqh* wichtigste – Mittel ist der Idschtihad, um den juristisch verantwortlichen Personen Normen mitzuteilen. Sofern ein Rechtsgrund in den Quellen ermittelt werden kann, dient dieser als Vergleichsgrundlage für angrenzende Fälle. Die Rechtsfolge, die vom Ausgangsfall hergeleitet wurde, gilt dann gleichermaßen für den neuen Fall. Diese Übertragung wird wie eine Mitteilung des Gesetzgebers bewertet. Damit bringen die Gelehrten den ›schweigenden Sprecher‹ zum Reden. Dieser Grundsatz legitimiert Methoden wie den *qiyās*, also die Übertragung der Bewertung eines autoritativen Textes auf einen ähnlichen Fall. Schiiten sind gegen den *qiyās*, akzeptieren dafür aber neben dem Propheten weitere Akteure, die nach ihm sprachen und Normen formulierten. Das sind die Imame, auserwählte Personen aus der Nachfolge des Propheten. Ihre Überlieferungen sind genauso zu berücksichtigen wie die des Propheten, weil sie das korrekte Wissen an die Menschen mitteilen. Ferner gehen Schiiten davon aus, dass die Vernunft unabhängig von der Offenbarung das Gute und Böse erkennen und entsprechende Sanktionen formulieren kann, weshalb sie auf *qiyās* aus unterschiedlichen Gründen verzichten können.

Die Gelehrten, insbesondere die Hanafiten, stellen sich die Frage, welche Auswirkungen die Mitteilungen des Gesetzgebers bzw. des Sprechers haben. Es gibt insgesamt 5:

1) Mitteilung der Feststellung (*bayān at-taqrīr*): Der Sprecher bestätigt eine bereits getroffene Aussage mit einer weiteren.
2) Mitteilung der Erläuterung (*bayān at-tafsīr*): Eine unklare Aussage wird erklärt.
3) Mitteilung des Veränderns (*bayān at-taġyīr*): Eine bereits getroffene Aussage wird verändert und angepasst, z. B. kann eine allgemeine Aussage auf eine bestimmte Gruppe beschränkt werden. Beispiele dazu werden wir in Kapitel 2.3 zur Methode der Spezifikation sehen.
4) Mitteilung des Ersetzens (*bayān at-tabdīl*): Eine bereits getroffene Aussage wird für nichtig erklärt und mit einer anderen ersetzt. Fälle dazu werden wir unter Kapitel 4.2 über die Abrogation sehen.
5) Mitteilung der Notwendigkeit (*bayān aḍ-ḍarūra*): Eine Aussage muss notwendig ergänzt werden.

Die letzte Art ist nicht einfach zu verstehen. Die Gelehrten gehen davon aus, dass man aus der Implikation einer Mitteilung oder dem Schweigen des Sprechers notwendigerweise bestimmte Konsequenzen ziehen muss. Wenn es in Q 4:11 heißt, dass die Mutter eines kinderlos Verstorbenen ein Drittel erbt, dann wird daraus geschlossen, dass der Vater den Rest erbt. Aus dem Schweigen des Gesetzgebers, der sich zu einem Fall hätte äußern müssen, wird also die Zulässigkeit der fraglichen Handlung unterstellt. So muss nach dieser Auffassung eine Aussage, die aus unterschiedlichen Gründen unpräzise ist, ergänzt werden. Wenn ich sage »Ich habe hundert und noch zehn Euro Schulden«, dann wird üblicherweise angenommen, dass mit »hundert« hundert Euro gemeint ist. Rhetorisch entspricht dies z. B. dem Stilmittel der Ellipse, also dem bewussten Auslassen leicht erschließbarer Teile einer Aussage.

Es ist kein Zufall, dass diese *bayān*-Arten sich mit den Methoden, die wir noch kennenlernen werden, decken. Wahrscheinlich hat man retrospektiv nach erkenntnistheoretischen und hermeneutischen Grundlagen gesucht, um bestehende Methoden theoretisch zu begründen und zu systematisieren.

## 1.3 Die erkenntnistheoretischen Kategorien *ṯubūt* und *dalāla*

Wir müssen noch auf zwei erkenntnistheoretische Kategorien eingehen, die für die Auslegungsmethoden wichtig sind, bevor wir uns die Methoden selbst anschauen können. Bisher haben wir gesehen, dass die Gelehrten bestrebt sind, aus den Aussagen und Mitteilungen Gottes im Koran und denen des Propheten Normen herzuleiten. Dementsprechend ist es wichtig zu überprüfen, ob eine tradierte Information auf den Propheten zurückgeführt werden kann. Konkret heißt das für unseren Ausgangsfall in der Einleitung: Kann ich Q 5:90 nicht einfach ignorieren und mich auf die Hadithe berufen, die den Alkoholkonsum insgesamt verbieten?

Für den Koran gilt, dass man ihn berücksichtigen muss. Die Gelehrten nehmen an, dass wir mit Sicherheit feststellen können, dass der Koran uns so vorliegt, wie der Prophet ihn verkündet hat. Es geht also um die Feststellbarkeit (*ṯubūt*): Dadurch, dass Überlieferungen in Form von *tawātur* (in großer Zahl) tradiert werden, können wir ihre Herkunft vom Propheten definitiv (*qaṭʿī*) feststellen. Das gilt für den gesamten Korantext. Hadithe können auch auf diesem Weg tradiert worden sein. Die überlieferte Aussage ist dann *qaṭʿī ṯ-ṯubūt*, es ist also definitiv feststellbar, dass sie vom Propheten stammt. Sie *muss* für die Rechtsprechung berücksichtigt werden, denn sie ist eine Art notwendiges Wissen.

Erreicht uns eine Überlieferung nicht auf dem Wege des *tawātur*, sprechen wir im Allgemeinen von Einzeltraditionen (Sg. *āḥād*). Einzeltraditionen – und das sind die meisten Überlieferungen – stammen lediglich vermutlich vom Propheten; sie sind präsumtiv (*ẓannī*). Kann man nur vermutlich feststellen, dass eine Aussage vom Propheten stammt (ist sie also *ẓannī ṯ-ṯubūt*), *kann* sie für die Normderivation berücksichtigt werden. Dafür muss sie der Authentizitätsüberprüfung standhalten und ist damit Teil des erworbenen Wissens. Einzeltraditionen können aufgrund der Authentizitätsprüfung entweder verworfen oder in die Rechtsprechung einbezogen werden; natürlich nur nach Berücksichtigung guter Gründe.

Hanafiten kennen noch eine weitere Kategorie: Gelangt eine Überlieferung erst später auf die Stufe des *tawātur* und war sie zunächst eine Einzeltradition, wird sie als ›bekannt‹ (*mašhūr*) kategorisiert. Bekannte Überlieferungen sind stärker als Einzeltraditionen. Ihr erkenntnistheoretischer Wert ist ›Vertrauen‹ (*ṭuma'nīna*), das an Gewissheit grenzt. Also muss man solche Überlieferungen in der Herleitung von Normen berücksichtigen.

Die zweite erkenntnistheoretische Kategorie ist der Hinweischarakter (*dalāla*) einer Aussage. Der Hinweischarakter eines Textes wird unabhängig von der *ṯubūt*-Kategorie festgestellt. Eine Aussage kann mit unterschiedlicher Wahrscheinlichkeit auf eine Bedeutung hinweisen. Es gibt insgesamt drei Arten; die dritte Kategorie wird in den Rechtsschulen unterschiedlich bezeichnet, daher verzichte ich auf den arabischen Terminus, der später folgen wird:

1) *Qaṭʿī d-dalāla*: Eine Aussage kann klar und eindeutig sein. Eine Auslegung ist dann nicht zulässig oder nur bedingt möglich.
2) *Ẓannī d-dalāla*: Verweist eine Aussage nur vermutlich auf eine Bedeutung, sind Auslegungen möglich.
3) Unklar: Eine Aussage hat keinen Hinweischarakter, wenn unklar ist, was gemeint ist. Sie wird erst nach einer Auslegung verständlich.

Wir werden sehen, dass die Funktionsweise der Auslegungsmethoden sich an diesen beiden erkenntnistheoretischen Ebenen orientiert.

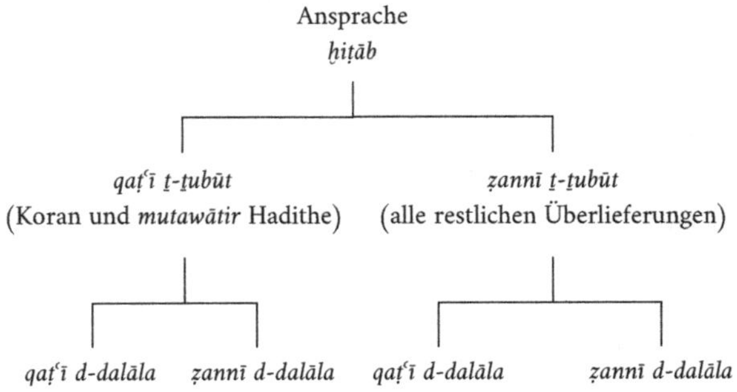


**Schema 2:** Erkenntnistheoretische Kategorien

Neben diesen erkenntnistheoretischen Grundlagen müssen wir eine sprachliche Grundlage besprechen, auf der die meisten Interpretationsmethoden und -prinzipien aufbauen. Die zu besprechende Frage lautet: Auf welche Art und Weise kann der Sprecher Wörter und Aussagen verwenden?

## 1.4 *Ḥaqīqa-maǧāz*-Dichotomie

Tätigen wir eine Aussage, können wir die wirkliche (*ḥaqīqī*) und die übertragene (*maǧāzī*) Bedeutung eines Wortes meinen. Wird ein Wort in dem Sinne verwendet, den es sprachkonventionell hat, entspricht dies einer Verwendung in seiner wörtlichen, wirklichen Bedeutung. Wird die Grenze der wirklichen Bedeutung durchbrochen und mittels unterschiedlicher Indizien (*qarāʾin*, Sg. *qarīna*) eine weitere Bedeutung darüber hinaus impliziert, liegt eine übertragene Bedeutung vor. Die wirkliche Bedeutung nennen die *uṣūl*-Gelehrten dementsprechend *ḥaqīqa* und die übertragene *maǧāz*. Nehmen wir den Satz »Ist das ein Bär!« als Beispiel:

1) Wir sind im Zoo. Ein Kind, das am Gehege eines Bären steht, ruft: »Ist das ein Bär!« Wir wissen, dass es den Bären bestaunt und über das Tier ›Bär‹ spricht.
2) Wir stehen vor einem Club in einer Schlange. Ein Türsteher entscheidet, wer den Club betreten darf. Er ist kräftig, muskelbepackt, ein wenig furchteinflößend. Vor uns stehen zwei Männer: Der eine dreht sich zum anderen und sagt: »Ist das ein Bär!« Wir wissen, dass er keinen Bären mitten in der Stadt gesehen hat, sondern die Kraft und die Statur des Türstehers bestaunt.

Sprachkonventionell wird das Wort ›Bär‹ im wörtlichen Sinne für eine Säugetierart verwendet. Charakteristisch für dieses Tier ist u. a. seine Kraft. Wir sagen im Deutschen ja auch ›bärenstark‹. Weicht man davon ab, wird das Wort ›Bär‹ im übertragenen Sinne verwendet. In unserem Beispiel zielt es auf die Statur des Türstehers. Damit wir dieses Wort im übertragenen Sinne verwenden dürfen, brauchen wir eine Verbindung zwischen dem Tier ›Bär‹ und dem Türsteher. Diese ist die Kraft beider. Da der Türsteher kräftig wie ein Bär erscheint, bezeichnet der Mann im Beispiel den Türsteher als Bären.

Dieser sprachlichen Mittel bedient sich der Gesetzgeber im islamischen Recht ebenfalls. Er kann Aussagen im wörtlichen wie auch im übertragenen Sinne verwenden. Einige Gelehrte akzeptieren die Verwendung übertragener Bedeutungen nicht. Sie argumentieren, dass es in der Sprachverwendung Gottes und seines Gesandten so etwas nicht gebe. Die Mehrheit dagegen akzeptiert diese Unterscheidung, da die menschliche Sprache dies zulasse: Gott und der Prophet verwenden schließlich die menschliche Sprache für die Kommunikation mit den Menschen, also müssen wir sie entsprechend bewerten und einordnen.

Viele Prinzipien und Methoden der Normderivation sind entsprechend dieser Zweiteilung aufgegliedert. Beide Kategorien haben verschiedene Unterarten. Die wörtliche Bedeutung teilen die Gelehrten in drei Arten auf:

1) Sprachliche (*luġawī*) Bedeutungen.
2) Rechtliche (*šarʿī*) Bedeutungen: Diese sind Legaldefinitionen. Die Gelehrten nehmen an, dass der Koran und die Sunna Wörter in einem spezifischen Sinne verwenden, wie etwa *ṣalāt* für das rituelle Gebet und *zakāt* für die jährliche Almosensteuer.
3) Konventionelle (*ʿurfī*) Bedeutungen: Diese teilen sich in allgemein verbreitete (sog. *ʿurf ʿāmm*, allgemeine Konvention) und in spezifische, auf einen Ort beschränkte (sog. *ʿurf ḫāṣṣ*, spezielle Konvention) Bedeutungen. Eine allgemeine prachkonvention ist z. B. die Reduktion des Wortes *dābba* (Reittier) auf Esel. Diese Reduktion muss allgemein bekannt sein. Ein Beispiel für die spezielle Konvention ist, dass etwa im *kalām* (systematische Theologie) oder der Philosophie das Wort *ǧawhar* als Substanz verwendet wird, also ein *terminus technicus* ist. Er ist nur in dieser Disziplin bekannt und nicht allgemeingültig.

Bedeutungen im übertragenen, tropischen Sinne (also *maǧāz*) haben ebenfalls unterschiedliche Arten. Wichtig ist, dass ein Wort nur im übertragenen Sinne verwendet werden darf, wenn zwischen dem übertragenen Sinn und der sprachkonventionellen Bedeutung eine Verbindung (*ʿalāqa, munāsaba*) vorliegt. Andernfalls würde es sich um eine Wortneuschöpfung handeln. Zu den Arten des *maǧāz* gehören z. B. der rhetorische Vergleich (*tašbīh*) und die Metapher (*istiʿāra*).

Die Existenz und Zulässigkeit des *maǧāz* hängt von der *ḥaqīqa* ab: Jeder *maǧāz* braucht eine wirkliche Bedeutung, von der er stammt, aber wirkliche Bedeutungen bedingen nicht, dass sie auch in übertragener Form verwendet werden müssen. Weil jede übertragene Bedeutung einer wirklichen Bedeutung entspringt, diskutieren die Gelehrten, ob mit der übertragenen Bedeutung eines Wortes auch zugleich die wirkliche Bedeutung gemeint sein kann und umgekehrt. Ein Beispiel: Q 4:23 bestimmt, wen die Männer nicht heiraten dürfen. Dort taucht das Wort *umm* auf. Wörtlich bedeutet *umm* ›Mutter‹, im übertragenen Sinne ›Wurzel‹ und ›Basis‹. Einige Gelehrte argumentieren, dass sich das Verbot mit Rücksicht auf das Wort *umm* nicht nur auf die Mütter bezieht, sondern darüber hinaus auf alle Frauen, die zur ›Wurzel der Abstammung‹ gehören.

Diese Regel – es muss eine Verbindung zwischen der wörtlichen und der übertragenen Bedeutung vorliegen – wird für die Auslegungsmethoden noch wichtig sein.

## Zusammenfassung

Das islamische Recht ist nach der Vorstellung von *uṣūl*-Gelehrten eine von Vermutungen dominierte Wissenschaftsdisziplin. Geleitet ist die Suche nach Rechtsnormen von den Hinweisen in den Mitteilungen des Gesetzgebers. Die Rolle des Gesetzgebers haben Gott und sein Gesandter inne. Mit ihren Aussagen verpflichten sie die Gläubigen dazu, bestimmte Handlungen unter bestimmten Bedingungen zu vollziehen oder zu unterlassen bzw. frei zu wählen, ob sie sie vollziehen oder unterlassen. Die Ansprache des Gesetzgebers kann klar, auslegungsbedürftig oder mehrdeutig sein. Der Gesetzgeber kann ferner Wörter neu prägen, sodass er ihre Bedeutung erklären muss. Er kann außerdem Aussagen im übertragenen Sinne tätigen. Die Gelehrten müssen stets entscheiden, ob der Gesetzgeber etwas wörtlich oder im übertragenen Sinne (oder beide Bedeutung zugleich) meint. Diese Unterscheidung beeinflusst die Systematisierung der Interpretationsmethoden. Wir können also festhalten, dass die Mitteilung des Gesetzgebers dadurch, dass er sich der menschlichen Sprache bedient, auslegungsbedürftig ist.

# Kapitel 2: Methoden zur Interpretation von Aussagen in Koran und Sunna

Wir haben bereits festgestellt, dass die autoritativen Texte in die Herleitung von Normen eingebunden werden müssen. Die Gelehrten nehmen zwar jede Implikation als Anlass für die Normderivation, in der Folge heißt das aber nicht, dass auch jede Aussage rechtsrelevant ist. Blicken wir auf unser Beispiel in der Einleitung zurück: Woher weiß ich, dass ich Q 5:90 (»Ihr Gläubigen! Siehe, Wein, Losspiel, Opfersteine sowie Pfeile – sie sind ein Greuel, sind ein Werk des Satans! So meidet das, vielleicht wird's euch dann wohlergehen.«) in die Rechtsprechung einbeziehen kann? Wieso ist die Feststellung im Hadith, dass alles Berauschende verboten ist, als normative Aussage zu deuten?

## 2.1 Juristisch relevante Aussagen

Die Ansprache (*ḫiṭāb*) teilen die Gelehrten in Aufforderung (*ṭalab*), Nachricht (*ḫabar*) und Einforderung einer Benachrichtigung (*istiḫbār*, also eine Frage) ein. Rechtsrelevant sind Aufforderungen. Sie werden als präskriptiv (*inšāʾī*) bezeichnet: Sie schreiben vor, etwas zu tun oder zu unterlassen. Dem gegenüber stehen die anderen beiden Arten als deskriptive (*iḫbārī*) Aussagen. Sie beschreiben einen Sachverhalt. Nicht jede Nachricht ist rein deskriptiv. Eine Nachricht kann präskriptiv sein: Wenn ich sage, dass der Vertrag nichtig ist, falls die Ware nicht wie verabredet geliefert wird, dann hat diese Nachricht eine präskriptive Wirkung. Einer der zentralen Unterschiede beider Aussagetypen ist, dass Nachrichten verifiziert und falsifiziert werden können, Aufforderungen dagegen – konkret das Gebieten (*amr*) und das Verbieten (*nahy*) – nicht. Letztere sind Gegenstand der Normderivation. Die Aussage in Q 5:90, dass man u. a. Wein meiden soll, ist weder richtig noch falsch. Sie ist eine Aufforderung dazu, den Weinkonsum zu unterlassen.

Die unterschiedlichen Formen der Aufforderung werde ich unten noch ansprechen (vgl. unter 2.5). Davor möchte ich auf eine Unterscheidung eingehen, die die Wirkung einer Aufforderung kategorisiert. Aufforderungen können Menschen dazu verpflichten und sie dazu beauftragen, eine Handlung zu vollziehen. Sie können also verpflichtend (*taklīfī*, beauftragend) sein. Sie können aber auch eine Kondition für den Handlungsvollzug setzen. Dann sind sie ›(eine Kondition) setzend‹ (*waḍʿī*). Der Verbindlichkeitsgrad der verpflichtenden Aufforderungen variiert: Der Vollzug der Handlung kann für den Handelnden verpflichtend (*wāǧib*), empfohlen (*mandūb*), freigestellt (*mubāḥ*), verpönt (*makrūh*) oder verboten (*ḥarām, muḥarram*) sein. Die konditionale, ›setzende‹ (*waḍʿī*) Ansprache dagegen setzt den Anlass (*sabab*), die Bedingung (*šarṭ*), das Hindernis (*māniʿ*), den Bestandteil (*rukn*), die Gültigkeit (*ṣiḥḥa*), die Nichtigkeit bzw. Anfechtbarkeit (*buṭlān* und *fasād*) sowie juristische Lizenzen (*ruḫaṣ*, Sg. *ruḫṣa*) fest. In diesem Rahmen wird der reguläre Vollzug einer Handlung als *ʿazīma* (wörtl. ›Entschlossenheit‹) bezeichnet. Aus den genannten Kategorien der Ansprache ergeben sich alle Normkategorien im islamischen Recht, die man aus den autoritativen Texten herleiten kann.[10]

Um zu ermitteln, welchen der in Schema 3 genannten normativen Status eine Aufforderung hat, haben sich die Gelehrten bemüht, Prinzipien und Regeln zu entwickeln. Wir werden diese noch besprechen. Zuvor müssen wir uns der Frage widmen, wie klar Aussagen im Koran und im Hadith sind: Unterstellte man ihnen z. B. eine grundsätzliche Klarheit und Eindeutigkeit, würde jede Deutung hinfällig. Man müsste sich dann am allgemeinen Wortlaut orientieren und sie wortlautgetreu verstehen. Sollten einige Aussagen unklar sein, ergäbe sich das

10 Für die Normkategorien siehe Band II, Kapitel 2 und 3.

Problem, dass Gott und sein Gesandter unklare Aussagen getroffen hätten. Wie aber könnten dann Menschen zur Rechenschaft gezogen werden, wenn sie den Aufforderungen nicht Folge leisten können?

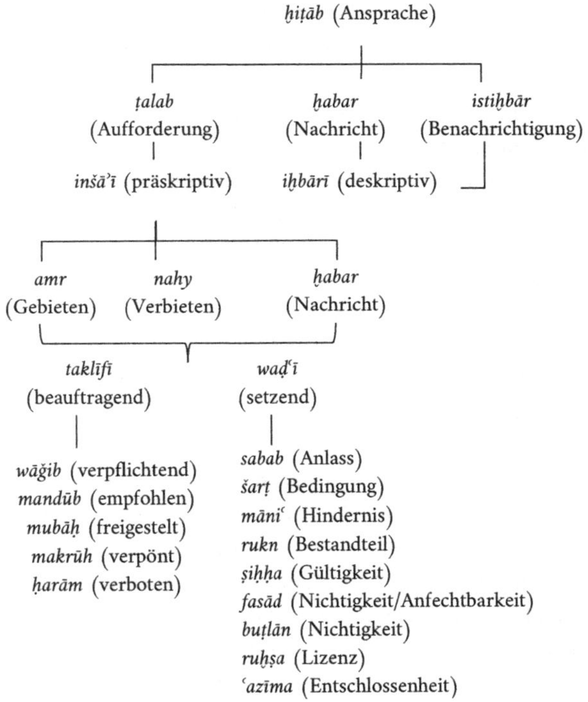


**Schema 3:** Aussagen und ihre Auswirkung

## 2.2 Klarheit und Unklarheit

Für gewöhnlich diskutieren die Gelehrten, welche unterschiedlichen Kategorien klarer und unklarer Aussagen es in den religiösen Texten gibt. Schon aus dieser Beobachtung ergibt sich, dass Aussagen in Koran und Sunna unklar sein können. Grundsätzlich gilt aber, dass Aussagen klar sind; eine Unklarheit ergibt sich erst durch bestimmte Konstellationen. ›Unklarheit‹ dabei meint nicht, dass eine Aussage unverständlich ist. Die Uneindeutigkeit ergibt sich vielmehr aus der Kommunikationssituation, in der die menschliche Sprache verwendet wird, obwohl es sich um eine göttliche Botschaft handelt. Die menschliche Sprache eröffnet allerdings unter bestimmten Umständen Deutungsoptionen; oft kann nur aus dem Kontext verstanden werden, was der Sprecher meint. Nur wenige Gelehrte – wie der mutazilitisch(-hanafitisch)e Gelehrte Abū l-Ḥusayn al-Baṣrī (gest. 436/1044) – gehen diesen Konstellationen unabhängig von den für die *uṣūl al-fiqh* relevanten Kategorien nach, die wir im Anschluss betrachten werden. Die folgende Darstellung orientiert sich in vereinfachter Form an seinen Ausführungen.[11]

Die Unklarheit einer Aussage kann auf den Sprecher oder auf den Hörer zurückgehen. Schauen wir zunächst auf den Sprecher: Der Sprecher kann eine unklare Aussage tätigen. Die Unklarheit kann durch die Erforschung des Rechtsgrunds erklärt werden. Beispielsweise ist nach einigen Gelehrten unklar, ob Q 17:23 durch das Verbot, den Eltern gegenüber nicht einmal ›Pfui‹ zu sagen, auch das Verbot beinhaltet, ihnen sonst zu schaden. Da der Grund für das Verbot aber darin besteht, den Eltern generell nicht zu schaden, wird diese Erweiterung begrüßt. Wenn die Unklarheit nicht gelöst werden kann, weil wir keinen Rechtsgrund finden können, ist der Wahrscheinlichkeit nachzugehen, dass der Sprecher eine Aussage im übertragenen Sinne verwendet hat, wie etwa im Falle von Q 12:82: »Frag die Stadt«. Es ist klar, dass nicht ›die Stadt‹ gefragt werden soll, sondern ihre Bewohner.[12]

Wenden wir nun den Blick auf den Hörer: Für den Hörer kann die Aussage unklar sein, weil der Sprecher sie auf eine bestimmte Art und Weise nutzt. So ist es für den Hörer unklar, was genau unter »Anteil« in Q 6:141 – »Und gebt den Anteil davon am Tag der Ernte« – zu verstehen ist. Oder der Hörer kann nicht entscheiden, welche der

11 Abū l-Ḥusayn al-Baṣrī, *al-Muʿtamad*, I:296–299.

12 Deshalb übersetzt Bobzin den Vers als »Frag in der Stadt.«

in Betracht kommenden Bedeutungen gemeint ist, da die Aussage mehrdeutig ist, wie etwa das Wort *qurūʾ* in Q 2:228: Die Frauen sollen nach der Scheidung drei *qurūʾ* (Sg. *qarʾ*) lang warten, was entweder drei Menstruationen (*ḥayḍ*, Blutungsphasen) oder drei Reinheitsphasen (*ṭuhr*) um zwei Menstruationen herum umfassen kann. Die Unklarheit einer Aussage kann aber auch darin liegen, dass der Sprecher einen Begriff neu prägt, wie etwa das Wort *ṣalāt*. Es hat zwar mehrere geläufige Bedeutungen, der Gesetzgeber definiert den Sinn aber neu mit ganz konkreten Vorstellungen darüber, welche Handlung als *ṣalāt* bezeichnet werden soll. Solange der Hörer diese spezifische Bedeutung nicht kennt, ist ihm die Aussage unklar. U. a. deswegen ist die Anwendung von Methoden zur Auslegung notwendig, um unklare Aussagen zu erklären.

Wir können die Ausführungen von Abū l-Ḥusayn al-Baṣrī ergänzen, denn selbst klare Aussagen können für Ungewissheit sorgen. Ist die Aussage klar, so kann dennoch Interpretation notwendig sein. Das bemisst sich nach dem Hinweischarakter (*dalāla*) einer Aussage. Eine Aussage kann unterschiedlich stark auf eine Bedeutung hinweisen. Dementsprechend muss geklärt werden, welche Bedeutung gemeint ist, woraus Unklarheiten entstehen können.

Ausgehend von diesen unterschiedlichen Konstellationen haben die Gelehrten verschiedene Begriffe geprägt, um den Grad der Klarheit und Unklarheit wiederzugeben. Diese Unterscheidung hat eine Auswirkung darauf, ob es zulässig oder sogar notwendig ist, eine Aussage zu deuten. Je klarer die Aussage ist, desto geringer ist die Möglichkeit für eine Auslegung. Je unklarer die Aussage ist, desto dringender ist die Auslegung und Deutung. Die Kategorisierung der Wörter und Aussagen in ›klar‹ und ›unklar‹ dient also als Kontrollmechanismus für zulässige Auslegungen.

Die *uṣūl*-Gelehrten der Vormoderne benutzen oft keinen Oberbegriff für die Klarheit und Unklarheit von Aussagen und Wörtern. Sie besprechen lediglich ihre verschiedenen Arten. Nur beim Terminus *mutašābih* wird in Erwägung gezogen, ob es nicht im Sinne von ›Unklarheit‹ als Gattungsbegriff für verschiedene Arten von Unklarheit verwendet werden kann. Unter den Hanafiten dagegen finden wir die Begriffe *ṣarīḥ* und *kināya*. *Ṣarīḥ* ist die offensichtliche, direkte

Verwendung eines Wortes; die Aussage kann ohne weiteres verstanden werden. Ist die Verwendung von Wörtern oder der Aussage unklar, wird sie *kināya* genannt; es ist die unklare, indirekte Verwendung. Von beiden Kategorien sind die wörtliche und auch die übertragene Bedeutung eines Wortes oder einer Aussage betroffen, denn sie beide können gleichermaßen klar oder unklar verwendet worden sein. In modernen Einführungswerken kommen andere Begriffe für Klarheit und Unklarheit vor, dazu gehören *wuḍūḥ* für Klarheit und *ḫafāʾ* für Unklarheit.

Die verschiedenen Kategorien der Klarheit und Unklarheit variieren je nach Rechtsschule. Es gibt zwar Unterschiede unter Malikiten, Schafiiten und Hanbaliten, ihre Herangehensweise lässt sich aber in einer Gesamtschau zusammenfassen. Auf diesen gemeinsamen Nenner möchte ich im Folgenden eingehen. Daran schließt sich die Darstellung der hanafitischen Kategorien an.

### 2.2.1 Klarheit und Unklarheit nach den Malikiten, Schafiiten und Hanbaliten

Malikiten, Schafiiten und Hanbaliten bestimmen zwei Klarheitskategorien: Wörter und Aussagen sind entweder evident (*ẓāhir*) oder in ihrer Bedeutung festgesetzt (*naṣṣ*). Evidente Bedeutungen können dem Wortlaut direkt entnommen werden. Dabei handelt es sich um offensichtliche Bedeutungen, die dem Adressaten gleich klar sind. Als die je wahrscheinlich(st)e unter weiteren möglichen ist eine solche Bedeutung daher auch präsumtiv (*ẓannī*). Evidente Aussagen dürfen ausgelegt und gedeutet werden. Die meisten Aussagen in Koran und Sunna sind evident und somit präsumtiv – die Gründe dafür werden wir noch in der Diskussion um allgemeine und spezifische Aussagen sehen. Ist durch Indizien und weitere Hinweise eine Auslegung ausgeschlossen und wird eine der möglichen Bedeutungen definitiv erwiesen, ist die Aussage in dieser Bedeutung festgesetzt, also *naṣṣ*. Sie ist in ihrem Hinweis auf die Bedeutung nicht mehr präsumtiv, sondern definitiv (*qaṭʿī*). Eine Auslegung ist dann oft zu unterlassen oder nur mit Rücksicht auf starke Beweise erlaubt.

Unter einigen Gelehrten finden wir noch Kategorien wie *mufassar* (erläutert) und *muḥkam* (eindeutig). Ursprünglich unklare, aber erklärte Aussagen etwa werden als *mufassar* bezeichnet. Sie spielen aber in der Systematik dieser Rechtsschulen keine besondere Rolle; man operiert vielmehr mit *ẓāhir* und *naṣṣ*.

Ebenso wie die Klarheit der Aussagen hat die Unklarheit zwei Kategorien. Die erste Kategorie bilden summarische (*muǧmal*) Aussagen. Sie summieren unterschiedliche Bedeutungen, die alle gleich wahrscheinlich sind. Da der Sprecher die Aussage in einem bestimmten Sinne verwendet, ist meist ohne seine Erklärung keine Klärung möglich, welche der Bedeutungen zutrifft. Die Gelehrten diskutieren daneben unterschiedliche Konstellationen, die zu einer summarischen Darstellung und damit zur Unklarheit führen, was aber den Rahmen der Einführung sprengen würde.[13] Mit Hilfe von Indizien und eigenen Erklärungen des Sprechers wird die Unklarheit behoben, wo eine Auslegung geboten ist. Solange keine Klärung erfolgt, dürfen solche Aussagen nicht in die Normderivation einbezogen werden.

Schauen wir uns ein Beispiel für summarische Aussagen an. In Q 6:141 heißt es: »Und gebt den Anteil davon am Tag ihrer Ernte« (*wa-ātū ḥaqqahu yawma ḥaṣādih*). Das Wort *ḥaqqahu* stellt die Abgabe summarisch dar, da nicht klar ist, wieviel wovon an wen zu entrichten ist. Um das zu klären, zieht man Aussagen des Propheten zu Rate.

Die zweite Kategorie ›unklar‹ (*mutašābih*) dagegen ist unter den Malikiten, Schafiiten und Hanbaliten umstritten. Manche verstehen darunter unklare theologische Aussagen über Gott, andere sehen *mutašābih* als Gattungsbegriff für diverse Arten unklarer Aussagen. Der Komplementärbegriff dazu ist bei vielen *muḥkam*; er steht für klare Aussagen. *Mutašābih* umfasst in diesem Sinne summarische und ausgelegte Aussagen. Ausgelegte (*mubayyan*) Aussagen gehören dazu, weil sie erst nach der Auslegung klar wurden. Andere Gelehrte wiederum

13 Für eine Übersicht siehe Kurnaz, *Methoden*, 281–285.

verstehen unter *mutašābih* die Mehrdeutigkeit eines Wortes selbst: Von der Wortbedeutung von *tašābuh* ausgehend, was ›Ähnlichkeit‹ bedeutet, werden *mutašābih*-Aussagen und -Wörter als auf ähnliche Bedeutungen verweisende Aussagen und Wörter verstanden. Einig ist man sich darin, dass unklare Aussagen erst nach einer Auslegung in die Herleitung von Normen einbezogen werden dürfen. Nach der Erklärung werden sie, je nach Stärke der Argumente, als *mufassar* (erläutert), *muʾawwal* (ausgelegt) oder allgemein als *mubayyan* (erklärt) bezeichnet.

### 2.2.2 Klarheit und Unklarheit nach den Hanafiten

Im Gegensatz zu den Rechtsschulen der Malikiten, Schafiiten und Hanbaliten unterteilen die Hanafiten die Klarheit und Unklarheit in jeweils vier Arten. Diese Aufteilung geht auf Abū Zayd ad-Dabūsī (gest. 430/1039) zurück. Die Klarheit unterteilt sich in die folgenden hierarchisch geordneten Grade: *ẓāhir* (evident), *naṣṣ* (festgesetzt), *mufassar* (erläutert) und *muḥkam* (eindeutig).

Eine Aussage gilt als evident, wenn ihr ohne weiteres Nachdenken und Reflektieren eine Bedeutung entnommen werden kann. Diese ist die offensichtliche Bedeutung einer Aussage, die andere Bedeutungsvarianten jedoch nicht ausschließt. In Q 2:275 heißt es etwa: »Doch Gott erlaubte das Verkaufen.« Vom äußeren Wortlaut her ist zu verstehen, dass Kaufgeschäfte erlaubt sind. Hanafiten, die der irakischen Tradition folgen, sehen hierin eine definitive (*qaṭʿī*) Bedeutung. Sie ist für sie so klar ausgedrückt, dass man definitiv vom Erlaubtsein von Kaufgeschäften ausgehen kann. Dem widersprechen Hanafiten, die der Samarqand-Tradition folgen. Sie sagen, dass evidente Bedeutungen nur wahrscheinlich, also präsumtiv (*ẓannī*) sind. Es ist demnach wahrscheinlich, dass mit dieser Aussage Kaufgeschäfte insgesamt erlaubt werden. Das bedeutet, dass wir weitere Nachforschungen betreiben müssen, um eine allgemeine Erlaubnis feststellen zu können, die definitiv erwiesen ist. Bei evidenten Aussagen ist eine Auslegung nicht notwendig, aber auch nicht ausgeschlossen.

Wird die Deutlichkeit der evidenten Aussage durch einen weiteren Hinweis verstärkt, ist die Aussage in ihrer Bedeutung ›festgesetzt‹ (*naṣṣ*). Eine Auslegung wird dann ausgeschlossen, weil die Klarheit der Bedeutung zunimmt. Dementsprechend wird diese Kategorie als definitiv in ihrem Hinweischarakter auf Bedeutungen eingestuft.

Wird durch ein weiteres Indiz die festgesetzte Bedeutung bestärkt, sodass eine Auslegung endgültig ausgeschlossen ist und die Bedeutung ein weiteres Mal bestätigt wird, liegt eine erläuterte (*mufassar*) Aussage vor. Prominentes Beispiel für diese Kategorie unter den Hanafiten ist Q 15:30: »Da warfen sich die Engel – alle zusammen – nieder« (*fa-saǧada l-malāʾikatu kulluhum aǧmaʿūna*). Der Vers ist evident darin, dass sich die Engel niedergeworfen haben. Die allgemeine Bedeutung wird durch das Wort ›alle‹ (*kulluhum*) ›festgesetzt‹: Es haben sich alle Engel niedergeworfen. Der Allquantor *kull* kann aber ausgelegt werden; er könnte sich in einem spezifischen Sinne auf eine Teilgruppe beziehen. Solch eine Auslegung wird als Spezifikation bezeichnet, was wir noch besprechen werden. Erläutert wird diese Aussage mit einem weiteren Allquantor, *aǧmaʿūna* (›zusammen‹); eine Auslegung, dass nur eine Gruppe gemeint sein könnte, wird damit ausgeschlossen. Es haben sich somit eindeutig alle Engel niedergeworfen; eine Auslegung ist definitiv ausgeschlossen.

Wird solch eine klare Aussage durch ein weiteres Indiz oder einen Hinweis in der Bedeutung bestätigt und eine Abrogation (siehe Kapitel 4.2) ausgeschlossen, so ist die Aussage eindeutig (*muḥkam*). Im Gegensatz zu den bisherigen Kategorien kann sie weder ausgelegt noch mit Verweis auf Indizien und Hinweise für abrogiert erklärt werden. Ein Beispiel für *muḥkam* ist Q 24:4: »Die ehrbare Ehefrauen beschuldigen, dann aber nicht vier Zeugen beibringen, denen gebt achtzig Peitschenhiebe, und nehmt nie mehr eine Zeugenaussage von ihnen an – sie sind die Verworfenen.« Derjenige, der eine Frau der Unzucht bezichtigt und dies nicht begründen kann, wird in der islamischen Rechtsliterater als Verleumder (*qāḏif*) bezeichnet. Er wird für immer aus dem Kreis der Zeugen ausgeschlossen; seine Zeugenaussage soll niemals wieder angenommen werden. Das Wort ›nie mehr‹ (wörtl. *abadan* – ›für immer‹) im Vers wird als Indiz dafür genommen, dass eine Abrogation ausgeschlossen ist.

Diese vier Kategorien stehen hierarchisch zueinander. Kollidieren sie während des Auslegungsprozesses, wird die festgesetzte Bedeutung der evidenten, die erläuterte der festgesetzten und die eindeutige der erläuterten vorgezogen.

Komplementär zu den Kategorien der Klarheit von Aussagen gibt es unter den Hanafiten vier Kategorien der Unklarheit: versteckt (*ḫafī*), zweifelhaft (*muškil*), summarisch (*muǧmal*) und unklar (*mutašābih*).

Die erste Stufe der Unklarheit ist die versteckte Bedeutung: Die Aussage ist eigentlich klar, jedoch führen äußere Umstände dazu, dass die Bedeutung verdeckt wird. Durch aktives Nachforschen kann die Unklarheit behoben werden. Das Paradebeispiel dazu ist Q 5:38, wo der Dieb und die Diebin erwähnt werden. Als Dieb verstehen wir gemeinhin jemanden, der ›(heimlich) fremdes Eigentum entwendet‹. In der Sprache werden daneben weitere Taten sowie die sie begehenden Täter, die unter die genannte Beschreibung subsummiert werden können, anders bezeichnet. Dazu gehören die Bezeichnungen ›Räuber‹ (*ṭarrār*) und ›Grabräuber‹ (*nabbāš*). Sie werden damit vom Dieb bzw. Diebstahl unterschieden. Damit wissen wir, dass Q 5:38 nicht allgemein das heimliche Entwenden und Aneignen fremden Eigentums anspricht, weshalb die Hanafiten die Aussage als unklar bzw. ihre Bedeutung als versteckt einstufen. Weitere Nachforschungen zeigen, was genau mit ›Diebstahl‹ (*sariqa*) gemeint ist. Schafiiten, Malikiten und Hanbaliten widersprechen dieser Zuordnung. Für sie sind diese Fälle ein Beispiel der evidenten Bedeutung. Eine Bedeutung ist wahrscheinlicher als andere, daher darf sie ohne weitere Erforschung in die Herleitung von Normen einbezogen werden, wird aber meist mit weiteren Hinweisen eingeschränkt.

Liegt die Unklarheit im Wort selbst vor, da es z. B. mehrdeutig ist, bezeichnen die Hanafiten diese Art als zweifelhaft (*muškil*). Dem Adressaten der Ansprache ist unklar, welche der möglichen Bedeutungen gemeint ist. Die Unklarheit kann durch Nachforschen und Hinzunahme von weiteren Hinweisen und Belegen behoben werden, um den Zweifel über das richtige Verständnis zu beseitigen. Das bekannteste Beispiel ist das Wort *qurūʾ* in Q 2:228, das wir oben gesehen haben. Dort wird angeordnet, dass Frauen nach der Scheidung drei *qurūʾ* lang warten sollen, wobei unklar ist, was *qurūʾ* bedeutet. Es kann für drei Menstruationsphasen oder die drei Reinheitsphasen um zwei Menstruationen herum stehen.

Stellen wir fest, dass der Sprecher ein Wort in einem eigentümlichen Sinne verwendet, wodurch verschiedene Bedeutungen in einem Wort vermengt werden, und ohne die Erklärung des Sprechers nicht verstanden werden kann, was gemeint ist, ist die Aussage summarisch (*muǧmal*). Die Aussage summiert also mehrere Bedeutungen in sich. Eine Entscheidung unter ihnen ist nicht möglich, solange der Sprecher selbst das Wort nicht erklärt. So etwa prägt der Sprecher das Wort *ṣalāt* neu. Wörtlich bedeutet es u. a. ›Bittgebet‹. Nur die eigenen klärenden Aussagen des Gesetzgebers können zeigen, dass für die gültige *ṣalāt* z. B. eine rituelle Reinigung notwendig ist, bestimmte Handlungen während der *ṣalāt* vollzogen werden müssen usw.

Für alle bisherigen Kategorien gilt, dass sie sich erklären lassen. Nach der Erklärung werden sie, je nach Stärke der Argumente, als *mufassar* (erläutert), *muʾawwal* (ausgelegt) oder allgemein als *mubayyan* (erklärt) bezeichnet. Solange die unklaren Aussagen nicht erklärt sind, dürfen sie in die Normderivation nicht einbezogen werden.

Ausgeschlossen von Auslegungen im rechtlichen Sinne werden unklare (*mutašābih*) Aussagen. Die mehrheitliche hanafitische Position ist, dass solche Aussagen nicht rechtsrelevant sind. Ansonsten wären Menschen durch eine Aussage verpflichtet, eine Handlung zu befolgen, die sie nicht verstehen können. Das würde ihre Kompetenzen übersteigen (sog. *taklīf mā lā yuṭāq*), was nach Mehrheitsmeinung nicht zulässig ist. Deswegen sind auch die Beispiele, die die Hanafiten hier anführen, *kalām*-relevante Koranverse, wie etwa die Aussage, dass Gott eine Hand (Q48:10) und ein Antlitz (Q55:27) habe. Es lässt sich fragen, wie genau man diese Aussagen verstehen soll.

Im Gegensatz zur Mehrheit der Hanafiten kennt Abū Bakr al-Ǧaṣṣāṣ (gest. 370/981) nur zwei Kategorien der Unklarheit von Aussagen: *muǧmal* und *mutašābih*. *Muǧmal* ist ähnlich wie die oben beschriebene Verwendung. *Mutašābih* sind für ihn dagegen Fälle, in denen eine Mehrdeutigkeit vorliegt (siehe oben das Beispiel zu *qurūʾ*).

Mit Rücksicht auf beide Begriffssystematiken lassen sich die Ausführungen zu einem Gesamtbild zusammenführen. Die Unterschiede in den Rechtsschulen habe ich für eine Gesamtschau ausgelassen.

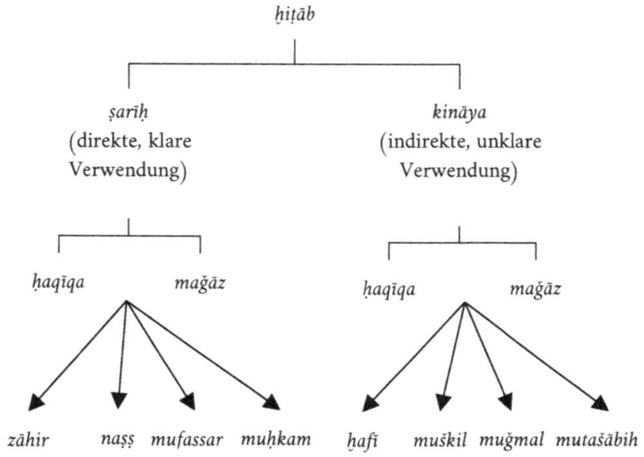


**Schema 4:** Klarheit und Unklarheit[14]

### 2.2.3 Anwendungsbeispiele

Ich habe bei der Darstellung erwähnt, dass unklare Aussagen in die Rechtsprechung nicht einbezogen werden dürfen. Zudem habe ich betont, dass evidente Aussagen und auch einige aus den anderen Kategorien ausgelegt werden dürfen. Mit zwei Textbeispielen möchte ich zeigen, welche Rolle diese Kategorien in der Normderivation spielen. Ich habe dazu zwei Texte aus verschiedenen Jahrhunderten ausgewählt, die dafür bekannt sind, rechtsmethodisch auf die einzelnen rechtspraktischen Fälle einzugehen. Es sind Auszüge aus *Šarḥ Muḫtaṣar aṭ-Ṭaḥāwī* (hanafitisch) von al-Ǧaṣṣāṣ und Yaḥyā ibn Šaraf an-Nawawīs (gest. 676/1277) *al-Maǧmūʿ Šarḥ al-Muhaḏḏab* (schafiitisch), der hier die ausführliche Analyse des schafiitischen Gelehrten Abū l-

14 Die Grafik stammt, mit leichten Überarbeitungen, aus Kurnaz, *Methoden*, 375.

Ḥasan al-Māwardī (gest. 450/1058) in dessen *al-Ḥāwī l-kabīr* zusammenfasst sowie auf das *Kitāb al-Umm* von Muḥammad ibn Idrīs aš-Šāfiʿī (gest. 204/820) verweist.

## Textbeispiel 2: Unklare Aussagen

| | | |
|---|---|---|
| Rn. 5 | Abū Ǧaʿfar [aṭ-Ṭaḥāwī] sagt: *Ribā* trifft auf alles zu, was im Hohlmaß gemessen und was gewogen wird, sei es genießbar oder nicht. | قال أبو جعفر: ويدخل الربا في كل مكيل وموزون، مأكولاً كان أو غير مأكول. |
| Rn. 6 | Aḥmad [al-Ǧaṣṣāṣ] sagt: *Ribā* ist ein summarisches Nomen in der Offenbarung. Es umfasst unterschiedliche Bedeutungen. *Ribā* kann im Überschuss sein, wenn sie eine [einzige] Eigenschaft sein sollte; sie kann aber auch in der Stundung liegen. | قال أحمد: الربا اسمٌ مُجْمَلٌ في الشرع، يتناول معاني مختلفة، فقد يكون الربا في التفاضل، إذا كان على وَصْف، وقد يكون في النسيئة، |
| Rn. 7 | Sie beinhaltet [also] eine Art Unkenntnis in Bezug auf die *ḏimma* [= die Verpflichtung]. | وقد يتناول ضرباً من الجهالة فيما في الذمة، |
| Rn. 8 | Daher ist es ein summarisches Wort, dessen Beurteilung sich aus den vorliegenden Hinweisen zu ergeben hat. | فهو لفظ مُجْمَل يجب استعمال حكمه على حسب قيام الدلالة. |

**Textbeispiel 2:** al-Ǧaṣṣāṣ, *Šarḥ Muḫtaṣar*, III:18 f.

Al-Ǧaṣṣāṣ kommentiert hier die Rechtsmeinung des berühmten ägyptisch-hanafitischen Gelehrten Abū Ǧaʿfar aṭ-Ṭaḥāwī (gest. 321/933). Dieser bestimmt, worauf sich *ribā* bezieht, so: Alles was im Hohlmaß gemessen oder gewogen wird, ist Gegenstand des *ribā*-Verbots (siehe Rn. 5). Diese Entscheidung aṭ-Ṭaḥāwīs muss aber erklärt werden, denn rein aus der Wortbedeutung von *ribā* ist solch eine Entscheidung nicht herzuleiten. Denn *ribā* ist, folgen wir al-Ǧaṣṣāṣ, ein summarisches Wort (siehe Rn. 6). Es kann unterschiedlich verstanden werden (wir verstehen heute darunter mehrheitlich Wucher, aber auch Zinsen im Allgemeinen). Da unterschiedliche Bedeutungen sich in diesem Begriff vermengen, muss nach weiteren Hinweisen gesucht werden, um zu ermitteln, was genau *ribā* bedeutet. Mit dem letzten Satz im Textbeispiel bringt er genau dies zur Sprache. Dem widerspricht die Annahme von an-Nawawī, wie wir im nächsten Textbeispiel sehen können.

## Textbeispiel 3: Allgemeine Aussage

| | | |
|---|---|---|
| Rn. 9 | Nun der Vers »Doch Gott erlaubte das Verkaufen und verbot *ribā*«[15] [vgl. Q 2:275] | وأما قوله تعالى (وأحل الله البيع وحرم الربا) |
| Rn. 10 | In seinem *Kitāb al-Umm* hat aš-Šāfiʿī, Gott erbarme sich seiner, die Interpretation[svarianten] des Verses in zusammengefasster Form vollständig zusammengetragen. Der Verfasser des *al-Ḥāwī* [d. h. al-Māwardī] hat es kommentiert. | فقد ذكر الشافعي رحمه الله في كتاب الأم تفسيرها مستوفى مع اختصار وشرحه صاحب الحاوي. |
| Rn. 11 | Er [al-Māwardī] sagt: aš-Šāfiʿī sagt: Es gibt vier Meinungen in Bezug auf die Bedeutung des Verses. Die erste ist, dass er allgemein ist; sein Wortlaut ist allgemein und umfasst alle Kaufgeschäfte. Er erfordert [damit] die Freistellung aller [Kaufgeschäfte] außer solchen, die ihn [d. h. den Wortlaut] durch Belege einschränken. Das ist die zutreffende Meinung von aš-Šāfiʿī und unsere [d. h. die der Schafiiten]. | فقال: قال الشافعي: ومعنى الآية أربعة أقوال أحدها أنها عامة فإن لفظها لفظ عموم يتناول كل بيع، ويقتضي إباحة جميعها إلا ما خصه الدليل، وهذا القول أصحها عند الشافعي وأصحابنا. |

15 Bobzin übersetzt *ribā* mit ›Zins‹; ich habe ›Zins‹ mit *ribā* ersetzt, weil unter den Gelehrten umstritten ist, was *ribā* bedeuten soll.

| | | |
|---|---|---|
| Rn. 12 | Er [aš-Šāfiʿī] sagt im *al-Umm*: Das ist die offensichtlichste Bedeutung des Verses. | قال في الأم: هذا أظهر معاني الآية. |
| Rn. 13 | Der Verfasser *al-Ḥāwīs* [= al-Māwardī] sagt: Der Beleg für diese Meinung ist, dass der Prophet – Friede und Segen auf ihm – [einige] Kaufgeschäfte, an die sie [d. h. die Menschen] gewohnt waren, verboten hat, aber nicht erklärt hat, was erlaubt ist. Das ist ein Hinweis darauf, dass der edle Vers die Freistellung aller Kaufgeschäfte umfasst, außer solchen, die [aus dieser allgemeinen Erlaubnis] ausgenommen werden. Er [d. h. der Prophet] – Friede und Segen auf ihm – teilt das [vom Allgemeinen] Spezifizierte mit. | قال صاحب الحاوي: والدليل لهذا القول أن النبي صلى الله عليه وسلم نهى عن بيوع كانوا يعتادونها ولم يبين الجائز، فدل الآية الكريمة تناولت إباحة جميع البيوع إلا ما خص منها، وبين صلى الله عليه وسلم المخصوص. |

**Textbeispiel 3:** an-Nawawī, *al-Maǧmūʿ*, IX:170

An-Nawawī fasst hier die ausführlichen Analysen al-Māwardīs zusammen und beschränkt sich an dieser Stelle auf die erste Meinung unter den möglichen, wie Q 2:275 verstanden werden soll. Die Schafiiten vertreten demnach die Auffassung, dass die Aussage »Doch Gott erlaubte das Verkaufen und verbot *ribā*« klar darin ist, dass alle Kaufgeschäfte erlaubt sind. Es ist eine allgemeine Aussage, die Kaufgeschäfte insgesamt für zulässig erklärt. Weitere Hinweise müssen zeigen, dass bestimmte Kaufgeschäfte, wie etwa *ribā,* aus dem Kreis der erlaubten Geschäfte ausgeschlossen werden. Darin liegt auch der Unterschied beider Herangehensweisen: Wenn wir al-Ǧaṣṣāṣ folgen, dürfen keine Normen von Q 2:275 abgeleitet werden, solange die Unklarheit im Vers nicht behoben ist. Folgen wir an-Nawawī und al-Māwardī, dürfen wir mit Hilfe des evidenten Wortlauts bestimmen, dass Kaufgeschäfte insgesamt erlaubt sind, solange kein spezifischer Hinweis dazu vorliegt, dass bestimmte Formen verboten werden.[16]

Mit diesem Beispiel möchte ich auch zur Methode überleiten, die im letzten Textbeispiel (siehe Rn. 13) angesprochen wurde: Die Spezifikation (*taḫṣīṣ*), also die Beschränkung von allgemeinen Aussagen durch spezifische Bestimmungen.

## 2.3 Spezifikation *(taḫṣīṣ)*

Wir haben gesehen, dass an-Nawawī darauf hingewiesen hat, dass der Kaufgeschäfte als erlaubt erklärende allgemeine Koranvers 2:275 durch weitere Belege spezifiziert wird: Es sind Geschäftsformen vorhanden, die aus dieser allgemeinen Erlaubnis ausgenommen werden. Diesen Vorgang nennt man *taḫṣīṣ*, also Spezifikation. Eine allgemeine Aussage bzw. ein allgemeines Wort (*ʿāmm*) wird durch eine spezifische Aussage bzw. ein spezifisches Wort (*ḫāṣṣ*) spezifiziert. Damit haben wir alle Bestandteile der Spezifikation beisammen, die im Folgenden nacheinander besprochen werden sollen: 1) das Allgemeine, 2) das Spezifische und 3) die Spezifikation.

### 2.3.1 Das Allgemeine *(al-ʿāmm)*

Definieren lässt sich das Allgemeine, trotz diverser unterschiedlicher Definitionen, wie folgt: »Das Allgemeine ist ein uneingeschränktes Wort, was einmal für eine Bedeutung festgelegt wurde und für alle Individuen und Sachen gilt, die unter diese Bedeutung fallen.«[17] Die Frage ist, ob es in der Sprache bestimmte Formen gibt, die auf eine

16 Al-Māwardī, *al-Ḥāwī*, V:3–10.

17 Kurnaz, *Methoden*, 122.

allgemeine Aussage bzw. ein allgemeines Wort verweisen. Hier scheiden sich die Geister. Die Mehrheit der Gelehrten nimmt an, dass es spezifische Formen in der Sprache gibt, die auf eine allgemeine Bedeutung hinweisen. Vertreter dieser Position werden als ›Anhänger des Allgemeinen‹ (*arbāb al-ʿumūm*) bezeichnet. Sie sind sich aber nicht einig darin, wie umfassend eine allgemeine Aussage ist: Die Mehrheit sagt, dass damit ausnahmslos alle Individuen und Sachen, die unter eine Bedeutung fallen, gemeint sind, wogegen einige Gelehrte von einer unbestimmten Menge ausgehen. Ein Beispiel: Wenn jemand sagt: »ich habe alle Studierenden gesehen«, so würde die erste Gruppe von der maximalen Anzahl von Studierenden ausgehen, wogegen die zweite Gruppe eine unbestimmte Menge an Studierenden verstehen würde.

Die zweite Gruppe, die sog. ›Anhänger des Spezifischen‹ (*arbāb al-ḫuṣūṣ*), unter ihnen Vertreter unterschiedlicher Rechtsschulen, behauptet, dass mit allgemeinen Aussagen und Wörtern die Mindestgrenze des Plurals gemeint ist. Sie gehen davon aus, dass wir nur mit Sicherheit wissen können, dass die Mindestgrenze des Plurals gemeint ist. Spezifizierungen sind niemals auszuschließen. Nur weitere Hinweise können zeigen, dass mehr als nur die Mindestgrenze gemeint ist und tatsächlich eine uneingeschränkte allgemeine Aussage vorliegt.

Eine dritte Gruppe dagegen sagt, dass keine spezifischen Formulierungen in der Sprache für allgemeine Wörter und Aussagen vorzufinden sind. Wir müssen abwarten und nach Hinweisen suchen, um zu ermitteln, ob mit allgemein anmutenden Aussagen auch wirklich allgemeine Bedeutungen gemeint sind. Diese Position wird insbesondere von theologischen Schulen wie den Aschariten und Murdschiiten (*murǧiʾa*) vertreten. Grund dafür sind theologische Fragen, so etwa, ob Muslim:innen mit den Strafandrohungen, die im Koran allgemein formuliert sind, auch adressiert werden. Die letzte Position würde es erlauben, Muslim:innen herauszuhalten, da die Anhänger dieser Meinung den Umfang jeder Formulierung mit Rücksicht auf Indizien neu bestimmen können.

Es hat sich unter den Gelehrten im Rechtsdiskurs die erste Position durchgesetzt, die von sprachlichen Formen ausgeht, welche sich als ›allgemein‹ einordnen lassen.

#### 2.3.1.1 Sprachliche Formen

Zu den sprachlich erkennbaren Formen des Allgemeinen gehören Pluralformen. Sie haben zwei Arten und sind

1) determiniert durch die Partikel *al-* oder durch eine Genitivverbindung,
2) indeterminiert: Die Pluralbildung folgt zwei Formen:
   a) regelmäßig: Im Arabischen erfolgt die Pluralbildung für männliche Nomen durch die *wāw-nūn*-Endung, für weibliche durch die *alif-tā'*-Endung.
   b) unregelmäßig, z. B. *riǧāl* (›Männer‹) und *nisā'* (›Frauen‹).

Die bekanntesten Formen des Allgemeinen sind u. a.

1) Fragepartikel: *man* (wer), *mā* (was), *ayna* (wo), *matā* (wann),
2) Relativpronomen (*al-ism al-mawṣūl*): z. B. *allaḏī, allaḏīna,*
3) Bedingungspartikel (*adāt aš-šarṭ*): z. B. ›wenn‹
4) Allquantoren (sog. *al-alfāẓ al-mu'akkada*): z. B. ›jeder, alle‹ (*kull, ǧamī'*),
5) Wörter, die im Sinne von ›Gemeinschaft‹ verwendet werden, z. B. *ma'šar, 'āmma, kāffa, qāṭiba, sā'ir,*
6) Gattungsbegriffe (*ism al-ǧins*) und der Singular (*al-ism al-mufrad*), die mit dem Artikel *al-* oder durch eine Genitivverbindung determiniert sind,
7) das Indeterminierte in Negationen: z. B. »Ich sah keine Männer« (arab. *mā ra'aytu raǧulan*).

#### 2.3.1.2 Umfang allgemeingültiger Aussagen

Die Mehrheit der Gelehrten nimmt an, dass allgemeine Aussagen vollumfänglich gemeint sind. Klar ist, dass allgemeine Wörter wie ›Menschen‹ geschlechterübergreifend alle umfassen, so auch Fragepartikel wie ›wer‹. Ebenso klar sind Geschlechterbeschränkungen wie im Falle von ›Männer‹ und ›Frauen‹. Fraglich ist die Bewertung von bestimmten Verbkonjugationen. Klar ist, dass die zweite und dritte Person Plural feminin sich auf das weibliche Geschlecht beschränkt. Unklar dagegen ist, ob die zweite und dritte Person Plural maskulin Frauen umfasst oder sich nur auf das männliche Geschlecht beschränkt. Hierzu können wir zwei Grundhaltungen feststellen: Die eine Meinung besagt, dass Frauen zunächst nicht angesprochen sind; der Wortlaut beschränke sich auf Männer. Wären Frauen sonst ebenfalls grundsätzlich mit adressiert, wäre eine gesonderte Form für Frauen in der Sprache nicht notwendig. Nur weitere Indizien können dementsprechend zeigen, dass Frauen ebenso angesprochen sind wie die Männer. Dagegen vertritt eine andere Gruppe, dass Frauen sehr wohl adressiert seien. Es sei Brauch in der arabischen Sprache, dass mit der zweiten und dritten Person Plural maskulin auch Frauen dem Adressatenkreis zugehören. Wenn eine gemischte Gruppe angesprochen wird, so verwendet man im Arabischen die maskuline Pluralform. Der arabischen Grammatik entspricht eher diese letzte Meinung. Damit ist auch klar, dass Ansprachen wie »Ihr Gläubigen!« (*yā ayyuhā lladīna āmanū*) sowohl Männer als auch Frauen umfassen.

Mit dieser Ansprache ist ein weiteres Problem verbunden, das wir heute nicht mehr wahrnehmen bzw. das irrelevant ist: Adressiert diese Ansprache auch Sklav:innen? Die Meinung der Gelehrten lässt sich in drei Positionen zusammenfassen: 1. Sklav:innen werden adressiert, 2. sie werden nicht adressiert, 3. sie werden adressiert, wenn die Mitteilung sich auf gottesdienstliche Handlungen bezieht; handelt es sich um eine Ansprache im Bereich der zwischenmenschlichen Beziehungen, sind sie nicht adressiert. Diese Fragen ergeben sich durch die Vorstellung, dass Sklav:innen eine beschränkte rechtliche Verantwortung und nicht dieselben Rechte und Pflichten wie freie Personen haben; ein Aspekt, der zeigt, wie stark der historische Kontext sich auf methodische Annahmen auswirken kann. Grundsätzlich gehen die Gelehrten davon aus, dass Sklav:innen von der Ansprache adressiert werden. Nur weitere Hinweise können die für sie spezifischen Bestimmungen aufzeigen. Die allgemeine Ansprache wäre dann in einem regulären Vorgang durch die Spezifikation beschränkt und würde Sklav:innen ausschließen.

Eine ähnliche Diskussion führen die Gelehrten mit Rücksicht auf die Ansprache »Ihr Menschen!« (*yā ayyuhā n-nās*). Die Frage ist, ob die religiösen Quellen damit auch Nichtmuslim:innen und Ungläubige adressieren. Die Mehrheit der Gelehrten geht davon aus, dass Nichtmuslim:innen adressiert sind. Zu Ansprachen wie »Ihr Vernünftigen!« (*yā ulī l-albāb*) und »Ihr Einsichtigen!« (*yā ulī l-abṣār*) gibt es die gleichen Überlegungen. Einige Gelehrte treffen hier eine Unterscheidung und sagen, dass Nichtmuslime:innen durch die spezielle Aufforderung, etwas zu tun oder zu unterlassen, insofern angesprochen sind, als dass sie zum Glauben aufgerufen werden; die speziellen Anordnungen, wie etwa das Gebet zu verrichten und auf *ribā* zu verzichten, können sie ja erst befolgen, sofern sie den Glauben annehmen. Ferner argumentieren die Gelehrten, dass viele Passagen des Korans jenseitige Strafen für die Ungläubigen thematisieren. Wären sie grundsätzlich nicht adressiert, wären solche Aussagen im Koran sinnlos.

Bisher haben wir die Obergrenze allgemeiner Wörter und Aussagen besprochen. Ebenso diskutieren die Gelehrten die Mindestgrenze allgemeiner Aussagen. Die Diskussion um die Mindestgrenze ist wichtig, da damit auch die Grenze einer Spezifikation bestimmt wird. Außerdem muss eine Mindestgrenze eingehalten werden, um eine allgemeine Aussage treffen zu können. Denn es wäre sinnlos, nur eine Person zu adressieren, dafür aber das Wort ›Frauen‹ in der Aussage zu benutzen. Wir können vier Positionen diesbezüglich feststellen: Die Mindestgrenze ist 1) drei, 2) zwei, 3) eins und 4) vom Einzelfall abhängig, wobei die Mindestgrenze jeweils neu bestimmt werden muss, denn wir müssen abwarten und Belege dafür finden, wo die Grenze liegt.

Da im Arabischen zwischen dem Dual und dem Plural unterschieden wird, vertritt die Mehrheit die erste Meinung einer Mindestgrenze von drei. Der Plural entsteht bei drei Individuen und Sachen. Nicht wenige Gelehrte halten dagegen: Man spreche schon von einem ›wir‹ (*naḥnu*) bei zwei Personen. Kommen zwei Personen oder Dinge zusammen, so sei dies schon eine Form des Plurals. Die dritte Ansicht einer kleinen Minderheit geht auf die Ansicht zurück, dass Gott über sich selbst mit ›Wir‹ spricht, weshalb auch schon eine Person und eine Sache eine allgemeine Bedeutung impliziere. Die vierte Position entsteht genau aus diesem Disput heraus: alle Positionen haben ihre Berechtigung, weshalb man einen Hinweis abwarten muss, um immer wieder neu zu entscheiden, wo die Mindestgrenze liegt. Damit wir die Spezifikation sinnvoll besprechen können, werde ich mich an der Mehrheitsmeinung 1) orientieren.

Wir haben uns bisher die Diskussionen über den Umfang allgemeiner Aussagen angeschaut. Es besteht noch die Frage, ob solche Ansprachen, die zu einem bestimmten Zeitpunkt geäußert wurden, nur die Anwesenden während der Ansprache adressieren oder darüber hinaus gehen und alle adressieren, die unter die Bedeutung der allgemeinen Aussage fallen. Zu diesen gehört die mündliche Ansprache zu Lebzeiten des Propheten, sowohl die eigenen Aussagen des Propheten als auch die des Korans. Wirkliche Adressaten sind nach der Mehrheit der Gelehrten diejenigen, die zur Zeit der Ansprache anwesend waren; der Koran und der Prophet adressieren nur sie. Alle anderen Personen, die danach existieren, sind erst durch einen unabhängigen Hinweis als angesprochen zu betrachten. Es wird auch die Meinung vertreten, dass sie notwendigerweise als Adressat:innen gelten, da die göttliche Botschaft sich nicht auf die Araber des 7. Jahrhunderts beschränkt, sondern die gesamte Menschheit adressiert. Vor allem Hanbaliten nehmen an, dass der Koran und die Sunna die später existierenden Personen direkt adressieren, was sie mit der Prophetie Muhammads, die sich an die Menschheit insgesamt richte, begründen.

Selbst wenn die Mehrheit konstatiert, dass wir heute nicht direkt vom Koran adressiert werden, sondern auf Umwegen, hat dies keine methodischen Konsequenzen. Alle Gelehrten orientieren sich am Wortlaut des Korans und der Sunna, um Normen herzuleiten. Sie verstehen sie als allgemeingültig. Andere Gelehrte umgehen dieses Problem dadurch, dass sie den Koran und die Hadithe als Schrift bewerten und nicht als mündliche Ansprache, was sie zunächst sind; sowohl der Koran als auch die Aussprüche des Propheten sind verschriftlichte Rede. Nimmt man an, dass der Koran eine Schrift ist, so kann er räumliche und zeitliche Grenzen überwinden; er adressiert dann die gesamte Menschheit.

Umstritten ist zudem, ob Aussagen von Prophetengefährt:innen über den Propheten auch als allgemeingültig gelten, wie es sonst für den Koran und die direkten Aussagen des Propheten gilt. Es geht hierbei um den folgenden Fall: Überliefert ein Prophetengefährte, dass der Prophet das Vorkaufsrecht (*šufʿa*)[18] erlaubt und den Spekulationskauf (*ġarar*)[19] verboten habe, dann wird dies nicht sofort als Anlass dafür genommen, jegliche Formen davon zu erlauben oder zu verbieten. Im Grunde genommen sind alle Aussagen über Aussprüche und Handlungen des Propheten davon betroffen, wie z. B. »der Prophet urteilte« und »ich hörte ihn sagen, verbieten«. Nur weitere Indizien können zeigen, dass solche Aussagen allgemeingültig sind. Insbesondere Hanbaliten widersprechen dieser Auffassung und sagen, dass Prophetengefährten vertrauenswürdige Personen seien: Wenn sie eine Aussage als eine allgemeine tradieren, dann müsse man diese auch als solche verstehen.

Entsprechend umstritten ist auch, wie mit Aussagen umzugehen ist, die der Prophet gegenüber vereinzelten Personen getroffen hat oder die sich nur an eine Person richten. Klar sind Fälle, in denen der Prophet sagt: »Was ich dir erlaubt habe, ist den anderen nicht erlaubt.«[20] Sie sind auf die angesprochene Person beschränkt. Die Mehrheit der Gelehrten versteht die Ansprache an eine Person ohne diese klaren Hinweise auf Beschränkungen trotzdem als beschränkt. Weitere Hinweise müssen ihre Allgemeingültigkeit beweisen. Dagegen hält eine Gruppe von Gelehrten, die der Meinung ist, dass auch solche Aussagen *per se* allgemeingültig sind, da der Prophet an alle Menschen gesandt sei.

Ähnlich sind die Meinungen in Bezug auf Verse, die den Propheten speziell adressieren. Dazu gehören z. B. Q 73:1, 74:1, 39:65 und 65:1. Man streitet sich, ob sie nur den Propheten dazu verpflichten, diese Verse zu befolgen, oder darüber hinaus alle Menschen. Prominent ist auch im Rahmen der Bestimmung des Allgemeinen die Diskussion

18 Muslim, *Ṣaḥīḥ*, *Kitāb al-Musāqāh*, *Bāb* 28, Hadith Nr. 134 (1608).

19 Muslim, *Ṣaḥīḥ*, *Kitāb al-Buyūʿ*, *Bāb* 2, Hadith Nr. 2 (1513).

20 Al-Buḫārī, *Ṣaḥīḥ*, *Kitāb al-Aḍāḥī*, *Bāb* 1, Hadith Nr. 5545; und *Kitāb al-ʿĪdayn*, *Bāb* 5, Hadith Nr. 955; *Bāb* 8, Hadith Nr. 965; *Bāb* 10, Hadith Nr. 968; *Bāb* 23, Hadith Nr. 983.

darum, ob alle Bedeutungen von mehrdeutigen Wörtern zugleich berücksichtigt werden können, was wir bereits oben am Beispiel von Q 4:23 und dem Wort ›Mütter‹ gesehen haben (siehe Seite 39).

Daneben diskutieren die Gelehrten, ob auch Handlungen allgemeingültig sind. Die Frage ist hierbei, ob eine Handlung, die der Prophet vollzog, für alle Muslim:innen verbindlich ist, ohne weitere Indizien, die das bestätigen, berücksichtigen zu müssen. Die Mehrheit der Gelehrten negiert diese Option; nur Indizien und weitere Belege können die allgemeine Verbindlichkeit der Handlung zeigen. Eine Minderheit spricht den Handlungen eine allgemeine Verbindlichkeit zu.

#### 2.3.1.3 Hinweischarakter allgemeiner Wörter und Aussagen

Bei all dieser Unklarheit unter den Gelehrten, wie genau allgemeine Wörter und Aussagen bewertet werden sollen, stellt sich die Frage, wie stark sie auf die allgemeine Bedeutung hinweisen können. Der Hinweischarakter allgemeiner Wörter auf ihre allgemeine Bedeutung ist für die Mehrheit der Gelehrten – darunter auch die meisten Hanafiten, die der Samarqand-Tradition folgen – präsumtiv (*ẓannī*): Man kann nur vermuten, dass mit einem allgemeinen Wort auch wirklich alle Individuen und Sachen gemeint sind, die unter diese Bedeutung fallen. Der Grundgedanke dahinter, dass wir nur vermuten können, es seien wirklich alle angesprochen, liegt in der Spezifikation vieler allgemeiner Aussagen in Koran und Sunna. Ist die Möglichkeit gegeben, dass allgemeine Aussagen spezifiziert sein könnten, können wir nicht mit Gewissheit sagen, dass auch alle angesprochen sind. Diese Annahme der Gelehrten führt dazu, dass Einzeltraditionen, die spezifisch sind, allgemeine Koranpassagen und *mutawātir*-Überlieferungen spezifizieren dürfen. Obwohl man nicht nachweisen kann, dass eine Einzeltradition definitiv vom Propheten stammt (also *ẓannī ṯ-ṯubūt* ist), ist der Hinweischarakter auf die spezifische Bedeutung – wie wir noch unten sehen werden – stärker als die allgemeine Aussage. Die stärkere Aussage kann daher die schwächere auslegen.

Die Hanafiten, die der irakischen Tradition folgen, und einige Gelehrte aus anderen Rechtsschulen nehmen im Gegensatz zur letzten Meinung an, dass allgemeine Aussagen definitiv (*qaṭʿī*) auf die allgemeine Bedeutung hinweisen. Die Folge dieser Ansicht ist, dass nur mit Rücksicht auf starke Beweise der allgemeine Koranvers spezifiziert und seine Bedeutung somit eingeschränkt werden kann. Einzeltraditionen dürfen, da sie präsumtiv sind, den Koran daher nicht direkt einschränken. Nur Hadithe, die selbst wie der Koran im Hinweischarakter auf Bedeutungen und in der Feststellbarkeit, ob sie vom Propheten stammen, also vom *ṯubūt* her definitiv sind, dürfen den Koran auslegen. Nur sie sind dem Koran ebenbürtig. Diese Annahme der Hanafiten wird Konsequenzen für die Anwendung der Spezifikation haben, was wir im weiteren Verlauf noch sehen werden.

Folgen wir der hanafitischen Meinung, so können wir schlussfolgern, dass eine allgemeine Aussage auch als solche ohne weitere Nachforschung in die Rechtsprechung einbezogen werden muss. Dem folgen nicht wenige Malikiten sowie einige Schafiiten und Hanbaliten. Die Leitidee ist – neben der hanafitischen Annahme des definitiven Hinweischarakters (*qaṭʿī d-dalāla*) – die Sprachkonvention: Wenn man eine allgemeine Bedeutung nicht als solche verstehen und in die Rechtsprechung einbeziehen darf, wieso gibt es dann in der Sprache spezifische Formen dafür?

Dagegen argumentiert die Mehrheit der Gelehrten, dass man ohne Nachforschung nicht wissen könne, ob die Aussage in ihrer Allgemeinheit verstanden werden kann. Nicht zuletzt hat dies mit der Auffassung zu tun, dass nur vermutlich alle Individuen und Sachen gemeint sind, die unter das verwendete Wort fallen. Umstritten ist aber die Dauer der Suche nach Indizien und Hinweisen, die zur Spezifikation führen könnten. Die Spannweite der Meinungen geht von einer überwiegenden Vermutung bis hin zu einer definitiven Feststellung, dass es keine Hinweise gibt.

### 2.3.2 Spezifische Wörter und Aussagen *(ḫāṣṣ)*

Eine Definition für das Spezifische, die die unterschiedlichen Definitionsvarianten in der Literatur zusammenfasst, ist: Das Spezifische ist ein »Wort, das bei einer Bedeutungssetzung für eine Bedeutung steht und auf ein Individuum/eine Sache oder eine begrenzte Anzahl an Individuen/Sachen hinweist«[21]. Aus dieser Definition ergeben sich verschiedene Arten des Spezifischen. Dazu gehören

1) *ḥurūf al-maʿānī*: diese sind verschiedene Partikel wie *ḥattā* (sodass), *wa* (und), *aw* (oder), *ṯumma* (dann) und *lākinna* (aber);
2) Nomen (Sg. *ism, laqab*), die für eine bestimmte Person (also Eigennamen), eine Gattung oder Art stehen;
3) Zahlen, da sie für eine begrenzte Anzahl stehen;
4) Dualformen: einige Gelehrte werten sie als spezifisch, andere dagegen als allgemein, eine dritte Gruppe sieht sie als eine spezifische Art des Plurals.

In der Literatur werden noch weitere Arten genannt, auf die ich nicht eingehen werde, da sie stark umstritten sind und ihre eigentümliche Kategorisierung für Verwirrung sorgen kann.

Im Gegensatz zu allgemeinen Wörtern sind sich die Gelehrten einig darin, dass der Hinweischarakter eines spezifischen Wortes auf seine Bedeutung definitiv ist, also *qaṭʿī d-dalāla*. Es kann zwar ausgelegt oder auch im übertragenen Sinne verwendet werden, dies hindert die Gelehrten aber nicht daran, den Hinweis rechtsschulübergreifend als definitiv zu bestimmen. Ein Beispiel für den Hinweischarakter ist der uns bekannte Fall in Q 2:228: Die Gelehrten gehen davon aus, dass Frauen nach der Scheidung definitiv drei Phasen, seien es die Phasen um zwei Menstruationsperioden oder die Menstruationsphasen selbst,

21 Kurnaz, *Methoden*, 159.

zu warten haben. Die Zahl drei kann nicht ohne weiteres ausgelegt werden.

Wenn nun zu einem Thema mehrere allgemeine und spezifische Aussagen vorliegen, müssen die Gelehrten entscheiden, wie und wann eine Spezifikation der allgemeinen Aussage durch die spezifische möglich ist. Wir werden uns diesen Vorgang nun genauer anschauen. Bleiben wir beim Beispiel der erlaubten Kaufgeschäfte: Wie genau kann ein Hadith die allgemeine Aussage in Q 2:275, dass Kaufgeschäfte erlaubt sind, einschränken?

### 2.3.3 Der Spezifikationsvorgang

Die Spezifikation (*taḫṣīṣ*) ist die Reduktion des Umfangs einer allgemeinen Aussage mit Rücksicht auf anerkannte Hinweise und Indizien. Es wird damit ein Teil aus dem Umfang der allgemeinen Aussage herausgenommen. Der Spezifikationsprozess hat drei Komponenten: die allgemeine Aussage (*ʿāmm*), die spezifische Aussage (*ḫāṣṣ*) und Spezifikatoren (Sg. *muḫaṣṣiṣ*). Eine allgemeine Aussage, die spezifiziert worden ist, nennt man ›das spezifizierte Allgemeine‹ (*ʿāmm maḫṣūṣ*). Darin sind sich diejenigen Gelehrten einig, die davon ausgehen, dass es in der Sprache grammatikalische Formen gibt, welche auf allgemeine Bedeutungen hinweisen. Die Gelehrten, die dem widersprechen, lassen keine Spezifikation zu. Vielmehr sei jede Aussage spezifisch, die erst durch Hinweise als allgemeine Aussage gedeutet werden könne. Die Mehrheitsmeinung – wie wir gesehen haben – ist, dass es allgemeine Aussagen gibt, die Gegenstand der Spezifikation sind. Uneinig sind sich die Gelehrten über die Bedingungen einer gültigen Spezifikation.

#### 2.3.3.1 Bedingungen einer Spezifikation

Voraussetzung für eine gültige Spezifikation ist, dass zwei Aussagen zu einem Sachverhalt vorliegen, wobei die eine Aussage allgemein, die andere spezifisch ist. Die Mehrheit der Gelehrten nimmt an, dass auch präsumtive Hinweise wie Einzeltraditionen und der *qiyās* (Analogieschluss) – also Quellen, die in der Wissenskategorie als *ẓannī* eingestuft werden – koranische Aussagen spezifizieren können. Der Grund liegt darin, dass zwar der Koran auf der Ebene des *ṯubūt* definitiv ist, jedoch sein Hinweischarakter auf Bedeutungen präsumtiv, also *ẓannī d-dalāla* ist, sofern allgemeine Aussagen vorliegen. Einzeltraditionen z. B. sind zwar vom *ṯubūt* her präsumtiv (also *ẓannī ṯ-ṯubūt*), aber dafür im Hinweischarakter definitiv (also *qaṭʿī d-dalāla*). Damit gleichen sich die Schwächen und Stärken aus, weshalb eine Spezifikation möglich wird. Zudem weist die Einzeltradition stärker auf die Bedeutung hin als die allgemeine Aussage, weshalb sie die allgemeine Aussage im Koran beschränken darf.

Die Hanafiten dagegen stellen die Bedingung auf, dass die beiden Aussagen ebenbürtig sein müssen, sowohl auf der Ebene des *ṯubūt* als auch auf der der *dalāla*. Denn der Koran ist *qaṭʿī ṯ-ṯubūt* und *qaṭʿī d-dalāla*, spezifische Einzeltraditionen aber *ẓannī ṯ-ṯubūt* und *qaṭʿī d-dalāla*. Dadurch entsteht ein Ungleichgewicht: Eine Aussage, die im Hinweischarakter dem Koran gleicht, aber abweichend von diesem nicht mit Sicherheit auf den Propheten zurückgeführt werden kann, würde, sollte man eine Spezifikation zulassen, einen sicheren Text aus dem Koran auslegen. Das stört die Hanafiten. Aufgrund dessen, dass Hanafiten allgemeine Aussagen als definitiv im Hinweischarakter bestimmen, haben sie strengere Bedingungen für die Durchführung der Spezifikation. Damit wird auch klar, dass nur im Falle einer Kollision von zwei Hinweisen eine Spezifikation für sie durchführbar ist. Für die restlichen Gelehrten ist eine Kollision keine Bedingung, da sie, wie wir gesehen haben, gar nicht entstehen kann, wenn die vermeintlich kollidierenden Hinweise nicht ebenbürtig sind.

Ein weiterer Unterschied zwischen den Hanafiten (darunter auch Mutaziliten) und dem Rest der Gelehrten ist, dass Hanafiten die Bedingung der Disjunktion (*infiṣāl*) setzen. Disjunktion bedeutet Trennung: Im Rahmen der Spezifikation beschreibt es zwei voneinander getrennte, unabhängige Aussagen, die sich auf einen ähnlichen Sachverhalt beziehen. Erkennt man diese Bedingung an, ergibt sich eine Spezifikation nur dann, wenn zwei voneinander getrennte (*munfaṣil*) und unabhängig verständliche Aussagen zu einem Ganzen zusammengebracht und ausgelegt werden. Das hängt unmittelbar mit der letzten Bedingung zusammen: Aussagen können nur dann kollidieren, wenn sie sich unabhängig voneinander auf dasselbe Thema beziehen. Beschränkt dagegen eine allgemeine Aussage sich selbst, z. B. durch eine Bedingung oder eine Ausnahme, ist dies für die Hanafiten und einige weitere Gelehrte keine Spezifikation, sondern eine Reduktion (*qaṣr*). Zur Veranschaulichung ein Beispiel:

Wenn ich z. B. sage, »Gib allen 10 Euro, die das Haus pünktlich betreten«, dann schränke ich meine eigene Aussage ein: Es werden 10 Euro nur dann fällig, wenn jemand das Haus pünktlich betritt. Meine Aussage büßt nichts an ihrer Klarheit ein; sie weist immer noch definitiv auf diese Bedeutung hin. Das ist ein Fall von Reduktion. Wenn aber berichtet wird, dass ich einmal »der Besitz wird jährlich besteuert« und ein weiteres Mal »Gegenstände unter dem Wert von 1000 Euro werden nicht besteuert« gesagt hätte, kann eine Spezifikation vorliegen. Die letzte Aussage kann die erste spezifizieren: Demnach würde grundsätzlich gelten, dass nicht alles, was jemand besitzt, besteuert wird, sondern nur das Vermögen ab einem Wert von 1000 Euro. Im Spezifikationsprozess werden somit zwei Aussagen, die möglicherweise zu verschiedenen Anlässen getätigt worden sind, zusammengebracht. Also greift jemand von außen auf die Aussagen ein. In der Reduktion dagegen schränkt der Sprecher die Aussage selbst ein. Daher hat die Spezifikation nach den Hanafiten zur Folge, dass eine allgemeine Aussage ihren definitiven Hinweischarakter verliert. Die allgemeine Aussage ist fortan ›vermutlich allgemein‹. Aussagen, die eine Reduktion erfahren haben, bewahren ihren Hinweischarakter: Sie sind immer noch *qaṭʿī d-dalāla*.

Im Gegensatz dazu nimmt die Mehrheit der Gelehrten, darunter auch Hanafiten, die der Samarqand-Tradition folgen, an, dass eine Spezifikation auch dann vorliegt, wenn die Aussage sich selbst einschränkt. Für sie ist diese Spezifikation ein Spezifikationsprozess mit konjunkten, d. h. verbundenen Spezifikatoren (*muḫaṣṣiṣ muttaṣil*): Konjunkte Spezifikatoren und Hinweise können nicht unabhängig vom Rest des Gesagten verstanden werden. Sie wären in solch einem Fall sinnlos. Gehen wir auf das letzte Reduktionsbeispiel zurück. Wenn ich nur den konjunkten Spezifikator, also die Bedingung erwähne, ergibt die Aussage keinen Sinn. Ich hätte dann nur gesagt: »die das Haus pünktlich betreten«. Da durch konjunkte Spezifikatoren auch ein Teil aus der allgemeinen Aussage herausgenommen wird, nennt die Mehrheit diesen Prozess auch Spezifikation und nicht Reduktion. Sie können dies tun, da sie für eine Spezifikation weder eine Ebenbürtigkeit der Hinweise bedingen noch davon ausgehen, dass die Spezifikation den Hinweischarakter allgemeiner Aussagen schwächt. Wir erinnern uns: Allgemeine Aussagen für die Mehrheit sind vom Hinweischarakter her präsumtiv.

Bevor wir die Arten der Spezifikation besprechen können, müssen wir noch eine weitere Bedingung diskutieren: Wenn die Aussage sich selbst einschränkt, ist es meist der Fall, dass der Sprecher die Einschränkung sofort äußert. Es wäre sinnlos, wenn ich um 12 Uhr sage: »Gib allen 10 Euro«, und dann um 17:30 Uhr plötzlich sage: »wenn sie das Haus pünktlich betreten«. Unklar bliebe, was ich dazwischen noch gesagt haben könnte und welche dieser Aussagen einschränkend gelten sollte. Werden aber zwei unabhängige Aussagen in einem Spezifikationsprozess zusammengebracht, liegt die Wahrscheinlichkeit vor, dass sie zu unterschiedlichen Zeiten geäußert wurden. Hier kollidieren die Auslegungsmöglichkeiten: Es kann sein, dass der Sprecher seine zuerst getroffene Aussage für nichtig erklärt (das wäre ein Fall von Abrogation) oder sie mit der Absicht äußert, eine frühere Aussage einzuschränken (das wäre ein Fall von Spezifikation). Insbesondere Hanafiten – neben vielen weiteren Gelehrten – bedingen für eine Spezifikation, dass eine einschränkende, unabhängige Aussage entweder zeitgleich oder zeitnah zur allgemeinen Aussage geäußert worden sein muss. Ansonsten wäre es eine Abrogation. Der

Unterschied liegt darin, dass eine Abrogation die frühere Aussage für nichtig erklärt: Sie gilt nicht mehr. Beim Spezifikationsprozess dagegen gilt für die allgemeine Aussage, dass sie immer noch eingeschränkte Gültigkeit hat; sie ist zwar beschränkt allgemein, kann aber als Grundlage für die Normderivation dienen. Ferner wäre es ein theologisches Problem, wenn Gott und sein Gesandter Dinge sagen, die sie später einschränken, ohne das vorher Gesagte vollständig für nichtig zu erklären. Es wäre ferner nicht sinnvoll, eine unklare Aussage zu äußern und sie nicht sofort zu erklären, sondern einen späteren Zeitpunkt abzuwarten. Neben diesen theologischen Bedenken liegt der Grund für diese Bedingung wieder in der Entscheidung der Hanafiten, allgemeine Aussagen als *qaṭʿī d-dalāla* zu bestimmen: Wenn etwas definitiv auf eine allgemeine Bedeutung hinweist, dann kann nur sofort oder vor der Ausführung der allgemeinen Anordnung eine Einschränkung stattfinden.

Die Mehrheit dagegen sagt, dass eine verspätete Erklärung möglich ist. Denn der Hinweischarakter allgemeiner Aussagen ist ja ihrer Meinung nach nur präsumtiv. Die Hörer:innen wüssten, dass Einschränkungen möglich seien. Jedoch beschränkt die Mehrheit die Verspätung. Der Sprecher müsse spätestens kurz vor dem Vollzug einer allgemeinverbindlichen Handlung die Beschränkung vornehmen.

Aus dieser Diskussion ergeben sich Folgefragen: Welche Hinweise dürfen überhaupt allgemeine Aussagen spezifizieren? Was geschieht mit der spezifizierten allgemeinen Aussage? Darf sie weiter in der Rechtsfindung berücksichtigt werden?

### 2.3.3.2 Spezifikatoren (Sg. *muḫaṣṣiṣ*)

Im Folgenden möchte ich der Herangehensweise der Mehrheit der Gelehrten nachgehen, um die Spezifikatoren darzustellen. Spezifikatoren teilen sich, wie wir unter den Bedingungen der Spezifikation sahen, in disjunkt (*munfaṣil*) und konjunkt (*muttaṣil*) auf. D. h., es gibt Hinweise, die von der allgemeinen Aussage unabhängig existieren oder mit ihr verbunden sind und sie einschränken. Beginnen wir mit disjunkten Spezifikatoren. Sie teilen sich in außertextuelle und textuelle Indizien. Geläufig dafür sind Begriffe wie Zustandsindizien (*qarāʾin al-aḥwāl*) und textuelle Indizien (*qarāʾin lafẓīya*). Außertextuelle Indizien, die spezifizierend wirken, sind die Vernunft und die Sinne. Sie haben einen beschränkten Anwendungsbereich. Der Vernunft werden keine uneingeschränkten Spezifikationsfähigkeiten zugesprochen. Sie erkenne etwa, dass nur juristisch verantwortliche Individuen von der allgemeinen Ansprache adressiert sind. Kinder z. B. sind ausgeschlossen. Ähnliches gilt auch für die Sinneswahrnehmung bzw. Sinneserfahrung. Wenn jemand sagt, er:sie habe alle gesehen, dann wissen wir, dass damit nur diejenigen gemeint sein können, die sich im Sichtfeld dieser Person befanden.

Die spezifizierende Funktion von textuellen Indikatoren ist dagegen klarer. Unter textuellen Indizien sind alle Indizien zu verstehen, die textuell überliefert wurden. Darunter fallen auch Handlungen des Propheten, über die uns Berichte vorliegen. Einigkeit herrscht darin, dass der Koran sich selbst spezifizieren kann. Q 2:234 spezifiziert z. B. Q 65:4. Die Mehrheit nimmt auch an, dass der Koran die Sunna spezifizieren darf; nur wenige widersprechen dem. Umgekehrt steht auch zur Debatte, ob die Sunna den Koran spezifizieren darf. Die Sunna, die *mutawātir* ist, kann den Koran spezifizieren; darin ist man sich einig. Sie kann ihrerseits eine andere *mutawātir*-Sunna und eine Einzeltradition spezifizieren. Umstritten ist aber, ob Einzeltraditionen den Koran und die *mutawātir*-Sunna spezifizieren dürfen. Wir haben oben unter den Bedingungen diesen Fall bereits diskutiert (siehe Kapitel 2.3.3.1). Die Mehrheit der Gelehrten erlaubt eine Spezifikation. Aufgrund der epistemischen Diskrepanz lassen dagegen Hanafiten eine Spezifikation nicht zu. Sie verwehren der Einzeltradition aber nicht vollends die spezifizierende Fähigkeit. Erlaubt sind solche Spezifikationen nach einer gültigen Spezifikation unter den hanafitischen Bedingungen, denn die Spezifikation führt zur Schwächung des definitiven Hinweischarakters der allgemeinen Aussage. Dadurch wird eine Spezifikation mit einem schwachen Hinweis wie die Einzeltradition möglich. Der Dissens der Gelehrten geht somit auf methodische Grundannahmen zurück. Ein Beispiel für die Spezifikation mit einem präsumtiven Hinweis werde ich in Textbeispiel 4 weiter unten anführen.

Einigkeit herrscht unter den Gelehrten darin, dass der Konsens (*iǧmāʿ*, Idschma) spezifizierend wirken kann. So etwa nehmen die Gelehrten an, dass Frauen am Freitagsgebet nicht teilnehmen müssen. Es herrscht Konsens darin, dass ein Hadith die Aussage in Q 62:9, die Muslim:innen dazu aufruft, sich zum Freitagsgebet zu begeben, dahingehend einschränkt. Nicht der Konsens selbst spezifiziert also einen religiösen Text, sondern man schließt einen Konsens darin, dass eine Aussage beschränkt verstanden wird oder ein Hinweis als Spezifikator dient.

Umstritten ist, ob eine Annahme, die durch *qiyās* hergeleitet wurde, eine allgemeine Aussage im Koran spezifizieren darf. Entsprechend den erkenntnistheoretischen Grundannahmen in der Frage nach der Rolle von Einzeltraditionen als Spezifikator scheiden sich auch hier die Geister. Die Entscheidungen sind analog. Prominent ist der folgende Fall für die Spezifikation durch eine Analogie:

Q 2:275 erlaubt alle Kaufgeschäfte bis auf *ribā*. In Hadithen werden z. B. Verkaufsgegenstände genannt, die man nicht verkaufen darf. Es werden auch Dinge aufgezählt, die Gegenstand des *ribā*-Verbots sind (Weizen, Gerste, Salz, Datteln, Gold und Silber). Die Gelehrten ermitteln mittels *qiyās* noch weitere Dinge, die die allgemeine Erlaubnis in Q 2:275 einschränken. Es ist in den rechtsmethodischen Quellen nicht immer klar, inwiefern sich diese Methode vom gewöhnlichen *qiyās* unterscheidet, denn auch der *qiyās* selbst würde zeigen, welche Verträge nichtig sind.

Unabhängig von der Frage nach der erkenntnistheoretischen Haltung in den Rechtsschulen ist es umstritten, ob überlieferte Ansichten von Prophetengefährt:innen spezifizierend wirken dürfen. Viele Gelehrte – darunter Hanafiten, Malikiten und Hanbaliten – nehmen an, dass sie spezifizieren können. Schafiiten und viele Malikiten sind dagegen. Die Frage hier ist, ob der tradierten Ansicht eines:einer Prophetengefährt:in ein höherer Wert beigemessen wird als einer gewöhnlichen Meinungsbildung unter den Gelehrten. Da die Generation der Prophetengefährt:innen eine besondere Stellung hat, ordnen viele Gelehrte ihren Meinungen eine besondere Normativität zu. Es wird unter den Gelehrten ebenfalls kontrovers diskutiert, ob ein Brauch der Menschen eine allgemeine Aussage in den autoritativen Texten einschränken kann. Wenn z. B. der Verzehr von Fleisch verboten wäre und Menschen nur eine Sorte Fleisch verzehren würden, darf dann das Verbot auf diese eine Sorte beschränkt werden? Die Mehrheit verneint es. Dagegen ist man sich einig, dass wenn Menschen ein allgemeines Wort in einem spezifischen Sinne verwenden, wie etwa, wenn sie das Wort ›Reittier‹ (*dābba*) nur für Esel verwenden, sich die Bedeutung des Wortes in den Aussagen in Koran und Sunna ebenfalls darauf beschränkt.

Diskutiert wird auch, ob eine Aussage, die auf einen spezifischen Anlass (*ḫuṣūṣ as-sabab*) zurückgeht, auf diesen beschränkt werden muss. Generell wird angenommen, dass der spezifische Anlass eine allgemeine Aussage nicht einschränken kann. Prinzipiell gilt: Berücksichtigt wird der allgemeine Wortlaut und nicht der spezifische Anlass (*al-ʿibra bi-ʿumūm al-lafẓ lā bi-ḫuṣūṣ as-sabab*). Diese Frage stellt sich, da der Koran zu verschiedenen Anlässen herabgesandt worden ist oder der Prophet auf ganz konkrete Fälle antwortet. Einige Malikiten und Schafiiten kehren diese Formel um: eine Aussage ist stets auf den Anlass zu beschränken. Ansonsten sei es nicht möglich zu verstehen, welches Interesse (*maṣlaḥa*) der Menschen diese Aussage schütze. Man könne also nicht ohne weiteres auf eine allgemeingültige Aussage schließen. Einige Gelehrte unterscheiden dagegen verschiedene Konstellationen. Wenn z. B. Antworten auf Fragen ›ja‹ oder ›nein‹ lauten, dann ist die Antwort ohne den spezifischen Anlass nicht zu verstehen. Ist z. B. eine Antwort unabhängig von der Frage zu verstehen, kann sie allgemeiner als die Frage sein. So etwa sei der Prophet gefragt worden, ob verendete Meerestiere konsumiert werden dürfen. Er habe geantwortet, dass das Meerwasser rein sei und verendete Meerestiere verzehrt werden dürfen.[22] Ein anderes Beispiel ist, dass die Gefährten den Propheten fragten, ob sie am Buḍāʿa-Brunnen, in dem Müll entsorgt wurde, die rituelle Reinigung vollziehen dürfen. Seine

22 Abū Dāwūd, *Sunan, Kitāb aṭ-Ṭahāra, Bāb* 41, Hadith Nr. 83.

Antwortet lautete: »Das Wasser ist rein, ihn kann nichts verunreinigen.«[23] Damit antwortete der Prophet nicht nur auf diesen speziellen Fall, sondern allgemein, dass das Wasser rein sei. In solchen Fällen seien Aussagen nicht auf den spezifischen Anlass zu reduzieren.

Die bisher besprochenen Spezifikatoren sind die bekanntesten disjunkten Indizien. Kommen wir nun auf konjunkte Hinweise zu sprechen. Hanafiten sehen hierin zwar keine Spezifikation, aber sie diskutieren dieselben Fälle im Sinne von Reduktionen, weshalb ich ihre Argumente auch berücksichtigen werde.

Die bekanntesten konjunkten Spezifikatoren sind: die Ausnahme (*istiṯnāʾ*), Bedingung (*šarṭ*), Eigenschaft (*ṣifa*) und Begrenzung (*ġāya*). Schränkt der Sprecher seine Aussage ein, indem er Wörter wie ›außer‹ (im Arabischen z. B. *illā, ġayra, sawā/siwā, mā siwā, ḫalā, ḥāšā, ʿadā, mā ʿadā, mā ḫalā, laysa, lā yakun, mā lam yakun*) benutzt, liegt eine Ausnahme vor. Die Mehrheit der Gelehrten setzt voraus, dass eine Ausnahme sofort markiert werden muss; man darf eine allgemeine Aussage mit Wörtern wie ›außer‹ nicht erst im Nachhinein einschränken.

Umstritten ist, wie man mit Ausnahmen umgehen soll, die etwas von der allgemeinen Aussage ausnehmen, das zu einer anderen Gattung gehört (sog. *istiṯnāʾ min ġayr al-ǧins, istiṯnāʾ munqaṭiʿ*). Generell gilt, dass dies nicht zulässig ist. Eine Reduktion kann ja nur dadurch geschehen, dass das Ausgenommene einen Teil der allgemeinen Aussage abbildet. Ausnahmen wie »Ich schulde dir 1000 Euro ›außer‹ (d. h. abzüglich) eines Anzugs« ist aber nach vielen Gelehrten dennoch legitim. Ein Anzug ist zwar kein Geld, das Geld und der Anzug teilen sich aber eine Bedeutung, und zwar, dass sie für einen bestimmten Wert stehen. Daher kann man diese Aussage deuten und sagen: »Ich schulde dir 1000 Euro abzüglich des Wertes eines Anzugs«. Das wiederum heißt, dass etwas gänzlich Anderes von der allgemeinen Aussage nicht ausgenommen werden kann. Entsprechend gilt auch, dass die ausgenommene Menge nicht der Gesamtmenge der allgemeinen Aussage entsprechen darf. In solch einem Falle wäre die Ausnahme sinnlos.

23 Abū Dāwūd, *Sunan, Kitāb aṭ-Ṭahāra, Bāb* 34, Hadith Nr. 67.

Ein Beispiel für die Ausnahme ist Q 24:4 f.: »Die ehrbare Ehefrauen beschuldigen, dann aber nicht vier Zeugen beibringen, denen gebt achtzig Peitschenhiebe, und nehmt nie mehr eine Zeugenaussage von ihnen an – sie sind die Verworfenen –, es sei denn, dass sie danach umkehren und sich bessern.« Bei diesem Beispiel ergibt sich ein Problem: Bezieht sich die Ausnahme nur auf die Verworfenen und darauf, dass ihnen vergeben wird, oder auch darauf, dass der Ausschluss von der Zeugenschaft zurückgenommen wird? Denn es könnte dem Verleumder seine Sünde vergeben werden, ohne ihm die Fähigkeit der Zeugenschaft wieder zu gewähren. Bezieht sich die Ausnahme auf die Aussage insgesamt, wird ihm die gesamte Tat vergeben, sodass er wieder als Zeuge aufgerufen werden kann. Solche Ausnahmen sind umstritten. Wie soll also eine Ausnahme bewertet werden, die nach einer Aufzählung erfolgt? Bezieht sie sich auf alles, was ihr vorausgeht, oder nur auf das zuletzt Genannte? Im Grunde genommen gibt es drei Positionen: 1) Die Ausnahme wird auf den gesamten Satz bezogen, 2) sie bezieht sich auf den letzten Satzteil, 3) es muss jedes Mal von Neuem bewertet werden, worauf sie sich bezieht, weil unterschiedliche Deutungsoptionen vorliegen. Diese Optionen sind:

1) Der erste Satzteil kann sich vom zweiten komplett unterscheiden. Die Ausnahme bezieht sich dann auf diesen Teil, z. B.: »Bewirte die Delegation X; die Studierenden sind alle Y, außer in der Region Z«.
2) Sind die Satzteile ähnlich, gibt es verschiedene Optionen.
    a) Satzteil 1 und Satzteil 2 können unterschiedliche Aussageformen und Objekte beinhalten. Dann wird die Ausnahme auf Satzteil 2 bezogen, z. B.: »Verabschiede dich von der Gruppe X, bewirte die Gruppe Y, außer den Großgewachsenen«.
    b) Ist die Aussageform gleich und unterscheiden sich die Objekte der Aussage, dann bezieht sich die Ausnahme wieder auf Satzteil 2: »Verabschiede die Gruppe X, verabschiede die Gruppe Y, außer den Großgewachsenen«.
    c) Sind die Aussageform und das Objekt gleich, muss wiederum unterschieden werden:

i. Decken sich die Ziele hinter den Aussagen, wird die Ausnahme auf das Ganze bezogen, z. B. »Grüße Gruppe X, bewirte Gruppe X, außer den Großgewachsenen«.
ii. Decken sich die Ziele nicht, dann wird die Ausnahme auf Satzteil 2 bezogen, z. B. »Grüße Gruppe X, beschenke Gruppe X, außer den Großgewachsenen«.

Der nächste konjunkte Spezifikator ist die Bedingung.

> »Die Bedingung ist das, was durch sein Nicht-Vorhandensein zum Nicht-Vorhandensein einer Sache führt, dessen Vorhandensein aber nicht bewirkt, dass die Sache zustande kommt, womit es nicht als Ursache für die Sache fungiert.«[24]

Verschiedene Partikel können Bedingungen wiedergeben (sog. *adawāt aš-šarṭ*: *in, iḏā, wa, mahmā, ḥayṯumā, aynamā, iḏ, mā, man* und *law*). Die Gelehrten sind sich einig, dass eine Bedingung auf alle vorausgehenden Satzteile bezogen werden. Sie kann voran- oder nachgestellt werden und muss in die Zukunft gerichtet sein. Man diskutiert in der Literatur zu den *uṣūl al-fiqh* verschiedene Konstellationen: In einem Satz befinden sich

1) eine Bedingung und ein Bedingtes (»Begrüße die Gruppe X, wenn sie das Haus betritt.«),
2) eine Bedingung und mehrere Bedingte (»Wenn die Gruppe X das Haus betritt, gib ihr etwas zum Essen und/oder zum Trinken«),
3) mehrere Bedingungen und ein Bedingtes (»Bewirte die Gruppe X, wenn sie das Haus und/oder den Markt betritt.«) und
4) mehrere Bedingungen und mehrere Bedingte (»Wenn die Gruppe X das Haus und/oder den Markt betritt, dann gib ihr etwas zum Essen und/oder zum Trinken.«).

24 Kurnaz, *Methoden*, 214.

Je nach Konstellation der Bedingung und des Bedingten kann die Bewertung der Aussage variieren. So etwa unterscheiden sich die folgenden Aussagen, obwohl sie beide unter die oben genannte Konstellation 4) fallen: a) »Wenn die Gruppe X das Haus und den Markt betritt, dann gib ihr etwas zum Essen und zum Trinken«, und b) »Wenn die Gruppe X das Haus oder den Markt betritt, dann gib ihr etwas zum Essen und zum Trinken«.

Wie die Bedingung können auch Eigenschaften spezifizierend wirken: Wenn der Sprecher sagt, »Bewirte die fleißigen Studierenden«, dann ist der Umfang der Aussage kleiner als »Bewirte die Studierenden«. Diskutiert wird unter den Gelehrten, ob dies wirklich eine Spezifikation ist oder nicht doch die Konkretisierung einer unbestimmten Aussage, also *taqyīd al-muṭlaq*, was wir im nächsten Unterkapitel noch besprechen werden.

Der letzte zu besprechende konjunkte Spezifikator ist die Begrenzung. »Die Begrenzung (*ġāya*) ist etwas, das die Negation oder Affirmation einer Regelung bewirkt, sofern diese Begrenzung überschritten wird.«[25] Als Beispiel gelten Partikel wie *ilā* (›bis‹) und *ḥattā* (›bis‹, ›so dass‹). Wie der Name selbst sagt wird eine Aussage durch bestimmte Partikel begrenzt. Z. B. beschränkt Q 2:187 den Verzehr von Lebensmitteln im Ramadan bis (*ḥattā*) zum Morgengrauen und das Fasten bis (*ilā*) zum Sonnenuntergang. Wie in der Frage nach der Ausnahme im Anschluss an mehrere Satzteile diskutieren die Gelehrten, worauf sich eine Begrenzung bezieht, die mehreren Satzteilen vorausgeht bzw. nachfolgt. Identisch zur Diskussion um die verschiedenen Konstellationen der Bedingung verlaufen die Diskussionen um die verschiedenen Konstellationen der Begrenzung und des Begrenzten (*muġayyā*).

25 Kurnaz, *Methoden*, 218.

### 2.3.3.3 Die Folgen einer Spezifikation

Das offensichtliche Ergebnis einer Spezifikation (und der Reduktion nach den Hanafiten) ist, dass die allgemeine Aussage eingeschränkt wird. Die Spezifikation kann sich auf Personen beziehen, die eine Handlung vollziehen oder unterlassen sollen. Sie kann sich aber auch auf die Handlung selbst beziehen, z. B. die Fälligkeit von Almosensteuer auf bestimmte Güter oder die gültigen Kaufverträge.

Einigkeit unter den Gelehrten besteht darin, dass eine allgemeine Aussage nicht vollständig spezifiziert werden darf, da sonst eine Abrogation vorläge. Es muss also immer ein Rest nach einer Spezifikation vorliegen, wobei die Restmenge umstritten ist. Die Mehrheit bestimmt keine klare Menge, sagt aber, dass wir immer noch von einer ›Menge‹ sprechen können müssen. Zumindest darf die Mindestgrenze des Plurals nicht unterschritten werden. Andere wiederum erlauben die Reduktion bis auf eins. Viele Gelehrte unterscheiden die Arten des Allgemeinen: So etwa dürfe der indeterminierte Plural bis auf die Mindestgrenze spezifiziert werden, der determinierte dagegen bis auf eins, so auch Frage- und Bedingungspartikel.

Mit dieser Frage steht die nächste in Verbindung: Führt die Spezifikation dazu, dass das Allgemeine nicht mehr als wirkliche Bedeutung einer Aussage gilt und vielmehr im übertragenen Sinne verwendet wird? Ist es also als *ḥaqīqa* oder *maǧāz* einzuordnen? Eine Gruppe Gelehrter behauptet, dass das Allgemeine nach der Spezifikation weiterhin wirklich und nicht im übertragenen Sinne auf seine allgemeine Bedeutung hinweist. Eine andere Gruppe behauptet das Gegenteil. Der Grund dafür ist, dass die Beschränkung durch die Spezifikation dazu führt, dass nicht mehr alle Individuen und Sachen, die unter die Bedeutung fallen, gemeint sein können. Nur in seinem uneingeschränkten Sinn kann das Allgemeine im wirklichen (*ḥaqīqī*) Sinn verwendet werden. Eine weitere Gruppe unterscheidet zwischen konjunkten und disjunkten Spezifikatoren. Erfolgt die Spezifikation mit konjunkten Spezifikatoren bzw. liegt eine Reduktion nach den Hanafiten vor, ist der spezifizierte Rest der allgemeinen Aussage als wirkliche Bedeutung zu klassifizieren. Bei disjunkten Hinweisen ist genau das Gegenteil der Fall; der Rest ist im übertragenen Sinne als allgemein zu kategorisieren. Dies hat damit zu tun, dass der Sprecher (der Gesetzgeber) selbst durch konjunkte Hinweise die Aussage einschränkt, wogegen disjunkte Hinweise später hinzugezogen werden. Folgen wir der Logik der *uṣūl al-fiqh* und schauen wir zurück auf die *ḥaqīqa-maǧāz*-Dichotomie, dürfte die Spezifikation dazu führen, dass das Allgemeine nunmehr im übertragenen Sinne allgemein sein kann, da es nicht mehr im sprachkonventionellen Sinn verstanden werden kann. Welche Auswirkung hat aber diese Kategorisierung? Werden spezifizierte allgemeine (*ʿāmm maḫṣūṣ*) Aussagen weiterhin für die Rechtsfindung berücksichtigt?

Die Mehrheit der Gelehrten nimmt an, dass spezifizierte allgemeine Aussagen ihren Beweischarakter (*ḥuǧǧīya*) nicht verlieren. Unter ihnen gibt es viele, die bedingen, dass der Rest eine bekannte Menge sein muss. Ist der Rest unbekannt, darf eine spezifizierte allgemeine Aussage nicht mehr berücksichtigt werden. Z. B. kann die Aussage »Grüße die Studierenden« mit der Aussage »Ich meinte aber nur einige von ihnen« spezifiziert werden. Da nicht klar ist, wer zu »einige« gehört, ist der Rest der allgemeinen Aussage »Grüße die Studierenden« unklar. Bekannt ist der Rest des spezifizierten Allgemeinen von Q 4:11, wo Erbquoten vorkommen. Einige Personen (darunter Ungläubige und Mörder:innen) werden vom Vers spezifiziert. Der Rest des Verses ist gültig und bestimmt, wer alles erben darf.

In den *uṣūl*-Texten erwähnen die Gelehrten, dass einige Gelehrte den Beweischarakter spezifizierter allgemeiner Aussagen negieren. Es sei nicht mehr klar, wen und was sie umfassen. Daneben gibt es Gelehrte, die keine Entscheidung treffen und einen Hinweis abwarten, der zeigt, ob eine spezifizierte allgemeine Aussage weiterhin als Argument berücksichtigt werden kann.

In Anlehnung an diese Diskussion fragen sich die Gelehrten, ob sich der Hinweischarakter der spezifizierten allgemeinen Aussage ändert. Das wurde oben schon angesprochen und dient daher der Wiederholung: Nach der Mehrheit der Gelehrten ändert er sich nicht, wogegen die Hanafiten ihn vom Grad der Gewissheit auf den der Präsumtion bzw. Vermutung herabstufen. Dies hat damit zu tun, dass zwei unabhängige Aussagen durch interpretative Methoden in Relation zueinander gesetzt werden, sodass durch eine Interpretation der Hinweischarakter geschwächt wird. Die Reduktion – mit dem Terminus der anderen Rechtsschulen: die Spezifikation mit konjunkten Hinweisen – hat dagegen keine Auswirkung auf den Hinweischarakter; der Sprecher selbst schränkt die Aussage ein.

Abschließend sei auf eine terminologische Unterscheidung hingewiesen: Neben der spezifizierten allgemeinen Aussage (*ʿāmm maḫṣūṣ*) sind solche vorhanden, die zwar allgemein sind, aber mit denen eine spezifische Bedeutung intendiert ist (sog. *ʿāmm urīda bihi l-ḫāṣṣ*). Letzteres liegt vor, wenn allgemeine Wörter in einem besonderen Sinne verwendet werden und dies sich so konventionell festlegt; sie wird von Anfang an als spezifisch verstanden. Das spezifizierte Allgemeine dagegen durchläuft den bisher beschriebenen Prozess der Spezifikation.

Die folgende Grafik fasst den Spezifikationsprozess zusammen:

Das Allgemeine (*al-ʿāmm*) vor der Spezifikation:

Das spezifizierte Allgemeine (*al-ʿāmm al-maḫṣūṣ*) nach der Spezifikation:

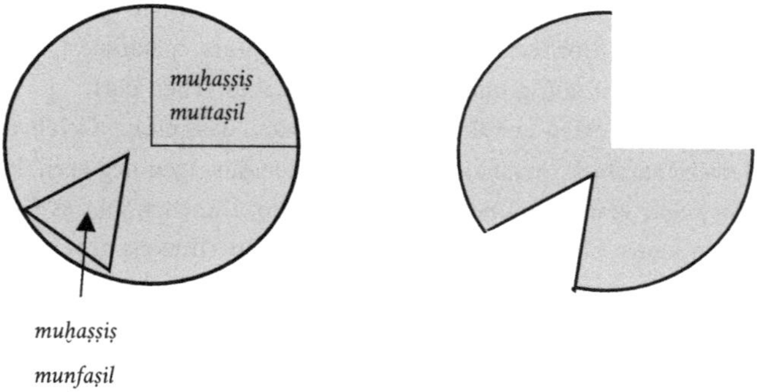


**Schema 5:** Spezifikation

#### 2.3.3.4 Textbeispiel

Das folgende Textbeispiel ist ein Auszug aus hanafitischer Literatur aus dem 8./14. Jahrhundert. Der Verfasser ist ʿAbd al-ʿAzīz al-Buḫārī (gest. 730/1330), der den kurzgefassten Standardtext zur hanafitischen Rechtsmethodik von Abū l-ʿUsr al-Bazdawī (gest. 482/1089) kommentiert. Al-Bazdawīs Werk ist bekannt als *Uṣūl al-Bazdawī* oder auch als *Kanz al-wuṣūl ilā maʿrifat al-uṣūl*. Die übersetzte Passage ist der Kommentar zur Aussage von al-Bazdawī zur Spezifikation allgemeiner Aussagen des Korans und der *mutawātir*-Sunna – die Übersetzung der Aussage al-Bazdawīs ist bewusst wörtlich, um die Erklärungsbedürftigkeit auch im Deutschen wiedergeben zu können: »Alle unsere Meister vertreten: das Allgemeine, dessen Spezifisch-Sein nicht feststeht, duldet keine Spezifizität durch Einzeltraditionen und *qiyās* [d. h. u. a. Analogieschluss]; das ist das Bekannte.«[26] Die hervorgehobenen Stellen in der folgenden Übersetzung sind die Worte al-Bazdawīs, der Rest die ʿAbd al-ʿAzīz al-Buḫārīs.

#### Textbeispiel 4: Spezifikation

| | | |
|---|---|---|
| Rn. 14 | Seine Aussage [d. h. die al-Bazdawīs] **»Das Allgemeine, dessen Spezifisch-Sein nicht feststeht«**, d. h. das Allgemeine im Koran und der *mutawātir*-Sunna, **»duldet keine Spezifizität«**, d. h. seine Spezifikation ist nicht zulässig **»durch Einzeltraditionen und Analogieschluss«**, denn beide sind präsumtiv[er Natur]. | قَوْله العام الذي لم يَثْبت خُصوصه يعني العام من الكتاب والسُّنة الْمتواترة لا يحتمل الخصوص أي لا يجوز تخصيصه بخبر الواحد والقياس لأنهما ظَنّيان |

26 Für diese Aussage und den Kommentar siehe al-Buḫārī, *Kašf al-asrār*, I:429 f. Die Hervorhebungen im Arabischen sind meine. Interpunktionen im Arabischen habe ich entfernt.

| | | |
|---|---|---|
| Rn. 15 | Die Spezifikation vom Definitiven [d. h. Koran oder *mutawātir*-Sunna] durch sie beide [d. h. Einzeltradition und *qiyās*] ist nicht zulässig[, denn die Spezifikation geschieht] durch Kollision: das Präsumtive kann mit dem Definitiven nicht kollidieren. | فلا يجوز تخصيص القطعي بهما لأن التخصيص بطريق المعارضة والظني لا يعارض القطعي |
| Rn. 16 | »**Das**«, d. h. das, was wir bezüglich der Unzulässigkeit der Spezifikation durch sie beide erwähnten, »**ist das Bekannte**« unter den Gelehrten unserer Rechtsschule. | هذا أي ما ذكرنا من عدم جواز التخصيص بهما هو المشهور من مذهب علمائنا |
| Rn. 17 | Das [d. h. diese Position] wird von Abū Bakr al-Ǧaṣṣāṣ [gest. 370/981] und ʿIsā ibn Abān [gest. 221/836] tradiert. Es ist [auch] die Meinung der meisten Anhänger Abū Ḥanīfas [gest. 150/767]. Es ist [auch] die Meinung einiger Anhänger aš-Šāfiʿīs [gest. 204/820]. Es ist [auch] die Meinung von [Prophetengefährten wie] Abū Bakr [gest. 13/634], ʿUmar [ibn al-Ḫaṭṭāb, gest. 23/644], ʿAbdallāh ibn ʿAbbās [gest. 68/687–688] und ʿĀʾiša [gest. 58/678] – Möge Gott an ihnen Wohlgefallen haben. | ونقل ذلك عن أبي بكر الجصاص وعيسى بن أبان[27] وهو قول أكثر أصحاب أبي حنيفة وهو قَول بعْض أصحاب الشافعي أيضًا وهو قول أبي بَكْر وَعُمَر وعَبد الله بن عباس وعائشة رضي الله عنهم |
| Rn. 18 | So hat Abū Bakr die Prophetengefährten zusammengerufen und ihnen befohlen, alle Hadithe zu verwerfen, die dem Koran widersprechen. | فإن أبا بكر جَمع الصحابة وأمرهم بأن يرِدّوا كل حديث مخالف للكتاب |

27 In der Edition »*Ibān*«, was offensichtlich ein Fehler ist. Es handelt sich hier um den frühen hanafitischen Gelehrten ʿĪsā ibn Abān (gest. 221/836), der einer der bekanntesten Schüler Muḥammad ibn al-Ḥasan aš-Šaybānīs (gest. 189/805) ist.

| | | |
|---|---|---|
| Rn. 19 | ʿUmar – Möge Gott an ihm Wohlgefallen haben – verwarf den Hadith von Fāṭima bint Qays [gest. 54/674] über die »beziehungslose [Frau]« (*al-mabtūta*), dass sie keinen Unterhalt erhalten dürfe, [indem] er sagte: »Wir übergehen das Buch Gottes wegen der Aussage einer Frau nicht, von der wir nicht wissen, ob sie die Wahrheit sagt oder lügt.« | وعمر رضي الله عنه ردّ حديث فاطمة بنت قيس في المبتوتة أنها لا تستحق النفقة وقال لا نترك كتابَ الله بقول امرَأةٍ لا ندري أصَدَقت أم كَذَبت |
| Rn. 20 | ʿĀʾiša – Möge Gott an ihr Wohlgefallen haben – verwarf den Hadith über die Bestrafung des Toten wegen der Trauer seiner Familie; sie trug [dafür] das Wort des Erhabenen »Keine lasttragende Seele trägt die Last einer anderen« [vgl. z. B. Q 17:15] vor. | وردّت عائشة رضي الله عنها حديث تعذيب الميت ببكاء أهله وتلت قولَه سبحانه وَلا تَزِرُ وازِرَةٌ وِزْرَ أُخرى |

**Textbeispiel 4:** al-Buḫārī, *Kašf al-asrār*, I:429 f.

Die übersetzte Passage bespricht einen berühmten Fall, den insbesondere hanafitische Gelehrte im Rahmen der Diskussion, ob Einzeltraditionen allgemeine Aussagen in Koran und Sunna spezifizieren dürfen, anführen. Zuerst präsentiert ʿAbd al-ʿAzīz al-Buḫārī die bekannte hanafitische Position – das arabische Original *qawluhu* ist ein Signalwort dafür, dass ein Zitat folgt. Die bekannte Position ist, dass allgemeine Aussagen in Koran und Sunna nicht durch eine Einzeltradition und den *qiyās* spezifiziert werden dürfen. Unter *qiyās* werden einige Schlussverfahren subsumiert, darunter auch der Analogieschluss. Der Grund der Diskussion liegt darin, dass die Hanafiten eine Kollision (*muʿāraḍa*) für die Spezifikation voraussetzen. Gibt es keine Kollision, so ist nach dieser Logik keine Spezifikation notwendig. Wird eine Kollision vorausgesetzt, dann können Analogieschluss und Einzeltraditionen nicht mit dem Allgemeinen des Korans und der Sunna kollidieren, weil eine Diskrepanz im *ṯubūt* vorliegt: Koran und *mutawātir*-Sunna sind definitiv, Einzeltraditionen und *qiyās* präsumtiv.

Damit steht definitiv erwiesenes Wissen gegenüber einer Vermutung, wodurch keine Kollision entsteht. Nachdem al-Buḫārī einige Vertreter dieser Auffassung aufzählt, nennt er drei Beispiele. Ich möchte das Beispiel, das auf die Überlieferung von Fāṭima bt. Qays zurückgeht, exemplarisch erklären (siehe Rn. 19):

In diesem Fall wird die Frage nach der Unterhaltsleistung für Frauen gestellt, die zum dritten Mal und damit endgültig von ihrem Ehemann geschieden wurden. Die Folge einer solchen Scheidung ist, dass sie zu ihrem Ehemann nicht mehr zurückkehren dürfen. Die Aussage »beziehungslose Frau« (*al-mabtūta*) in der Übersetzung verweist auf diese Ausgangslage. Es habe sich zu Lebzeiten des Propheten die Frage gestellt, ob der Ehemann in diesem Fall Unterhalt zahlen müsse. Laut Q 65:6 ist dies vorgeschrieben. Doch habe Fāṭima bt. Qays, die Ähnliches erlebt habe, keinen Unterhalt erhalten und durfte während ihrer Wartezeit (*ʿidda*) nach der Scheidung in der Wohnung ihres ehemaligen Ehemannes verbleiben. ʿUmar habe diesen Bericht von Fāṭima jedoch nicht akzeptiert und sich auf den allgemeinen Wortlaut von Q 65:6 berufen, um solche Fälle zu bewerten. Er habe einer Einzeltradition keinen Glauben schenken wollen; so wird seine Aussage zumindest in der *uṣūl al-fiqh*-Literatur eingeordnet.

## 2.4 Konkretisierung der unbestimmten Aussage *(taqyīd al-muṭlaq)*

Ähnlich wie die Spezifikation schränkt die Methode der ›Konkretisierung des Unbestimmten‹ (*taqyīd al-muṭlaq*) eine bereits getroffene Aussage ein. Daher gibt es Ähnlichkeiten zwischen den beiden Methoden Konkretisierung und Spezifikation. Der grundlegende Unterschied liegt darin, dass unbestimmte Aussagen mit konkretisierten Aussagen eingeschränkt werden, wodurch es im Gegensatz zur Spezifikation keine Vielfalt einschränkender Faktoren gibt. Die Konkretisierung besteht aus zwei Bestandteilen: das Unbestimmte (*al-muṭlaq*) und das Konkretisierte (*al-muqayyad*). *Muṭlaq* ist ein Wort, »das eines oder mehrere unbekannte Individuen bzw. Sachen darstellt und durch keine Eigenschaft eingeschränkt ist«.[28] Wir finden in der Literatur diverse Definitionsvarianten; die hiesige fasst den gemeinsamen Nenner zusammen.

Unbestimmte und allgemeine Aussagen sind ähnlich. Die Mehrheit der Gelehrten sieht daher keine unabhängige Methode in der Konkretisierung; sie sei eine spezielle Form der Spezifikation. Hanafiten dagegen grenzen beide voneinander ab. Der Unterschied zeigt sich im folgenden Beispiel: Die Aussage »Gib mir Bücher« bedeutet nicht, dass alle denkbaren Bücher zu geben sind, sondern es reicht aus, dass man nur einige, unbestimmte Bücher übergibt. Einige Bücher stehen alternativ für alle denkbaren; es ist der Ersatz für alle Bücher. Viele Gelehrte aus anderen Rechtsschulen sprechen daher gern von ›ersatzweise wirkendem Allgemeinen‹ (*ʿāmm badalī*). Wird diese Aussage mit einer Eigenschaft konkretisiert, liegt ein konkretisiertes Wort vor, also *muqayyad*: Es ist das Wort, »das auf eines oder mehrere unbekannte Individuen bzw. Sachen hinweist, wobei dieser Hinweis mit einer Eigenschaft eingeschränkt ist«.[29]

Wann wird diese Methode angewandt? Q 58:3 schreibt z. B. vor, als Sühne einen Sklaven zu befreien. Dagegen schreibt Q 4:92 vor, als Sühne einen gläubigen Sklaven zu befreien. Es sind Sühneleistungen für zwei unterschiedliche Vergehen. Darf nun Q 4:92, die den zu befreienden Sklaven konkretisiert (ein *gläubiger* Sklave) die Sühne in Q 58:3 konkretisieren? Es geht also um die folgende Frage: Kann, wenn der Gesetzgeber einmal ein unbestimmtes Wort benutzt, um ein Thema anzusprechen, und ein anderes Mal dasselbe Wort in konkretisierter Form, die zweite Aussage die erste konkretisieren? Um dies zu entscheiden, besprechen die Gelehrten vier unterschiedliche Konstellationen. Zwei Aussagen können

1) identisch in ihrer Rechtsfolge und ihrer Ursache sein,
2) identisch in ihrer Rechtsfolge, aber unterschiedlich in ihren Ursachen sein,

28 Kurnaz, *Methoden*, 242.

29 Kurnaz, *Methoden*, 246.

3) unterschiedlich in ihren Rechtsfolgen, in ihrer Ursache aber gleich sein,
4) unterschiedlich sowohl in ihren Rechtsfolgen als auch ihren Ursachen sein.

Für Fall 1 (identische Rechtsfolge und Ursache) gilt grundsätzlich, dass die unbestimmte Aussage konkretisiert werden kann; darin sind sich die meisten Gelehrten einig. Q 5:6 erlaubt es, die Hände und das Gesicht mit trockener Erde zu reinigen, um sich auf das Gebet vorzubereiten, wenn man nicht genügend Wasser für die gewöhnliche rituelle Reinigung finden kann. Diese Reinigung nennt man *tayammum*. Sie ersetzt die gewöhnliche rituelle Waschung (*wuḍūʾ*) mit Wasser: Gewaschen werden die Hände bis zu den Ellenbogen und das Gesicht, so auch die Füße (nach den Schiiten werden sie nur benetzt), und die Haare werden benetzt. Für den *tayammum* wird nicht klar definiert, bis wohin die Hände gereinigt werden sollen. Im Arabischen kann das Wort *yad* für die Hand bis zum Handgelenk, bis zum Ellenbogen und bis zur Schulter stehen. Das Wort ›Hand‹ kann also konkretisiert werden. In einem Hadith kommt die konkretisierte Form vor: Die Hand wird während des *tayammum* bis zum Ellenbogen gereinigt. Die Rechtsfolge beider Aussagen in Koran und Sunna ist identisch: Es ist die Zulässigkeit von *tayammum* bei Fehlen einer ausreichenden Menge Wasser für die gewöhnliche rituelle Reinigung. Die Ursachen sind ebenfalls identisch: die Vorbereitung auf das Gebet. Manche Gelehrte rufen dazu auf, bei ähnlichen Fällen die eine Aussage als Empfehlung und die andere als Verpflichtung zu werten; sie schließen eine Konkretisierung aus. Damit können beide Aussagen nebeneinander stehen und werden separat bewertet.

Fall 2 (identische Rechtsfolgen, unterschiedliche Ursachen) ist höchst umstritten. Paradebeispiel dafür ist, ob Q 4:92, die vorsieht, bei fahrlässiger Tötung etwa eines Muslims eine:n gläubige:n Sklav:in zu befreien, Q 58:3 konkretisieren darf, die für die vorislamische *ẓihār*-Scheidung die Befreiung eines:einer Sklav:in als Sühne vorsieht. Hanafiten negieren diese Konkretisierung. Für sie liegen zwei voneinander unabhängige Sachverhalte vor. Die Mehrheit dagegen erlaubt es. Sie ist sich aber nicht einig darin, ob diese Konkretisierung sprachlich bedingt ist oder dadurch, dass hier eine Analogie gebildet wird. Die gleiche Rechtsfolge erlaube eine Konkretisierung. Das bedeutet, dass im Falle der Äußerung einer *ẓihār*-Scheidung nur ein:e gläubige:r Sklav:in befreit werden darf, im Gegensatz zu dem, was der Vers selbst nach dem äußeren Wortlaut sagt.

Über Fall 3 (unterschiedliche Rechtsfolgen, identische Ursache) und Fall 4 (unterschiedliche Rechtsfolgen und Ursachen) sind sich die Gelehrten einig. In beiden Fällen wird die Konkretisierung ausgeschlossen. Lediglich einige Hanbaliten erlauben die Konkretisierung für Fall 3. Die Unsinnigkeit der Konkretisierung von Fall 4 ist klar; zwei gänzlich unterschiedliche Aussagen stehen selbstverständlich nebeneinander und können nicht aufeinander bezogen werden. Das Beispiel für Fall 3 ähnelt Fall 1, ob die rituelle Waschung mit Wasser und die dortige Konkretisierung der Waschung der Arme bis zu den Ellenbogen die unbestimmte Aussage bei *tayammum*, die Hände zu reinigen, konkretisieren darf. Die Ursache für beide ist gleich, und zwar die rituelle Unreinheit. Die konkrete Bestimmung ist aber unterschiedlich: die Waschung geschieht mit Wasser, *tayammum* ist symbolisch mit reiner Erde auszuführen.

Umstritten sind ferner Fälle der zulässigen Konkretisierung, wenn eine unbestimmte Aussage durch mehrere sich widersprechende Aussagen konkretisiert werden kann. Es liegen also verschiedene Konkretisierungsoptionen vor. In solch einem Falle sollen weitere Hinweise zeigen, welche Konkretisierungsoption vorzuziehen ist. Das oft zitierte Beispiel in den Quellen ist die Konkretisierung von Q 2:185. Dort wird vorgeschrieben, dass die Fastentage, die man im Ramadan versäumt hat, nachzuholen sind. In Q 58:4 wird vorgeschrieben, dass man als Sühne für die *ẓihār*-Scheidung zwei aufeinanderfolgende Monate fasten soll. In Q 2:196 wird für einen besonderen Fall während der Pilgerfahrt festgelegt, dass man drei Tage währenddessen und sieben Tage danach fasten soll. Welche der beiden Aussagen nun Q 2:185 konkretisieren darf, können nur weitere Hinweise zeigen. Hanafiten dagegen negieren auch in diesem Fall die Konkretisierung. Im Grunde genommen ist dieses Beispiel eine Erweiterung von Fall 2.

Die folgende Tabelle fasst die Konkretisierung zusammen:[30]

| | **identische Ursache** | **unterschiedl. Ursachen** | |
|---|---|---|---|
| **identische Rechtsfolgen** | Mehrheitsmeinung<br>+ | nach den Hanafiten<br>– | nach der Mehrheit<br>+ |
| **unterschiedl. Rechtsfolgen** | Mehrheitsmeinung<br>– | Mehrheitsmeinung<br>– | |

**Schema 6:** Konkretisierung

Zum Abschluss soll noch ein Textbeispiel aus dem Werk *Iḥkām* des einflussreichen andalusischen Malikiten Abū l-Walīd al-Bāǧī (gest. 474/1081) folgen:

## Textbeispiel 5: Konkretisierung

| | | |
|---|---|---|
| Rn. 21 | Abschnitt: Wenn der Wortlaut des Urteils unbestimmt ist, und wenn von seiner Art ein Urteil konkretisiert vorkommt, das mit ihm trotz unterschiedlicher Ursache in Verbindung steht, wie z. B. dass in Bezug auf [die Sühne des] Totschlags der Sklave mit dem Glauben konkretisiert wurde, und dass er in Bezug auf die Sühne des Schwur[bruch]s und der *ẓihār*-Scheidung nicht konkretisiert wurde; | فصل: فأما إذا ورد لفظ حكم مطلق وقد ورد من جنسه حكم مقيد إلا أنه متعلق بغير سببه، وذلك نحو أن يقيد الرقبة باللأيمان[31] [sic] في القتل ولا يقيدها في كفارة الأيمان و الظهار، |

30 Die Tabelle stammt aus Kurnaz, *Tradition und Fortschreibung*, 141.

31 Lies *īmān* anstatt *aymān*.

Rn. 22 darin sind die Menschen [d. h. die Gelehrten] verschiedener Meinung. Experten unserer Rechtsschule, wie al-Qāḍī Abū Bakr [al-Bāqillānī, gest. 403/1013], al-Qāḍī Abū Muḥammad [ʿAbd al-Wahhāb, gest. 422/1031] und weitere, und die Experten unter Schafiiten, wie Abū ṭ-Ṭayyib [aṭ-Ṭabarī, gest. 450/1058] und Abū Isḥāq aš-Šīrāzī [gest. 476/1083] und weitere sind der Meinung, dass das Unbestimmte nicht auf das Konkretisierte bezogen wird, es sei denn, der *qiyās* weist auf seine Konkretisierung hin, sodass es an das Konkretisierte im Wege des *qiyās* angebunden wird. Al-Qāḍī Abū Ǧaʿfar [as-Simnānī, gest. 444/1052] ist auch dieser Meinung.

فقد اختلف الناس في ذلك؛ والذي عليه محققو أصحابنا كالقاضي أبي بكر والقاضي أبي محمد وغيرهما ومحققو أصحاب الشافعي كأبي الطيب وأبي إسحاق الشيرازي وغيرهما أن المطلق لا يحمل على المقيد إلا أن يدل القياس على تقييده فيلحق بالمقيد قياساً. وبه قال القاضي أبو جعفر.

Rn. 23 Einige aus unserer Rechtsschule und einige Schafiiten sagen: Das Unbestimmte muss auf das Konkretisierte durch die Sprachsetzung und Sprachlogik übertragen werden.

وقال بعض أصحابنا وأصحاب الشافعي: يجب حمل المطلق على المقيد من جهة وضع اللغة ومعقول اللسان.

Rn. 24 Der Beweis für unsere Ansicht ist, dass das unbestimmte Urteil anders ist als das konkretisierte Urteil. Die Absolutsetzung des Unbestimmten erfordert, dass seine Konkretisierung negiert wird, genauso wie die Konkretisierung des Konkreten es erfordert, dass seine Absolutsetzung negiert wird.

والدليل على ما نقوله أن الحكم المطلق غير الحكم المقيد وإطلاق المطلق يقتضي نفي التقييد عنه كما أن تقييد المقيد يقتضي نفي الإطلاق عنه.

| | | |
|---|---|---|
| Rn. 25 | Wenn es geboten wäre, das Unbestimmte [durch die Sprache] zu konkretisieren, weil es von derselben Art des Konkretisierten ist, dann wäre es geboten, das Konkretisierte im unbestimmten Sinne zu verstehen, denn es ist ja von derselben Art des Unbestimmten. Das aber ist nach dem Konsens nichtig. | فلو وجب تقييد المطلق، لأن من جنسه ما هو مقيد، لوجب إطلاق المقيد، لأن من جنسه ما هو مطلق. وهذا باطل بإجماع. |

**Textbeispiel 5:** al-Bāǧī, *Iḥkām*, I:287

## 2.5 Bewertung normativer Aussagen

Wir haben bisher am Beispiel der Spezifikation und Konkretisierung Methoden besprochen, die den Umfang einer Regelung bestimmen. Bisher haben wir aber noch keine Methoden und Prinzipien gesehen, die den normativen Status einer präskriptiven Aussage ermitteln lassen. Um die Frage an den bisher angeführten Beispielen zu konkretisieren: Wie bewerten wir den Weinkonsum, der in Q 5:90 vorkommt, und den *ribā* in Q 2:275? Sind beide verboten oder wird nur empfohlen, von ihnen Abstand zu halten?

Im Folgenden möchte ich die Deutungsoptionen präskriptiver Aussagen vorstellen. Die eindeutige Form solcher Aussagen ist imperativisch und umfasst das Gebieten (*al-amr*) und das Verbieten (*an-nahy*). Beginnen wir mit gebietenden Aussagen.

### 2.5.1 Gebietende Aussagen (*al-awāmir*, Sg. *al-amr*)

Wie bei der Spezifikation und der Konkretisierung werde ich nur eine Definitionsvariante für das Gebieten anführen, die so allgemein gehalten ist, dass möglichst viele rechtsschulspezifische Feinjustierungen darunter subsumiert werden können. Diese lautet: »Das Gebieten ist die [...] Aufforderung des Superioren an den Inferioren, eine Handlung verbindlich zu vollziehen.«[32] Die Mehrheit der Gelehrten nimmt an, dass das Gebieten eine spezifische Aussageart (*al-qawl al-maḫṣūṣ*) ist, mit der eine Verbindlichkeit ausgedrückt wird. Aber es ist umstritten, welcher Verbindlichkeitsgrad als *ḥaqīqa* eingestuft wird, also der normative Status, den das Gebieten als Standard innehat.

Das Gebieten hat eine spezielle Form bzw. einen Modus in der Sprache, mit dem man es von anderen Aussageformen wie der Nachricht und der Frage unterscheiden kann. Hierzu können wir in der Literatur jedoch auch Meinungen finden, die analog zur Diskussion um die grammatikalische Form des Allgemeinen in Frage stellen, dass das Gebieten einen spezifischen Modus hat. Diese Diskussion ist auch theologischer Natur: Wenn wir – wie die Ascharíten und Maturiditen – davon ausgehen, dass die göttliche Rede urewig ist, dann muss infolgedessen angenommen werden, dass das Gebieten auch ohne sprachliche Form im Sinne einer »inneren Rede im Ich selbst« möglich ist. Setzt man voraus, dass das Gebieten eine spezifische Sprachform hat, wäre ein von den geäußerten Worten unabhängiges Gebieten ebenso wenig möglich wie ein von der urewigen Rede stammendes Gebot. Das wirkliche Gebieten befindet sich nach dieser Aussage im Inneren des Selbst; die Form des Gebietens in der Sprache verleihe ihm nur einen Ausdruck. Daher sei eine gebietende Aussage eines Schlafenden nicht als Befehl zu verstehen, da im Schlaf keine bewusste Aufforderung formuliert werden könne.

Die Mutaziliten argumentieren von solchen Fällen ausgehend dagegen. Sollten wir auch annehmen, dass es keine spezifische Form in der Sprache für das Gebieten gibt, so bräuchten wir trotzdem ein Unterscheidungskriterium. Denken wir das letzte Beispiel weiter. Wenn die innere Rede doch das eigentliche Gebieten wäre, wieso sollte das Gebieten eines Schlafenden nicht gültig sein, wenn wir einen Befehl von ihm hören? Es kann ja eine innere Rede gewesen sein, die

32 Kurnaz, *Methoden*, 48.

von ihm ausgesprochen wurde. Die Mutaziliten argumentieren: Das wirkliche Unterscheidungskriterium dafür, ob jemand etwas befiehlt oder nicht, könne nur der Wille (*irāda*) sein. Da ein Schlafender keinen Willen entwickeln könne, sei seine Rede auch nicht als Befehl zu bewerten. Es ist für die Mutaziliten auch der Wille des Sprechers, der seine Aussage zuordnen lässt, denn mit einem Imperativ kann man – neben 32 weiteren Optionen – sowohl eine Empfehlung, eine Bitte und einen Befehl äußern.

Die sunnitischen Gelehrten sind dagegen, den Willen zum Bestandteil des Gebietens zu machen. Das Problem ist für sie, dass sich der Wille Gottes notwendigerweise erfüllen muss, denn Gott tut bzw. erschafft, was er will (vgl. Q 85:16, *faʿʿālun limā yurīd*). Ruft Gott zu einer Handlung auf, so müssten alle mit diesem Aufruf diese Handlung vollzogen haben. Da es aber klar auf der Hand liegt, dass Menschen nicht alles tun, was Gott befiehlt – sie können sich dem offensichtlich widersetzen – würde das bedeuten, dass der Wille Gottes nicht geschehe, was nicht möglich sei. Ferner sei es gültig zu sagen: »Ich will es nicht, aber bring mir Wasser«; diese Aussage ist ihrer Vorstellung nach gültig. Einige sunnitische Gelehrte unterscheiden verschiedene Willensarten, wie z. B. Abū Isḥāq Ibrāhīm ibn Mūsā aš-Šāṭibī (gest. 790/1388). Er unterscheidet den schöpferischen Willen (*al-irāda al-ḫalqīya/at-takwīnīya, irādat at-takwīn*) Gottes von seinem gesetzgeberischen (*al-irāda al-amrīya/at-tašrīʿīya, irādat at-tašrīʿ*). Das, worauf sich die Mehrheit beziehe, sei der schöpferische Wille Gottes; was aber die Mutaziliten bedingen, sei der gesetzgeberische Wille. Auch für aš-Šāṭibī ist der gesetzgeberische Wille eine Voraussetzung für die Gültigkeit des Befehls. Die unterschiedlichen Bedeutungen und Aussagen könnten demnach nur mittels des erkannten Willens voneinander unterschieden werden. Doch die Mehrheit hält dagegen, dass man den Willen Gottes nicht immer entdecken könne. Mutaziliten argumentieren gegen diesen Einwand, dass der Wille zu einer Handlung mindestens eine Empfehlung zur Folge habe, was die niedrigste Stufe der Verbindlichkeit ist. Alle anderen Optionen könne man nur mit Hilfe von weiteren Indizien und Argumenten befürworten.

Im Endeffekt spielt die Aussageform eine wichtige Rolle für die Gelehrten, insbesondere für die Mehrheit. Sie können nur mit Hilfe dieser Aussageformen ermitteln, ob eine präskriptive und damit rechtsrelevante Aussage vorliegt. Dazu gehören

1) der Imperativ in der zweiten Person Singular und Plural (*amr al-ḥāḍir*), z. B. »Verrichtet das Pflichtgebet und entrichtet die Almosensteuer« (vgl. Q 2:43),
2) der Imperativ in der dritten Person Singular und Plural (*amr al-ġāʾib*), z. B. »Wer von euch den Monat Ramadan erreicht, soll in ihm fasten (*fa-l-yaṣumh*)« (vgl. Q 2:185),
3) Verbalsubstantive im Sinne des Gebietens, z. B. »so gilt die Freilassung eines gläubigen Sklaven [als angeordnet]« (*fa-taḥrīru raqabatin muʾminatin*) (vgl. Q 4:92),
4) präskriptiv deutbare Verbalsätze,
5) Präpositionen wie *ʿalā* und *la*,
6) Verben wie *amara* (befehlen), *kataba* (vor-)schreiben, *faraḍa* und *awṣā* (im Sinne von ›auferlegen‹).

Mit all diesen Aussageformen lassen sich gebietende Aussagen formulieren. Unklar ist aber, wie eine gebietende Aussage generell verstanden werden soll; was bedeutet sie wirklich, also im Sinne von *ḥaqīqa*? In der Literatur erwähnen die Gelehrten 35 Bedeutungsvarianten, darunter Verpflichtung, Empfehlung, Bitte, Bittgebet, Drohung und Warnung. Die Frage für die Deutung gebietender Aussagen lautet entsprechend der Grundhaltung, dass jedes Wort und jede Aussageform eine wirkliche (*ḥaqīqī*) Bedeutung hat: Wie sollen gebietende Aussagen verstanden werden, ohne weitere Hinweise berücksichtigen zu müssen? Welchen normativen Status haben sie?

Insgesamt konzentriert sich die Diskussion darauf, ob gebietende Aussagen als Verpflichtung (*wuǧūb*) oder Empfehlung (*nadb*) gedeutet werden müssen oder ob sie polysem (mehrdeutig) sind. In diesem Fall muss jedes Mal ein Hinweis zeigen, welche Bedeutung zutrifft. Die Mehrheit der Gelehrten nimmt an, dass jedes Gebieten eine Verpflichtung darstellt. Daher gilt das Prinzip, »Jedes Gebieten steht für die Verbindlichkeit« (*kullu amrin li-l-wuǧūb*). Nur ein weiterer Hinweis oder Indizien können zeigen, dass die Aussage als eine Empfehlung gedeutet werden kann. Damit ist die evidente Bedeutung (*ẓāhir*) des Gebietens die Verpflichtung.

Das Argument für diese Meinung ist, dass jemand, der einen Befehl nicht befolgt, dafür getadelt wird; dies zeigen viele Koranpassagen und auch Hadithe. Befolgt man demnach einen Befehl nicht verbindlich, verliert er seinen Sinn. Dagegen argumentieren insbesondere Mutaziliten, nach deren Auffassung gebietende Aussagen im Sinne von Empfehlungen zu verstehen sind. Die niedrigste Verbindlichkeitsstufe einer Aufforderung sei die Empfehlung. Einen verbindlichen Befehl aus einem Gebieten können wir nur mit weiteren Indizien entdecken, etwa durch eine Strafandrohung. Viele Hadithe und Koranverse, die gebietende Aussagen behandeln, würden oft als Empfehlung eingeordnet.

Weil diese zwei Optionen hier kollidieren und es gute Gründe für beide Positionen gibt, gehen einige Gelehrte, wie etwa der schiitische Gelehrte aš-Šarīf al-Murtaḍā (gest. 436/1044), davon aus, dass gebietende Aussagen polysem sind. Der Nachteil dieser Auffassung ist, dass nach ihr gebietende Aussagen stets unklar sein müssten, weshalb man sie nicht in die Rechtsfindung einbeziehen könnte, solange keine klärenden Hinweise vorliegen. Für die schiitiische Tradition ist dies zu verkraften, da die Imame solche Passagen auslegen. Eine ähnliche Haltung sagt, dass wir abwarten und nach Hinweisen suchen müssen, um eine gebietende Aussage einordnen zu können; sie ist aber nicht polysem. Eine vermittelnde Position unter diesen letzten beiden nehmen Gelehrte wie al-Ǧuwaynī ein, nach denen eine gebietende Aussage als ›unbestimmte Aufforderung‹ (*ṭalab muṭlaq*) zum Vollzug einer Handlung auffordert. Unklar sei nur, wie verbindlich sie ist, solange uns keine Indizien vorliegen. Mit Hilfe dieser Indizien könne die Aufforderung als Empfehlung, Verpflichtung usw. gedeutet werden. Durchgesetzt hat sich das Prinzip, dass jedes Gebieten als Verpflichtung gedeutet wird.

Das bisher Besprochene gilt für das absolute, also uneingeschränkte Gebieten wie z. B. die Aussage »Verrichtet das Gebet«. Die Folge dieser Aussage ist nach dem o. g. Prinzip: Das Gebet zu verrichten ist eine Verpflichtung. Für die Gelehrten ist es dagegen unumstritten, dass relative, also bedingte Gebote entsprechend der sie relativierenden Indizien zu deuten sind. Die Aussage »Tue X! Wenn du X unterlässt, dann erwartet dich eine Geldstrafe« ist daher klar darin, eine Verpflichtung zu sein.

Wenn nun die wirkliche Bedeutung des Gebietens die Verpflichtung ist, fragt sich, ob die anderweitige Verwendung des Gebietens als *maǧāz* einzustufen ist. Ist z. B. die Empfehlung eine übertragene Bedeutung des Gebietens? Wir können drei Positionen ermitteln: Die Befürworter der Auffassung, dass das Gebieten wirklich auf die Empfehlung hinweist, die Befürworter der Auffassung, dass das Gebieten im übertragenen Sinne auf die Empfehlung hinweist und Gelehrte, die verschiedene Konstellationen von gebietenden Aussagen analysieren. Entsprechend der *ḥaqīqa-maǧāz*-Dichotomie müssen die Gelehrten diese Frage besprechen; sie hat aber keine praktischen Folgen. Das Gebieten wird stets berücksichtigt und nicht ignoriert. Die einzige praktische Folge ist, dass für die Deutung des Gebietens als Empfehlung stets Indizien notwendig sind. Der normative Status als Verpflichtung ist aber stets garantiert. Dafür bedarf es nach der Mehrheitsmeinung keiner weiteren Beweise.

Mit diesen Schritten ist es bisher nur möglich, den normativen Status absoluter, gebietender Aussagen zu ermitteln. Es bleiben weitere Fragen offen: Ist es ausreichend, der gebietenden Aussage nur einmal Folge zu leisten? Muss man ihr sofort folgen? Die erste Frage bezieht sich auf die Diskussion, ob das Gebieten auf die Wiederholung (*at-takrār*) hinweisen kann; die zweite auf die Frage der sofortigen Befolgung (*al-fawr*).

Zur ersten Frage gibt es keine klare Mehrheitsmeinung. Viele Gelehrte befürworten, dass eine uneingeschränkte Aufforderung auf eine stets zu wiederholende Befolgung hinweise. Dafür nennen sie Hadithe, nach denen man das befolgen solle, was der Prophet befohlen habe, solange man dazu fähig sei. Ferner führen sie Berichte darüber an, dass Prophetengefährt:innen den Propheten gefragt hätten, ob die Pilgerfahrt wie das Gebet jedes Jahr, statt nur einmal im Leben, als verpflichtende Handlung vollzogen werden müsse. Dagegen meinen viele Gelehrten, genau solche Hadithe zeigten die Notwendigkeit auf, dass gesondert auf eine Wiederholung hingewiesen werden müsse. Die Prophetengefährt:innen hätten diese Frage gestellt, da sie die Pilgerfahrt als einen Gottesdienst mit dem Gebet verglichen hätten, und nicht, weil sie eine Wiederholung aus dem Befehl herleiteten. Daher verweise das Gebieten auf die einmalige Befolgung. Diese Meinung wird von einer Vielzahl von Gelehrten nuanciert: Man könne nicht auf den einmaligen Vollzug voreilig schließen, jedoch müsse vorausgesetzt werden, dass man zumindest einmal dem Befehl folgen müsse, damit er seinen Sinn erfüllen könne. Der einmalige Vollzug komme nicht durch den Hinweis des Gebietens zustande, sondern notwendig. Das Fehlen von Hinweisen würde eine Wiederholung ausschließen. Die wiederholte Befolgung indes kann demnach nur durch Indizien vorausgesetzt werden. Es wird auch vertreten, dass alle diese Optionen gleich möglich seien, weshalb keine Entscheidung getroffen werden könne; man solle einen Hinweis für die Entscheidung abwarten.

Ferner ist es umstritten, ob gebietende Aussagen, wenn sie durch Bedingungen, Eigenschaften und zeitliche Bestimmungen relativiert werden, wiederholt werden müssen. Soll dem Befehl jedes Mal gefolgt werden, wenn die Bedingung immer wieder zustande kommt? Wie soll etwa die Aussage, »Person P soll belohnt werden, wenn P steht«, bewertet werden? Zwei Möglichkeiten konkurrieren: Jedes Mal, wenn P steht, muss P belohnt werden, oder P wird nur einmal belohnt. Die Mehrheitsmeinung in dieser Frage ist, dass eine gebotene Handlung, die an eine Bedingung verknüpft ist, nur dann wiederholt werden muss, wenn die Bedingung als ein Rechtsgrund fungiert. Ansonsten ist keine Wiederholung zu befürworten, insbesondere dann, wenn es eine zeitliche Beschränkung gibt.

Analog zum letzten Beispiel sind die Positionen in Bezug auf die Frage, ob eine Handlung sofort vollzogen werden muss. Es gibt Befehle, die sofort befolgt werden sollen, und solche, die ebenso gut im Nachhinein noch befolgt werden können. Daraus ergeben sich auch die ersten beiden Positionen:

1) Das Gebieten weist auf den sofortigen Vollzug der gebotenen Handlung hin,
2) das Gebieten weist nicht auf den sofortigen Vollzug hin; die Befolgung kann verspätet erfolgen. Sie ist ›verzögerbar‹ (*tarāḫī*).

Es gibt zwar diesbezüglich keine klare Mehrheitsmeinung, aber die Tendenz unter den Gelehrten geht dahin, dass eine Verzögerung erlaubt ist, sofern Indizien nicht das Gegenteil aufzeigen. Unbestimmte Aussagen wie »Verrichtet das Gebet« können sofort oder verspätet befolgt werden. Dem kann entgegnet werden, dass ein Befehl erst dann sinnvoll ist, wenn man ihn sofort befolgt, da man andernfalls für die Unterlassung getadelt wird. Auf diesen Einwand antworten die Gelehrten damit, dass eben Indizien diese Wahrscheinlichkeit zeigen, nicht die Aufforderung selbst. Wegen der kollidierenden Optionen befürworten einige Gelehrte wieder das Abwarten weiterer Indizien, ohne die Aufforderung zu bewerten.

In der gesamten Diskussion um den normativen Status gebietender Aussagen spielen Indizien eine zentrale Rolle. Wenn einer gebietenden Aussage ein Verbot vorausgeht, stellt sich die Frage, ob es als Indiz für die Deutung des normativen Status der gebietenden Aussage dient. Viele negieren dies. Daher stehen gebietende Aussagen nach einem Verbot trotzdem für die Verpflichtung (nach den Mutaziliten für die Empfehlung). Die meisten Schafiiten, Malikiten und Hanbaliten deuten solche gebietenden Aussagen als Freistellung. Sie argumentieren mit Verweis auf Q 5:2, 62:10 und 2:222, in denen eine Freistellung mit einer gebietenden Aussage mitgeteilt wird; zuvor war die freigestellte Handlung verboten. Eine nuancierte Auffassung besagt, dass das Verbot aufgehoben wird und die Handlung wieder den ursprünglichen Zustand vor der Verbotserklärung annimmt. Da für all diese Optionen Belegstellen in den religiösen Quellen zu finden sind, befürworten einige Gelehrte das Abwarten; andere unterscheiden verschiedene Konstellationen und formulieren keine Grundsatzentscheidung.

Eine bekannte Diskussion um gebietende Aussagen ist, ob das direkte Gegenteil der gebotenen Handlung verboten ist. Die Mehrheit bejaht dies. Viele Hanafiten gehen davon aus, dass es verpönt ist. Eine Minderheitsmeinung besagt, dass durch gebietende Aussagen kein Verbot hergeleitet werden könne, da das Gebieten und Verbieten zwei unterschiedliche Dinge seien. Diejenigen, die dieses Auslegungsprinzip bejahen, gehen z. B. vom folgenden Fall aus:

> »Das Stehen im Gebet ist eine Pflicht. Wenn nun das Gegenteil der Pflicht verboten ist, ist das Sitzen im Gebet verboten. Wenn nun jemand absichtlich auf das Stehen verzichtet und das Gebet im Sitzen verrichtet, gilt das Gebet als nichtig (Ausnahmefälle wie Krankheit und körperliche Beschränktheit seien hier aus der Diskussion ausgeschlossen, da es sich hier um juristische Lizenzen handelt). Die Ḥanafiten, die das Gegenteil des Gebotenen als verpönt (*makrūh*) erachten, schließen im Falle des Sitzens nicht auf Nichtigkeit (*fasād* bzw. *buṭlān*) des Gebets, sondern auf eine verpönte Handlung, deren Unterlassung zu bevorzugen ist.«[33]

Zuletzt wird auch diskutiert, ob die Handlungen des Propheten wie seine gebietenden Aussagen bewertet werden. Es wird gefragt, ob dieselben Prinzipien, die bisher besprochen wurden, auch für die Bewertung der Handlungen des Propheten gelten. Die Diskussion hat damit zu tun, dass das Wort *amr* (Gebieten) im Arabischen auch ›Handlung‹ bedeuten kann. Die Mehrheit sagt, dass das Wort *amr* nur im übertragenen Sinne ›Handlung‹ bedeutet. Das hat zur Folge, dass Handlungen des Propheten nach anderen Kriterien beurteilt werden, sofern er sich nicht selbst zu ihrer Verbindlichkeit äußert. Andere Gelehrte berufen sich auf Koranverse wie Q 11:40.43.97, in denen sie *amr* im Sinne von ›Handlung‹ lesen. Sie vertreten daher, dass *amr* auch im wirklichen Sinne ›Handlung‹ bedeutet. Dementsprechend sollen die Handlungen des Propheten nach den Vorgaben für gebietende Aussagen bewertet werden.

Abschließend sei darauf aufmerksam gemacht, dass weitere theologische Themen für die Diskussion um gebietende Aussagen relevant sind. Dazu gehört die Frage, inwiefern es eine Übereinstimmung zwischen dem Gebieten und dem Gut-Sein einer Handlung gibt: Gebietet Gott etwas, weil es gut ist, oder ist die gebotene Sache gut, weil Gott sie gebietet? Die verschiedenen Positionen dazu können der Diskussion

33 Kurnaz, *Methoden*, 99.

um das Gute (*ḥusn*) und das Böse bzw. Schlechte (*qubḥ*) entnommen werden.[34]

### 2.5.2 Textbeispiel für die Auslegung gebietender Aussagen

Ich möchte an einem Beispiel zeigen, wie stark die Gelehrten durch die oben beschriebene Haltung gegenüber gebietenden Aussagen in die autoritativen Texte interpretativ eingreifen können. Dies geschieht nicht nur in dezidiert rechtsmethodischen (*uṣūl*-) oder rechtspraktischen (*furūʿ*-)Werken, sondern auch in der Koranexegese (*tafsīr*). Einige koranexegetische Werke beschränken sich auf die Auslegung rechtsrelevanter Passagen oder haben darin einen Schwerpunkt, wie etwa das Werk *al-Ǧāmiʿ li-aḥkām al-Qurʾān* des andalusisch-malikitischen Gelehrten Abū ʿAbdallāh Muḥammad ibn Aḥmad al-Qurṭubī (gest. 671/1273). In dem zu besprechenden Thema fallen seine Ausführungen, wie auch die anderer, die solch ein Werk verfassten, knapp aus, weshalb ich das nachfolgende Textbeispiel einem anderen Werk entnommen habe. Es ist ein Auszug aus der voluminösen Koranexegese des schafiitischen Gelehrten Faḫr ad-Dīn ar-Rāzī (gest. 606/1210), der neben seinem *Tafsīr* philosophische und theologische Schriften sowie ein einflussreiches *uṣūl al-fiqh*-Werk geschrieben hat. Es handelt sich hier um die Interpretation des Anfangs von Q 2:282: »O ihr, die ihr glaubt! Wenn ihr euch untereinander verschuldet für eine festgelegte Frist, dann schreibt es auf!«

34 Siehe Band III, Kapitel 1.

## Textbeispiel 6: Normativer Status gebietender Aussagen

| | | |
|---|---|---|
| Rn. 26 | Die zweite Angelegenheit: Diejenigen, die der Meinung sind, dass die evidente Bedeutung des Gebietens die Empfehlung ist, für sie liegt hier keine Unklarheit vor. | المسألَة الثانية: القائلون بأن ظاهر الأمر للندب لا إشكال عليهم في هذه، |
| Rn. 27 | Aber diejenigen, die der Meinung sind, dass seine evidente Bedeutung die Verpflichtung ist, sind sich darin [d. h. über die Deutung des Verses] nicht einig. | وأما القائلون بأن ظاهره للوجوب فقد اختلفوا فيه، |
| Rn. 28 | Eine Gruppe urteilt mit der Verpflichtung. Dieser Meinung sind ʿAṭāʾ [ibn Abī Rabāḥ, gest. 114/732], Ibn Ǧurayǧ [gest. 150/767] und [Ibrāhīm] an-Naḫaʿī [gest. 96/714]; es ist auch die Entscheidung Muḥammad ibn Ǧarīr aṭ-Ṭabarīs [gest. 310/923]. An-Naḫaʿī ist der Meinung, dass auch für kleinste Mengen [eines Schuldverhältnisses] ein Zeugnis abgelegt werden muss. | فقال قوم بالوجوب وهو مذهب عطاء، وابن جريج والنخعي واختيار محمد بن جرير الطبري، وقال النخعي يشهد ولو على دستجة بقل، |
| Rn. 29 | Andere sind der Meinung, dass dieses Gebieten als Empfehlung gedeutet wird. Dieser Meinung ist die Mehrheit der eigenständigen Rechtsgelehrten. | وقال آخرون: هذا الأمر محمول على الندب، وعلى هذا جمهور الفقهاء المجتهدين |
| Rn. 30 | Der Beweis dafür ist, dass wir sehen, dass die Mehrheit der Muslime in allen islamischen Ländern Kaufgeschäfte mit gestundeten Preis[zahlungen] abschließen, ohne sie schriftlich festzuhalten oder [den Vorgang] bezeugen zu lassen. | والدليل عليه أنا نرى جمهور المسلمين في جميع ديار الإسلام يبيعون بالأثمان المؤجلة من غير كتابة ولا إشهاد، |

| | | |
|---|---|---|
| Rn. 31 | Das ist ein Idschma [Konsens] darin, dass sie beide [d. h. das Schreiben und die Bezeugung] nicht verpflichtend sind. Ihre Verpflichtung wäre zudem größtmögliche Erschwernis [solcher Vorgänge] für die Muslime. | وذلك إجماع على عدم وجوبهما، ولأن في إيجابهما أعظم التشديد على المسلمين، |
| Rn. 32 | Der Prophet – Friede und Segen auf ihm – sagte: »Ich wurde mit der einfachen und nachsichtigen Religion gesandt.« | والنبي صلى الله عليه وسلم يقول: «بعثت بالحنيفية السهلة السمحة» |
| Rn. 33 | Eine andere Gruppe ist der Meinung, dass sie [d. h. das Schreiben und die Bezeugung] doch eine Verpflichtung sind, die aber durch die Aussage Gottes »Und wenn der eine von euch dem anderen etwas anvertraut, dann soll der, dem man etwas anvertraute, das anvertraute Gut auch wiedergeben« [Q 2:283] abrogiert worden sind. | وقال قوم: بل كانت واجبة، إلا أن ذلك صار منسوخا بقوله فإن أمن بعضكم بعضاً فليؤد الذي اؤتمن أمانته [البَقَرَة: 283] |
| Rn. 34 | Das ist die Meinung von al-Ḥasan [al-Baṣrī, gest. 110/728], aš-Šaʿbī [gest. 104/722], al-Ḥakam [ibn ʿUtayba, gest. 115/733] und [Sufyān] Ibn ʿUyayna [gest. 198/814]. | وهذا مذهب الحسن والشعبي والحكم وبن عيينة،[35] |

35 Es ist nicht ausgeschlossen, dass hier ein Fehler vorliegt. Möglicherweise wurde »al-Ḥakam ibn ʿUtayba« irrtümlich mit einem *wāw* getrennt und so in »al-ʿḤakam« und »Ibn ʿUyayna« geändert. »ʿUtayba« (عتيبة) und »ʿUyayna« (عيينة) sind vom arabischen Schriftbild her sehr ähnlich. Im Gegensatz zu al-Ḥasan, aš-Šaʿbī und al-Ḥakam gehört Ibn ʿUyayna zudem nicht zur Nachfolgergeneration, sondern der Generation, die ihr folgt, also zu den *tabaʿ at-tābiʿīn*. Womöglich verweist ar-Rāzī hier auf Autoritäten der Nachfolgergeneration.

Rn. 35 [Sulaymān (ibn Ṭarḫān)] at-Taymī [gest. 143/761] sagt: »Ich fragte al-Ḥasan [al-Baṣrī] danach [d. h. dem Schreiben und dem Bezeugen]. Er antwortete: ›Wenn man will, kann man Zeugen bestellen, wenn nicht, dann bestellt man keine Zeugen. Hast du denn nicht das Wort Gottes gehört: »Und wenn der eine von euch dem anderen etwas anvertraut« …‹« [Q 2:283]

وقال التيمي: سألت الحسن عنها فقال: إن شاء أشهد وإن شاء لم يشهد، ألا تسمع قوله تعالى: فإن أمن بعضكم بعضاً.[36]

**Textbeispiel 6:** ar-Rāzī, *Tafsīr*, VII:119

Im Textbeispiel sticht hervor, dass für ar-Rāzī das Prinzip, jede gebietende Aussage erfordere eine Verpflichtung, hier nicht gültig ist. Diese evidente Bedeutung des Gebietens wird ausgelegt, es sei denn, man folgt der Meinung, dass gebietende Aussagen stets als Empfehlung gedeutet werden (siehe Rn. 26). Der deutende Eingriff ar-Rāzīs ist nicht rein hermeneutischer Natur: Er sucht nicht nach textuellen Indizien, um den Text auszulegen. Vielmehr beruft er sich auf die Praxis der Muslim:innen, die für ihn einen Konsens darstellt (siehe Rn. 30–31): Schuldverhältnisse werden nicht unbedingt aufgeschrieben. Der argumentationsstrategische Bezug auf den Konsens ist klar; die Einigkeit der Muslim:innen bestätigt eine korrekte Haltung. Ferner stellt ar-Rāzī dar, dass solch eine Verpflichtung zu mühsam sei, um befolgt werden zu können. Aus diesen Gründen müsse der Vers gedeutet werden. Solche Argumente werden als ›Zustandsindizien‹ (*qarāʾin al-aḥwāl*) bezeichnet. Diese ermöglichen ar-Rāzī eine Auslegung,

36 Eine Variante dieser paraphrasierten Überlieferung lässt sich in aṭ-Ṭabarī, *Tafsīr*, V:75 finden. Die Überlieferungskette zeigt, dass es sich hier um Sulaymān at-Taymī handelt, einen bekannten Hadithgelehrten aus der Nachfolgergeneration. Da er Hadithe von al-Ḥasan al-Baṣrī tradierte, ist al-Ḥasan in Rn. 35 wohl al-Ḥasan al-Baṣrī, dem auch andere Werke diese Meinung neben aš-Šaʿbī zuschreiben, siehe z. B. al-Māwardī, *an-Nukat*, I:354.

da es sich bei Q 2:282 um eine evidente (*ẓāhir*) Aussage handelt. Wir haben oben gesehen, dass insbesondere evidente Bedeutungen ausgelegt werden können. Dieser hermeneutische Schlüssel lässt die oben übersetzte Auslegung zu.

### 2.5.3 Verbietende Aussagen (*an-nawāhī*, Sg. *an-nahy*)

Verbietende Aussagen haben im Grunde genommen dieselbe Funktion wie gebietende Aussagen, da das Verbieten (*an-nahy*) der Komplementärbegriff für das Gebieten ist. Daher verlaufen die Diskussionen und Positionen zu verbietenden Aussagen parallel zu den gebietenden. Es gibt jedoch einige Unterschiede.

Unter den diversen Definitionsvarianten möchte ich eine zusammenfassende hervorheben: »Das Verbieten ist die [...] verbindliche Aufforderung eines Superioren gegenüber einem Adressaten, eine Handlung zu unterlassen oder eine befohlene Handlung nicht zu unterlassen.«[37] Analog zum Gebieten vertritt die Mehrheit, dass es eine spezifische Aussageform gibt, die für das Verbieten steht. Die widersprechenden Positionen variieren hier nicht, so auch die Diskussion um die Rolle des Willens (*irāda*). Ähnlich sind die Befehlsformen, die auf ein Verbot hinweisen können:

1) Imperative in der zweiten und dritten Person Singular und Plural (*nahy al-ḥāḍir wa-l-ġā'ib*),
2) Nutzung des Verbes *nahā*,
3) Verben, die auf Unterlassung, Abhalten und Distanznehmen schließen lassen,
4) Formulierungen, die auf das Verbot einer Sache hinweisen, wie etwa *ḥarām* oder das Verb *ḥarrama*,
5) negierte Nominalsätze,
6) Negation von Wörtern wie ›gefallen‹ und ›zufrieden sein‹,

37 Kurnaz, *Methoden*, 102.

7) Bezeichnung des Handelnden als Sünder, Frevler und Tyrann,
8) Formulierungen wie »dies ist eine Tat des Teufels« und Strafandrohung.

Ebenso wie bei gebietenden Aussagen ist die Folge verbietender Aussagen umstritten. Die Deutungsoptionen sind Verbot, Verpöntsein, Rechtleitung, Verachtung und Bitte. Die Positionen sind ähnlich wie die zu gebietenden Aussagen: Die Mehrheit schließt auf die Verbotserklärung (*taḥrīm*), Mutaziliten auf das Verpöntsein (*karāha*), einige Gelehrte warten auch hier ab, wieder andere lesen nur die Aufforderung heraus, etwas nicht zu tun, wonach erst der normative Status mithilfe weiterer Hinweise entdeckt werden kann. Die wirkliche Bedeutung (*ḥaqīqa*) verbietender Aussagen ist somit nach der Mehrheit das Verbot (*ḥarām*); es gilt, dass jedes Verbieten für die Verbotserklärung steht. Die evidente Bedeutung (*ẓāhir*) des Verbietens ist damit das Verbot.

Im Gegensatz zur Diskussion um die strittige sofortige Ausführung sowie die wiederholte Berücksichtigung der gebotenen Handlung geht die Mehrheit der Gelehrten davon aus, dass eine verbietende Aussage sofort befolgt werden muss. Diese Befolgung muss wiederholt werden. Einige Gelehrte kritisieren hierbei das Wort ›Wiederholung‹; um ein Verbot wiederholt befolgen zu können, muss man sich ihm einmal widersetzen. Das würde aber zum Ungehorsam führen. Das passende Konzept ist nach einigen Gelehrten daher die fortwährende Befolgung (wörtl. *dawām*, ›Dauerhaftigkeit‹). Der Grund für beide Entscheidungen liegt darin, dass ein Verbot seinen Sinn verlieren würde, wenn man es nicht sofort und fortwährend befolgen sollte. Einige Gelehrte dagegen sagen, dass manche Verbote erst später und temporär (für eine beschränkte Zeit) berücksichtigt werden könnten. Wenn etwa der Arzt einer Person verschreibe, während der Einnahme einer bestimmten Medizin auf den Verzehr von Fleisch zu verzichten, dann liege genau dieser Fall vor. Jedoch kann man dem entgegnen, dass dieser Fall kein absolutes Verbieten ist, sondern ein mit Indizien und Hinweisen relativiertes Verbieten.

Ebenso diskutieren die Gelehrten, ob das Gegenteil von verbietenden Aussagen geboten ist. Einige Gelehrte sehen es als geboten an, das Gegenteil des Verbots zu tun. Andere unterscheiden verschiedene Konstellationen. Gebe es nur ein Gegenteil, sei sein Vollzug geboten. Gebe es mehrere Gegenteile, dann sei entweder keines geboten oder mindestens ein Gegenteil oder alle, unter denen der Handelnde frei entscheiden könne. Eine weitere Meinung geht davon aus, dass das Gegenteil eine starke Empfehlung darstelle.

Die Gelehrten sind sich einig, dass in gebietenden Aussagen eine Auswahlmöglichkeit besteht, wenn es z. B. heißt: »Tue X oder Y oder Z«. Ob dasselbe auch für verbietende Aussagen gilt, ist umstritten. Viele sind der Meinung, dass man die freie Wahl habe. Wenn es heißt, »Sprich nicht mit X oder Y«, dürfe man auswählen. Dagegen argumentiert eine Gruppe von Gelehrten, darunter insbesondere Mutaziliten, dass man das Verbot nicht alternativ, sondern kumulativ verstehen müsse, also darauf zu verzichten, mit X und Y zu sprechen. Das Verbot weise auf das Schlecht-Sein (*qubḥ*) einer Handlung hin, deshalb dürfe man keine der beiden Handlungen ausführen, da man mit beiden etwas Schlechtes tun würde. Andere unterscheiden verschiedene Konstellationen. Nicht immer muss eine Aufzählung von Optionen bedeuten, dass man eine Wahl treffen darf. Es ist möglich, dass alle Handlungsoptionen verboten sind, da sich die Handlungen ähneln. In diesem Fall sind alle untersagt. Es können ferner Handlungen verboten werden, die zwar unterschiedlich sind, aber nicht gegensätzlich. Hier ist eine Entscheidung *möglich*. Sind Handlungen unterschiedlich und gegensätzlich, so *muss* es eine Entscheidungsmöglichkeit geben, da die Handlungen sich durch den Gegensatz gegenseitig ausschließen.

Wurde eine Handlung geboten und danach für verboten erklärt, so gilt, dass sie immer noch auf ein Verbot hinweist, auch wenn sie nach einem Gebot geäußert worden ist, so die Mehrheitsmeinung. Andere Positionen wie unter derselben Diskussion zum Gebieten sind in der Literatur ebenfalls zu finden. Ähnlich verläuft die Diskussion, ob das Verpöntsein neben dem Verbot als wirkliche Bedeutung (*ḥaqīqa*) des Verbietens klassifiziert werden kann, oder ob es im übertragenen Sinne darauf hinweist. Weiterhin wird diskutiert, ob der Vollzug einer gebotenen Handlung für nichtig erklärt wird, wenn dabei etwas Verbotenes getan wird. Umstritten ist z. B., ob die rituelle Waschung gültig ist, wenn man die vorgeschriebene Reihenfolge der Waschung nicht einhält.

Eine für verbotene Handlungen spezielle Diskussion ist, ob sie, sollten sie trotz des Verbots vollzogen werden, rechtlich als nichtig und unwirksam gelten. Einig ist man sich darin, dass gottesdienstliche Handlungen nichtig (*bāṭil*) sind, sofern währenddessen eine verbotene Handlung vollzogen wird. Bei zwischenmenschlichen Beziehungen ist man sich nicht einig. Die Mehrheit sagt, dass auch hier Handlungen nichtig seien. Insbesondere Hanafiten sagen, dass im Bereich der zwischenmenschlichen Beziehungen verbotene Handlungen nicht auf die Nichtigkeit hinweisen. So sind etwa verzinste Kaufverträge nach den Hanafiten zwar verboten, dennoch ist der abgeschlossene Vertrag erst einmal gültig, wenn auch anfechtbar. Die Bedingungen des Vertrags müssen überarbeitet werden, er bleibt aber bestehen. Einige Schafiiten und weitere Gelehrte vertreten eine ähnliche Meinung. Sie und die Hanafiten unterscheiden zwischen essentiell und akzidentiell verbotenen Handlungen.

1) Essentiell verbotene Handlungen sind Handlungen, die durch sich selbst (*li-ʿaynihi*) böse bzw. schlecht (*qabīḥ*) sind, wie z. B. Totschlag oder der Verzehr von Schweinefleisch.
2) Akzidentiell verbotene Handlungen sind Handlungen, die aufgrund anderer Faktoren (*li-ġayrihi*) verboten sind, wie z. B. das Abschließen verzinster Kaufverträge. Einen Kaufvertrag abzuschließen, ist nicht verboten, aber dadurch, dass man ihn verzinst, vermischt sich etwas Verbotenes mit einer erlaubten Handlung.

Essentiell verbotene Handlungen weisen auf die Nichtigkeit der Handlung hin, wogegen akzidentiell verbotene für die Hanafiten nicht auf die Nichtigkeit hinweisen. Die Gelehrten anderer Rechtsschulen unterscheiden die akzidentiell verbotenen Handlungen nach notwendigen (*lāzim*) und außenstehenden (*muǧāwir*) Eigenschaften der Handlung, die zu einem Verbot führen. Ist die Eigenschaft außenstehend, also wesentlich unterschiedlich von der Handlung selbst, meinen auch viele Schafiiten, dass die verbietenden Aussagen nicht auf die Nichtigkeit hinweisen. Ein Beispiel dafür ist der Abschluss eines Kaufvertrags während des Rufs zum Freitagsgebet. Q 62:9 verbietet den Handel zu dieser Zeit. Sollte trotzdem jemand währenddessen einen Vertrag schließen, ist diese Handlung zwar eine Sünde, aber der Vertrag ist nach Meinung vieler Gelehrter gültig. Es entstehen damit Rechte und Pflichten für beide Vertragsparteien. Denn: Verboten ist nicht der Vertrag selbst; er wäre vollständig gültig, wenn er nicht zur Zeit des Freitagsgebets geschlossen worden wäre. Um den Unterschied deutlich zu machen, sei noch ein zweites Beispiel gegeben: Der Verkauf von Schweinefleisch ist verboten. Sollte ein Vertrag geschlossen werden, in dem der Verkauf von Schweinefleisch beschlossen wird, ist der Vertrag nichtig. Hier kann man nicht argumentieren, dass der Vertrag ja nur nichtig sei, weil man mit Schweinefleisch Geschäfte mache, denn der Vertrag an sich kommt ja nur dadurch zustande, dass Verkaufsgegenstände gehandelt werden. Ohne den Bestandteil ›Schweinefleisch‹ käme kein Vertrag zustande, im Gegensatz zum Vertragsschluss während des Freitagsgebets. Daher muss man die beiden Beispiele unterschiedlich bewerten.

Eine theologisch relevante Diskussion ist ähnlich wie bei gebietenden Aussagen, ob die verbotenen Handlungen schlechte (*qabīḥ*) Handlungen sind und ob Gott diese verbieten muss. Hier sei wieder auf die Diskussion über das Schlechte (*ḥusn*) und Gute (*qubḥ*) verwiesen.[38]

### 2.5.4 Textbeispiel zu verbietenden Aussagen

Das nächste Textbeispiel stammt aus einem rechtspraktisch orientierten Text. Sein Verfasser ist der berühmte malikitische Gelehrte Abū l-Walīd Muḥammad ibn Rušd (gest. 520/1126), der Großvater des

38 Siehe Band III, Kapitel 1.

berühmten Philosophen und Juristen Ibn Rušd (gest. 595/1198). Er ist bekannt dafür, die malikitische Literatur systematisch bearbeitet zu haben. Einige Grundtexte, die er bearbeitet hat, wurden später mithilfe seiner Texte rezipiert, weil er die schwer zugänglichen Texte kommentiert und auch neugeordnet hat. Der folgende Auszug stammt aus seinem kürzeren Werk *al-Muqaddimāt*; das fiktive Beispiel in der Einleitung des vorliegenden Handbuchs ist von diesem Fall inspiriert.

## Textbeispiel 7: Normativer Status verbietender Aussagen

| | | |
|---|---|---|
| Rn. 36 | Es gibt unter den Muslimen, soweit ich weiß, keine Uneinigkeit darin, dass Wein unrein ist, [aber] als rein gilt und somit erlaubt wird, wenn er selbst vollständig zu Essig wird. Nur Ibn Lubāba [gest. 330/942] ist der Meinung, dass seine Unreinheit umstritten ist und die Meinung Mālik ibn Anas' [gest. 179/795] diesbezüglich die ist, dass sein Verzehr erlaubt ist, sowohl wenn es selbst zu Essig wird als auch jemand ihn so behandelt, dass es zu Essig wird. Das deutet darauf hin, dass er [d. h. der Wein] nach seiner Meinung nicht unrein ist, auch wenn es verboten ist, ihn zu trinken: Ist doch nicht alles, was verboten ist, unrein. | فلا خلاف بين أحد من المسلمين أعلمه في أن الخمرة نجسة ولا في أنها إذا تخللت من ذاتها تطهر فتحل إلا ما ذهب إليه ابن لبابة في أن نجاستها مختلف فيه وأن قول مالك - رَحِمَهُ اللَّهُ - فيها أن أكلها حلال إذا تخللت أو عالجها رجل حتى تخللت يدل أنها عنده ليست بنجسة وإن حرم شربها، إذ ليس كل حرام نجسا. |
| Rn. 37 | In diesem Sinne ist [die juristische Beurteilung von] Gold für Männer, Tieren, deren Fleisch nicht verzehrt werden darf usw. Seine Auffassung, dass es verpönt ist, den Wein mit Fisch zu vermischen, sodass es zu | من ذلك الحرير والذهب للرجل وما لا يؤكل لحمه وغير ذلك، وأن كراهيته للخمر التي تعالج بالحيتان |

*murrī*[39] wird, widerspricht dem [d. h. seiner eigenen Haltung]. Denn dies beruht auf der Auffassung, dass ein unreines Ding alles, womit es vermischt wird, sei es Wasser oder Essen, verunreinigt, so wie es der Fall für alle unreinen Dinge ist.

حتى تصير مريا خلاف ذلك، وأنه على القول بأنها نجسة تنجس ما حلت فيه من الماء والطعام كسائر النجاسات.

Rn. 38 Seine [d. h. Ibn Lubābas] Ansicht ist eindeutig falsch. Vielmehr gibt es keinen Streit darüber, dass er unrein ist und Kleidung, Wasser und Essen verunreinigt. Es gibt auch keinen Streit darüber, dass, wenn er selbst vollständig zu Essig wird, als rein gilt und damit erlaubt wird.

وقوله خطأ صريح، بل لا اختلاف في أنها نجسة تنجس الثياب والماء والطعام، ولا اختلاف في أنها إذا تخللت من ذاتها تحل وتطهر.

Rn. 39 Umstritten ist, ob er, wenn er [durch äußere Einwirkung] zu Essig gemacht wird, konsumiert werden darf oder nicht, entsprechend der Deutungsmöglichkeit des Verbots, ihn zu Essig zu machen. Man nimmt an, dass das Verbot, ihn zu Essig zu machen, eine gottesdienstliche Handlung ist und nicht durch einen Rechtsgrund zustande kommt. Man sagt auch, dass es aufgrund eines Rechtsgrunds ver-

وإنما اختلفوا إذا خللت هل تؤكل أم لا على اختلافهم في وجه المنع من تخليلها، إذ قد قيل: إن المنع من تخليلها عبادة لا لعلة، وقيل بل منع من ذلك لعلة وهي التعدي والعصيان في اقتنائها.

39 *Murrī/Mury* entsteht, wenn zum Wein Fisch und Salz zugegeben und die Mischung in die Sonne gestellt wird. Der Geschmack von Wein verändert sich so sehr, dass man nur noch den Fisch schmeckt. Durch die Einwirkung der Sonne verliert der Wein zudem seine alkoholisierende Wirkung; vgl. al-Qasṭallānī, *Iršād as-sārī*, XII:251.

boten wurde. Dieser ist die Übertretung und der Ungehorsam[, der] durch seine Produktion [entsteht].

Rn. 40 Man sagt auch, dass der Rechtsgrund in diesem Fall der Verdacht des Produzenten ist, dass er [d. h. der Wein] [doch] nicht zu Essig wurde, als er ihn hat alleine stehen lassen [ohne die Essigwerdung zu beobachten]. Daher urteilt man damit, dass er ihn vergießen soll und von der Essigwerdung nichts hat [d. h. den Essig nicht verwenden darf]. Nach der Meinung, dass das Verbot eine gottesdienstliche Handlung ist und nicht aufgrund eines Rechtsgrunds, ist es in jedem Fall untersagt, ihn [d. h. den Wein] zu Essig zu machen.

وقيل: بل العلة في ذلك التهمة لمقتنيها في أن لا يخللها إذا غاب عليها فيحكم عليه بإراقتها لذلك ولا يمكن من تخليلها. فعلى القول بأن المنع من تخليلها عبادة لا علة لا يجوز تخليلها في موضع من المواضع.

Rn. 41 Zur Zulässigkeit seines Konsums, wenn er zu Essig wird, werden die genannten zwei Meinungen hergeleitet, die aus dem Disput resultieren, ob das Verbot die Nichtigkeit der verbotenen Handlung erfordert oder nicht.

ويتخرج جواز أكلها إذا خللت على قولين جاريين على اختلافهم في النهي، هل يقتضي فساد المنهي عنه أم لا يقتضيه.

Rn. 42 Nach der Meinung, dass das Verbot, ihn zu Essig zu machen, auf einem Rechtsgrund aufbaut, gilt, dass es erlaubt ist, ihn zu Essig zu machen, wenn der Rechtsgrund aufgehoben ist [d. h., wenn es ihn nicht mehr gibt].

وعلى القول بأن المنع من تخليلها لعلة يجوز تخليلها إذا ارتفعت العلة.

**Textbeispiel 7:** Ibn Rušd, *al-Muqaddimāt,* I:443

Dem Text ist zu entnehmen, dass neben der Bestimmung eines Rechtsgrunds für das Verbot auch die Frage, inwiefern das Verbieten auf die Nichtigkeit einer Handlung hinweist, eine Rolle spielt. Wenn wir einen Rechtsgrund bestimmen, dann gilt das Verbot für weitere Handlungen nicht, solange es diesen Rechtsgrund nicht mehr gibt. Das bedeutet für unseren Fall, dass von einer Substanz, die keinen Alkohol mehr beinhaltet oder nicht mehr Wein ist, keine Gefahr mehr ausgeht, etwas zu tun, was der Koran verboten hat (und somit eine Sünde zu begehen, siehe oben *ʿiṣyān*, siehe Rn. 39). Wenn man ferner davon ausgeht, dass das Verbot auf die Nichtigkeit einer Handlung hinweist, dann würde der Eingriff in den Zustand von Wein, wodurch er zu Essig wird, auch nichtig. Geht man nicht davon aus, darf daraus Essig produziert werden.

## Zusammenfassung

Aussagen haben eine offensichtliche Bedeutung, die in großem Maße Auslegungen zulässt. Dadurch können mithilfe von Aussagen in Koran und Sunna viele Bedeutungen generiert werden. Dies ist nicht zuletzt daran zu sehen, dass der Hinweischarakter von Aussagen auf Bedeutungen oft präsumtiv ist. Sollte er definitiv sein, so wird – zwar mit Einschränkungen, aber trotzdem – eine Auslegung zugelassen. Um die Bedeutungskonstruktion zu kontrollieren, setzen die Gelehrten viele Regeln fest, die die Auslegung eingrenzen. Dies kann man insbesondere an den Kategorien der Klarheit und Unklarheit von Aussagen sehen. Der äußere Wortlaut der Texte schafft aufgrund ihrer Präsumtivität Raum für Auslegungen. Eine Auslegung ist wiederum ausgeschlossen durch den Wortlaut, wenn er eindeutig auf eine Bedeutung hinweist oder die hergeleitete Bedeutung dem Wortlaut widerspricht. Auch die Mechanismen, Methoden und Prinzipien zur Eingrenzung allgemeiner Aussagen zeigen die Auslegungsfreude der Gelehrten. Präskriptive Aussagen in Koran und

Sunna, wie etwa Imperative, sind ebenfalls auslegungsbedürftig. Daneben spielen Indizien für die Bedeutungsermittlung eine wichtige Rolle. Je nachdem, welche Indizien anerkannt werden, kann die Bedeutung, die aus den autoritativen Texten abgeleitet wird, variieren. Die autoritativen Texte können mit einer Aussage zu einer Handlung verpflichtend, empfehlend oder auf dieselbe Weise zur Unterlassung aufrufen. Wer alles angesprochen ist und welche Handlung unter welchen Bedingungen getan oder unterlassen werden soll, ist ebenfalls Auslegungssache. Deswegen sind die Gelehrten bestrebt, Methoden und Prinzipien zu entwickeln, die der Sprachkonvention und der Sprachlogik folgen, um die Texte vor der Willkür der Auslegenden zu schützen. Aufgrund der Auslegungsfreude ist eine Meinungspluralität im islamischen Recht ein unvermeidliches Resultat. Die bisher besprochenen Methoden und Prinzipien zeigen, wie stark die Herleitung von Rechtsnormen von der Auslegung der Gelehrten abhängig ist; sie können in die Texte Bedeutungen hineinlesen und sie durch die Referenz zu den religiösen Texten legitimieren.

## Kapitel 3: Textuelle Implikationen

Die bisherigen Methoden und Prinzipien ermöglichen die Auslegung des äußeren Wortlauts der religiösen Texte. Da die Gelehrten auf die Texte fixiert sind, um die Beurteilung von Handlungen herzuleiten, fragen sie danach, ob neben dem Wortlaut Implikationen für die Herleitung berücksichtigt werden dürfen. Die Hanafiten haben im Gegensatz zu den restlichen Rechtsschulen ein anderes Verständnis von Implikationen und daher auch eine andere Begriffssystematik. Sie versuchen, Implikationen so textnah wie möglich zu systematisieren. Da die Gelehrten insgesamt dazu tendieren, so eng wie möglich textbasiert zu argumentieren, können wir mit der Darstellung der hanafitischen Systematik beginnen.

### 3.1 Der Hinweis *(ad-dalāla)*

Hanafiten unterscheiden vier verschiedene Bedeutungsebenen. Die erste, dem Text direkt verbundene Kategorie, ist der ›Hinweis des Ausdrucks‹ (*dalālat al-ʿibāra*, auch ›Ausdruck des Textes‹, *ʿibārat an-naṣṣ*). Alle bisher besprochenen Methoden beziehen sich auf diese Bedeutungsebene. Der Text kann darüber hinaus Anspielungen enthalten. Das ist der ›Hinweis der Anspielung‹ (*dalālat al-išāra*, auch ›Anspielung des Textes‹, *išārat an-naṣṣ*). Die Anspielung ist nicht so deutlich wie der Hinweis des Ausdrucks. Man unterstellt dem Sprecher, dass die Bedeutung, die durch die Anspielung entdeckt wird, von ihm intendiert ist. So weist die Aussage in Q 2:233, »Und für den, der das Kind erzeugt hat, ist es Pflicht [*wa-ʿalā l-mawlūdi lahū*], sie zu versorgen und zu kleiden nach Billigkeit«, mit dem Ausdruck auf die Unterhaltszahlung hin und mit der Anspielung darauf, dass die Kinder mit der Abstammung des Vaters identifiziert werden. Angespielt wird darauf durch das Wort *lahū*.

Eine weitere Anspielungsebene ist der ›Hinweis des Textes‹ (*dalālat an-naṣṣ*). Hier weist nicht ein Wort, sondern der Text insgesamt auf eine implizite Bedeutung hin. Es ist rein sprachlich erkennbar, dass eine Aussage auf angrenzende Fälle zu dem hinweist, der in der Aussage besprochen wird. Da diese Bedeutung vom Text impliziert ist, wird sie auf den Text zurückgeführt. Das bekannteste Beispiel ist Q 17:23: »[S]o sag nicht ›Pfui‹ zu ihnen.« Der Ausdruck des Textes untersagt das Murren (*taʾfīf*) gegenüber den Eltern. Jeder Sprachkundige weiß aber, dass dieser Vers es verbietet, den Eltern überhaupt zu schaden. Wenn schon das Murren verboten ist, dann ist es erst recht verboten, Gewalt ihnen gegenüber auszuüben. Das ist das sogenannte Erst-recht-Argument (*argumentum a fortiori*).

Auf der letzten Bedeutungsebene weist ein Ausdruck notwendig auf eine Bedeutung hin. Dies ist der ›Hinweis des Erfordernisses‹ (*dalālat al-iqtiḍāʾ*, auch das ›Erfordernis des Textes‹, *iqtiḍāʾ an-naṣṣ*). Im Grunde genommen wird hier aus dem Text selbst hergeleitet, dass er ergänzt werden muss, damit ein sinnvoller Satz entsteht. Wenn z. B. gesagt wird »Lass mir das Auto für 3000 Euro hier«, so wird die Aussage so ergänzt, dass daraus ein Kaufgeschäft entsteht und eine Besitzübertragung möglich wird.

Alle textuellen Hinweise weisen stärker auf ein Urteil hin als der *qiyās*. Der Grund liegt darin, dass z. B. ein Analogieschluss nur dadurch zustande kommt, dass zwei Fälle denselben Rechtsgrund teilen. Der Gelehrte erkennt das und bewertet sie gleich. Die textuellen Hinweise dagegen erfolgen selbstverständlich aus der Sprachform der Aussage selbst; der Gelehrte muss keinen Rechtsgrund herleiten. Daher sind sie stärker als der *qiyās*. Ihre Stärke nimmt innerhalb der verschiedenen Arten graduell ab; die Stufen sind wie oben präsentiert hierarchisch geordnet. In einem Kollisionsfall wird die erstgenannte Kategorie der nächsten vorgezogen. Die folgende Grafik fasst das hanafitische System zusammen.

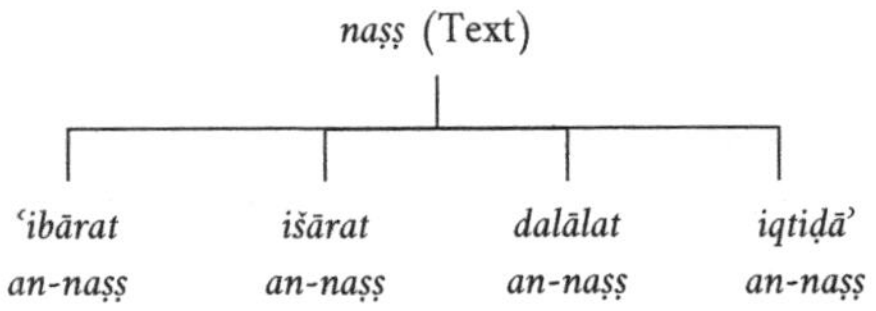


**Schema 7:** *dalāla*

## 3.2 Das Verstandene *(al-mafhūm)*

Im Gegensatz zu den Hanafiten unterscheiden die restlichen Rechtsschulen das direkt Gesagte (*al-manṭūq bihi*) vom Verstandenen (*al-mafhūm*) des Textes. Einige Gelehrte sind der Meinung, dass die von den Hanafiten genannten Bedeutungsebenen der Anspielung und des Erfordernisses zum Gesagten zugehören; andere schließen sie aus. Die Herangehensweise der Gelehrten ist stark individuell; eine allgemeingültige Systematik ist nicht erkennbar. Jedoch sind viele Gelehrte der Meinung, dass das Gesagte im Text auch weitere Bedeutungen impliziert, und zwar mit der Anspielung, der Andeutung und dem Erfordernis. Sie werden im Gegensatz zum Gesagten, das offensichtlich auf die Bedeutung verweist, als ›nicht offensichtlich‹ kategorisiert. Die Beispiele sind ähnlich wie oben angeführt. Alles, was nicht dazu gehört – für viele Gelehrte auch die Andeutung, die Anspielung und das Erfordernis – gehört in den Bereich des sogenannten ›Verstandenen‹, also der Implikationen.

Implikationen kommen in der Systematik der Malikiten, Schafiiten und Hanbaliten in zwei Arten vor: als das ›übereinstimmende Verstandene‹ (*mafhūm al-muwāfaqa*, auch *faḥwā l-ḫiṭāb*), das ist das oben besprochene Erst-recht-Argument, und als das ›widersprechende Verstandene‹ (*mafhūm al-muḫālafa*, auch *dalīl al-ḫiṭāb*), also der Umkehrschluss (*argumentum a contrario*).

Das Erst-recht-Argument ist klar: Q 4:10 besagt, dass es verboten ist, das Vermögen der Waisen unrechtmäßig zu gebrauchen. Daher ist es erst recht verboten, das Vermögen zunichte zu machen. Die mithilfe dieser Methode hergeleitete Regelung kann definitiv oder auch präsumtiv sein. Die umstrittene Frage ist, ob hier die Regelung durch eine Analogie hergeleitet wird oder ob es eine sprachliche Herleitung ist. Die Mehrheit sagt, dass hier keine Analogie vorliegt, sondern die Bedeutung durch die Sprache impliziert ist. Der Unterschied liegt darin, dass jeder Sprachbegabte die hergeleitete Regelung selbst erkennen kann, wenn es sprachlich bedingt ist. Entsprechend ist die so hergeleitete Norm stärker als eine, die mittels Analogie hergeleitet worden ist. Der Zahirit Ibn Ḥazm (gest. 456/1064) kritisiert das Erst-recht-Argument und sagt, dass diese Methode unzulässig sei; der Wortlaut einer Aussage weise nicht auf mehr Bedeutungen hin, als der Wortlaut selbst es zulasse.

Im Gegensatz zum Erst-recht-Argument ist der Umkehrschluss (*mafhūm al-muḫālafa*, auch ›Hinweis der Ansprache‹, *dalīl al-ḫiṭāb*) höchst umstritten. In erster Linie sind die Hanafiten, Zahiriten und auch viele Schafiiten und Malikiten dagegen. Mithilfe des Umkehrschlusses wird bewertet, ob der Wortlaut einer eingeschränkten Aussage sein Gegenteil negiert. Paradebeispiel dafür ist der Hadith, der für freiweidende Schafe Almosensteuer vorsieht. Nach dem Umkehrschluss gilt, dass gemästete Schafe nicht mit der Almosensteuer besteuert werden. Die Befürworter des Umkehrschlusses argumentieren, dass eine Einschränkung in einer Aussage nur dann einen Sinn hat, wenn sie ihr Gegenteil negiert. Die Gegner dagegen sagen, dass der Wortlaut nicht auf sein Gegenteil verweisen kann. Es sei gut möglich, dass dieser Rechtsbereich nach anderen Kriterien und Indizien bewertet werden muss. Das Gegenteil wird als Rechtslücke und nach dem ursprünglichen Zustand bewertet. Für unser Beispiel heißt das, dass eine Almosensteuer nur für freiweidende Schafe fällig wird. Gemästete Schafe werden nicht besteuert, weil der Gesetzgeber keine explizite Steuer für sie angeordnet hat. Die Aussage im Hadith regelt damit nicht die Steuer für gemästete Schafe. Der ursprüngliche Zustand vor der Aussage des Gesetzgebers für das Vermögen ist, dass es nicht besteuert wird. Daher ist die Aussage nur auf freiweidende Schafe beschränkt. Also können nur weitere Aussagen zeigen, was vom Vermögen wie genau besteuert wird.

Worin liegt der Unterschied, wenn das Ergebnis dasselbe ist? Nimmt man an, dass die Aussage das Gegenteil negiert, ist es nicht mehr als eine Rechtslücke zu bewerten. Eine weitere Auslegung wird ausgeschlossen. Wird dagegen der Umkehrschluss abgelehnt, dann ist das Gegenteil der Aussage als Rechtslücke zu betrachten. Diese kann mithilfe unterschiedlicher Methoden, also durch Idschtihad, bewertet werden. Grundsätzlich gilt bis dahin der ursprüngliche Zustand: Dieser ist das Fehlen eines Urteils. Mit diesem Prinzip wird die Rechtslücke als ein nicht bewerteter Fall betrachtet. Zumindest für Hanafiten ist es aus ihrer Auslegungsfreude heraus geboten, dem Umkehrschluss zu widersprechen. Zahiriten dagegen lehnen konsequenterweise auch den Umkehrschluss ab, da dieser schwächer auf die Bedeutung hinweist als das Erst-recht-Argument, welches sie ja ebenfalls verworfen hatten.

Es gibt verschiedene Arten des Umkehrschlusses. Die bekannteste ist der Umkehrschluss durch eine Eigenschaft. Das oben genannte Beispiel zur Besteuerung von freiweidenden Schafen gehört dazu. Der Umkehrschluss ist durch eine Bedingung ebenfalls möglich, wie etwa für den Hadith, nach dem die Almosensteuer fällig wird, wenn ein Jahr über den Besitz vergeht.

In der Literatur finden wir zu dieser Art des Umkehrschlusses einen Fall, der aufgrund der abweichenden Herangehensweisen unterschiedlich bewertet wird. Er ist für uns nicht mehr relevant, hilft aber zu verstehen, worin der Unterschied liegt, den Umkehrschluss zu akzeptieren oder abzulehnen. Q 4:25 stellt dar: »Und wer von euch nicht die Mittel dazu hat, keusche gläubige Frauen zu heiraten, der heirate aus dem Kreis dessen, was eure Rechte besitzt, eines von euren gläubigen Mädchen!« Dieser Vers lehnt durch Umkehrschluss ab, nichtmuslimische oder zu den Schriftbesitzern zählende Sklavinnen zu heiraten. Akzeptiert man den Umkehrschluss nicht, ist es zulässig sie zu heiraten. Der Grundsatz ist ja, dass es kein Urteil für Rechtslücken gibt. Solange kein Text solche Eheschließungen verbietet, sind sie gültig. Ferner kann man dann die Position beziehen, es sei erlaubt, trotz Reichtum gläubige oder zu den Schriftbesitzern zählende Sklavinnen zu heiraten.

Es gibt weitere Formen des Umkehrschlusses, wie etwa durch Begrenzung, z. B. in Q 2:187, dass man das Fasten bis zur Nacht vervollständigen soll. Das Fasten während der Nacht ist somit ungültig. Weitere Arten sind der Umkehrschluss durch eine Anzahl und Umkehrschluss durch eine Reduktion. Letzteres liegt in dem Hadith »Die Handlungen [bemessen sich] nur nach den Intentionen [...]«[40] vor: Wird die Absicht nicht korrekt formuliert, ist die Handlung nichtig. Manche Gelehrte sehen in Ausnahmen auch einen Umkehrschluss: Wird von der allgemeinen Aussage etwas ausgenommen, weise dies darauf hin, dass sein Gegenteil nicht gilt. Ein Beispiel dafür ist der Hadith »Die Ehe ist nicht gültig, außer bei Anwesenheit des Vormunds«[41]. Also ist sie nur gültig, wenn ein Vormund anwesend ist. Weitere Arten sind der lokale und temporäre Umkehrschluss, der Umkehrschluss durch einen Rechtsgrund und durch eine Benennung. Sie funktionieren alle nach dem bisher beschriebenen Schema.

Der Umkehrschluss, ungeachtet der verschiedenen Arten, ist nicht unproblematisch. Es heißt in Q 17:31, dass das Töten der eigenen Kinder aus Furcht vor Armut verboten ist. Der Umkehrschluss würde das Töten aus anderen Motiven heraus erlauben. Dass dies nicht gemeint sein kann ist, ist offensichtlich. Daher formulieren die Befürworter des Umkehrschlusses verschiedene Bedingungen, damit er angewendet werden kann. Dazu gehört z. B. die Regel für den letztgenannten Fall, dass der Umkehrschluss nicht mit dem kollidieren darf, was vorzüglicher als er selbst ist. Konkret heißt das: Totschlag und Mord sind in jedem Fall untersagt. Also ist der Umkehrschluss am Beispiel von Q 17:31 hinfällig.

Mit dem Umkehrschluss haben wir die verschiedenen Arten der Implikationen kennengelernt. Die folgende Tabelle gibt eine Übersicht über die verschiedenen Arten des Gesagten und Verstandenen.[42]

40 Für die vollständige Übersetzung dieses Hadith und die Kommentare von an-Nawawī (gest. 676/1277) und Ibn Daqīq al-ʿĪd (gest. 702/1302), siehe An-Nawawī, *Vierzig Hadithe*, 13–30.

41 Siehe zum Beispiel Ibn Māǧa, *Sunan, Kitāb an-Nikāḥ, Bāb* 15, Hadith Nr. 1881.

42 Sie stammt mit leichten Überarbeitungen aus Kurnaz, *Methoden*, 332.

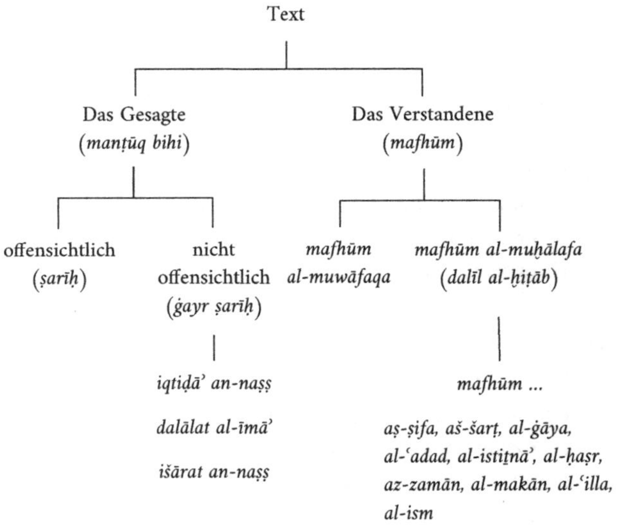


**Schema 8:** *Manṭūq* und *mafhūm*

## 3.3 Textbeispiel

Das folgende Textbeispiel ist aus dem einflussreichen hanbalitischen Werk *al-Wāḍiḥ* von Abū l-Wafā' ibn ʿAqīl (gest. 513/1119). Hier leitet Ibn ʿAqīl zur Diskussion über den Umkehrschluss über und fasst sie zusammen, nachdem er das ›Erst-recht-Argument‹, das er als *faḥwā l-ḫiṭāb* bezeichnet, diskutiert hat. Der erste Satz im Textbeispiel (siehe Rn. 43) weist auf dieses hin.

## Textbeispiel 8: Umkehrschluss

| | | |
|---|---|---|
| Rn. 43 | Dieser [Diskussion] folgt der Hinweis der Ansprache [d. h. der Umkehrschluss]. | ويتلو ذلك: دليل الخطاب. |
| Rn. 44 | Es besteht ein großer Dissens unter den *uṣūl*- und Rechtsgelehrten darin, ob er grundsätzlich ein [gültiger] Hinweis ist oder nicht. | وفيه خلاف كبير بين أهل العلم الأصوليين والفقهاء في أصله: هل هو دليل أم لا؟ |
| Rn. 45 | Im Detail [sieht es wie folgt aus]: Wenn ein Urteil mit einer Eigenschaft oder einer Bedingung oder einer Begrenzung oder einem Namen verknüpft ist, weist dies auf die Negation der Norm [d. h. den Umkehrschluss] für das, was über jene Eigenschaft, Begrenzung, Bedingung oder jenen Namen hinausgeht? | ثم في تفاصيله إذا عُلق الحكم على وصف أو شرطٍ أو غايةٍ، أو اسم، هل يدل على نفي الحكم عما انتفى عنه ذلك الوصف وتلك الغاية وذلك الشرط أو الاسم؟ |
| Rn. 46 | Oder weist sie nicht auf die Negation hin und ist die Norm vielmehr nur [auf] das [beschränkt], womit sie verknüpft ist? Wird dann das, womit es nicht verknüpft ist, mit dem Grundsatz[43] beurteilt, bis dass ein Hinweis [für eine andere Bewertung] vorliegt? | أو لا يدلُ على النفي بل يكونُ الحكمُ فيما علق عليه، ويكون ما لم يعلق عليه على حكم الأصل إلى أن تقومَ دلالةٌ، |
| Rn. 47 | Oder ist es nur ein [gültiger] Hinweis, wenn das Urteil mit einer Begrenzung verknüpft ist, oder mit einer Bedingung und Begrenzung, ohne [dass es | أو يكون دليلاً في تعليقِ الحكمِ بالغايةِ خاصةً أو الشرطِ والغايةِ دونَ |

43 Damit ist der Grundsatz gemeint, den ich bereits angeführt habe: Grundsätzlich gilt das Fehlen eines Urteils.

| | | |
|---|---|---|
| | ein gültiger Hinweis ist, wenn es mit] eine[r] Eigenschaft [verknüpft ist], oder mit allen dreien, ohne [dass es gültig ist, wenn es mit] einem Namen [verknüpft ist,] oder mit allen [verknüpft ist]? | الوصفِ أو بالثلاثةِ دون الاسم أو بالجميع، |
| Rn. 48 | Dies ist alles, was der Disput umfasst, so Gott will. Diejenigen, die ihm [die Beweiskraft] zusprechen, sehen es als einen Hinweis [im Sinne] des Verstandenen.[44] | ذلك كلُه مُستوفى في مسائلِ الخلاف إن شاء الله،إلا أن من أثبته جعله من أدلة المعقول، |
| Rn. 49 | Die meisten Experten unter den *uṣūl*-Gelehrten lehnen ihn [als gültigen Hinweis für die Normderivation] ab. Ihnen stimmen Ibn Surayǧ [gest. 306/918] und al-Qāḍī Abū Bakr [al-Bāqillānī, gest. 403/1013] zu. | والمحققون أكثرهم على إسقاطه من الأصوليين، ووافقهم ابن سُرَيج والقاضي أبو بكر، |
| Rn. 50 | Für die Befürworter ist der Hinweis der Ansprache [d. h. der Umkehrschluss] z. B. die Aussage des Erhabenen »Wenn sie schwanger sind, dann kommt für sie auf, bis sie entbunden haben« [Q 65:6] | و دليل الخطاب عند من أثبته، كقوله تعالى وإن كُنَّ أولات حملٍ فأنفِقوا عليهِنَّ حتى يَضَعنَ حَملَهُن [الطلاق:6]، |
| Rn. 51 | und die Aussage des Propheten – Friede und Segen auf ihm – »Für freiweidendes Vieh ist Almosensteuer zu entrichten«. | وقول النبي صلى الله عليه وسلم »في السائمة الغنم زكاة«، |
| Rn. 52 | Diese weisen laut denjenigen, die ihn [d. h. den Umkehrschluss] als Hinweis anerkennen, auf die Negation der | فدل ذلك عند من جعله دليلاً على نفي إيجاب |

44 *Maʿqūl* hier ist synonym für *mafhūm*.

| | |
|---|---|
| Verpflichtung für Unterhaltszahlungen für nicht schwangere Frauen, und die Negation der Verpflichtung für nicht freiweidendes [Vieh] Almosensteuer zu zahlen. | النفقة لغير الحوامل، ونفي إيجابِ الزكاة في غير السوائم. |

**Textbeispiel 8:** Ibn ʿAqīl, *al-Wāḍiḥ*, II:43 f.

## Zusammenfassung

Die Grundhaltung der Gelehrten ist, dass die Texte soweit wie möglich als Grundlage für die Herleitung von Normen dienen sollen. Dass mit der Auslegung des äußeren Wortlauts der Texte nur im begrenzten Umfang Normen hergeleitet werden können, ist offensichtlich. Um den Wirkungsraum der Texte zu erweitern, suchen Gelehrte nach impliziten Bedeutungen. Dabei sind einige Rechtsschulen restriktiver, um nicht zu viele Rechtsbereiche zu regeln oder auch andere Methoden zur Anwendung bringen zu können. Andere hingegen vertrauen stärker dem Wortlaut der autoritativen Texte und befürworten daher auch den Umkehrschluss. Einige, wie z. B. die Zahiriten, haben ein engeres Textverständnis: Texte können nur solche Bedeutungen implizieren, auf die der allgemeine Wortlaut direkt verweist. Die Gültigkeit der verschiedenen Implikationen hängt stark vom Verständnis der Rechtsgelehrten ab. Ferner sind es die Gelehrten, die festlegen, welche Bedeutung als Implikation eingestuft werden kann.

# Kapitel 4: Auflösung der Kollision *(taʿāruḍ)* von Hinweisen: Wahrscheinlichkeitsabwägung *(tarǧīḥ)* und Abrogation *(nasḫ)*

Die bisher beschriebenen Methoden stellen Konstellationen dar, in denen zwei oder mehrere Aussagen, Hinweise und Indizien sich nicht widersprechen; nur die Hanafiten setzen eine Kollision für die Anwendung der Spezifikation voraus. Welche Methoden und Prinzipien gibt es aber für Fälle, bei denen zwei Aussagen kollidieren? Wie löst man eine Kollision auf? Zusammenfassen lassen sich die Optionen zur Kollisionslösung unter zwei Überschriften: die Wahrscheinlichkeitsabwägung (*tarǧīḥ*) und Abrogation (*nasḫ*).

## 4.1 Wahrscheinlichkeitsabwägung *(tarǧīḥ)*

Grundsätzlich gilt: Wenn zwei Hinweise kollidieren, versuchen die Gelehrten, die Kollision durch Harmonisierung bzw. Zusammenführung (*ǧamʿ*) zu lösen. Dies hat damit zu tun, dass die Gelehrten so viele textuelle Hinweise wie möglich berücksichtigen wollen, da ihrer Annahme nach die Texte festlegen sollen, was Recht und rechtens ist. Unter ›Harmonisierung‹ können die Auslegungen verstanden werden, die wir bisher gesehen haben. Zudem kann, wenn zwei Aussagen zu einem Sachverhalt vorliegen, eine Aussage als Empfehlung, die ihr widersprechende als Verpflichtung gedeutet werden. Es gibt Gelehrte, die die Spezifikation als eine harmonisierende Methode, also geeignet zur Herstellung der Vereinbarkeit verschiedener Aussagen, verstehen. Ist eine Harmonisierung nicht möglich, müssen wir von einer Kollision ausgehen, die nur gelöst werden kann, indem man sich für einen der beiden kollidierenden Hinweise entscheidet. Dazu gibt es unterschiedliche Mechanismen, die unter den Rechtsschulen hierarchisch geordnet sind. Die folgende Darstellung muss auf diese internen Hierarchisierungen verzichten. Ich werde lediglich einige Entscheidungsmechanismen ungeachtet der Hierarchie exemplarisch vorstellen. Zuvor soll erwähnt werden, dass eine Kollision unter Hinweisen nur dann möglich ist, wenn die beiden Hinweise gleichrangig sind. Das bedeutet, dass ein Koranvers nicht mit einer Einzeltradition kollidieren kann.

Liegt eine Kollision vor und kann man sie durch Harmonisierung nicht lösen, dann greifen unterschiedliche Mechanismen für die Wahrscheinlichkeitsabwägung. Wenn zwei Aussagen kollidieren, können die Kriterien für eine Entscheidung der Text, die Überliefererkette (*sanad, isnād*) oder die Rechtsfolge (*ḥukm, madlūl*) sein.

### 4.1.1 Der Text als Entscheidungskriterium

Das Kriterium des Textes zielt auf die oben dargestellten Kategorien der Klarheit und Unklarheit ab. Das Prinzip ist einfach: Der klare Hinweis auf die Bedeutung wird den eher unwahrscheinlichen Bedeutungen vorgezogen. So wird bzw. werden

1) die wörtliche Bedeutung der übertragenen,
2) die festgesetzte (*naṣṣ*) Bedeutung der evidenten (*ẓāhir*) und damit definitive den präsumtiven Bedeutungen (das gilt insbesondere für die hierarchisch geordneten Stufen zur Klarheit und Unklarheit unter den Hanafiten),
3) eine spezifische Aussage einer allgemeinen (das gilt für die Mehrheit, aber nicht die Hanafiten, da für die Mehrheit allgemeine Aussagen präsumtiv sind, für Hanafiten aber definitiv),
4) eine nicht spezifizierte Aussage einer spezifizierten,
5) das Gesagte den verschiedenen Implikationen und

6) unter den Implikationen das Erst-recht-Argument dem Umkehrschluss vorgezogen;
7) unter den *dalāla*-Kategorien der Hanafiten ist die oben beschriebene Hierarchie zu berücksichtigen.

Daneben gibt es weitere Prinzipien, die umstritten sind, wie etwa, dass verbietende Aussagen den gebietenden vorgezogen werden. Es wird u. a. angenommen, dass Aussagen, die dazu dienen, einen Schaden (*mafsada*) zu beheben, solchen vorgezogen werden, die einen Nutzen (*maṣlaḥa*) herbeiführen sollen. Da verbietende Aussagen einen Schaden beheben und gebietende Aussagen einen Nutzen bewirken, werden u. a. Erstere den Letzteren vorgezogen.

### 4.1.2 Die Überlieferungskette als Entscheidungskriterium

Die bisher beschriebenen Entscheidungskriterien gelten zugleich für Aussagen in Koran und Sunna. Entscheidungen mit Rücksicht auf die Überlieferungskette gelten nur für Hadithe. Der Koran ist *qaṭʿī ṯ-ṯubūt*, daher ist eine Bewertung der Überlieferungswege des Korans nicht nötig. Das gilt auch für *mutawātir*-Hadithe.

Alle weiteren Hadithkategorien werden anhand der Überliefererkette geprüft. Jeder Hadith hat eine Überliefererkette, die auf seinen Überlieferungsweg schließen lässt. Sie soll die Stationen nachzeichnen, die der Hadith vom Munde des Propheten bis in das Werk, in das er aufgenommen wurde, durchlaufen hat. Je öfter eine Aussage des Propheten tradiert wurde, desto höher ist die Wahrscheinlichkeit, dass sie tatsächlich vom Propheten stammt. Die Masse an Überlieferungen bestätigt ihre Echtheit; entsprechend werden Hadithe quantitativ kategorisiert. Hinzu kommt, dass kürzere Überliefererketten längeren vorgezogen werden. Je kürzer eine Kette ist, umso weniger ist die Überlieferung für Fehler anfällig – das Problem ist uns aus dem Spiel *Stille Post* bekannt: Je mehr Personen sich von Ohr zu Ohr ›die Post [nachricht]‹ zuflüstern, desto anfälliger wird sie für Fehler.

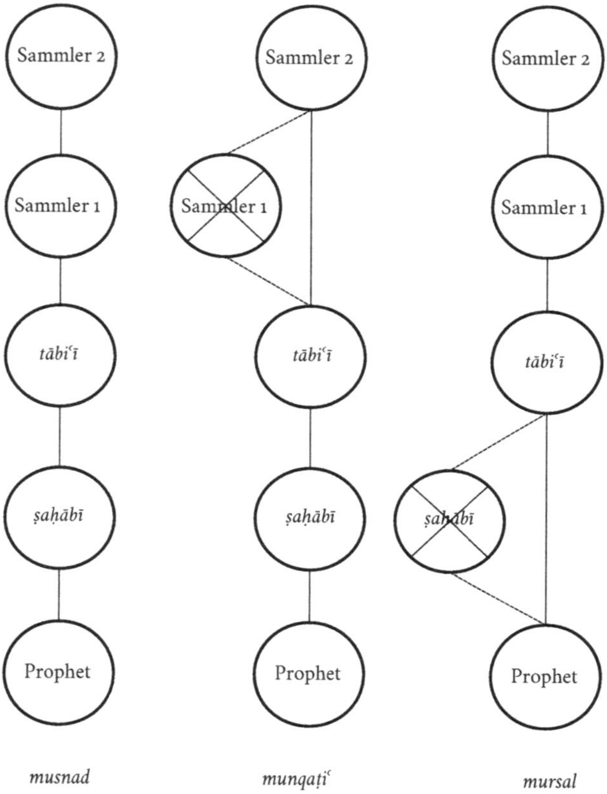


**Schema 9:** Überliefererketten bzw. Isnade (*isnād* – ›Stütze‹)

Eine Überliefererkette kann einen Bruch haben (sie ist dann ›gebrochen‹, *munqaṭiʿ*); ununterbrochene (sog. *musnad*) Ketten werden ihnen vorgezogen. Ein umstrittener Fall sind Überlieferungen, die *mursal* sind: Dies sind solche Ketten, deren erstes Glied aus der Überliefererkette herausgefallen ist. Hier tradiert eine Person aus der Nachfolgergeneration (*tābiʿī*, also Personen, die Prophetengefährt:innen getroffen haben) direkt vom Propheten und überspringt einen Informanten, also den Prophetengefährten bzw. die Prophetengefährtin (*ṣaḥābī* bzw. *ṣaḥābīya*). Ob solche Hadithe überhaupt berücksichtigt werden sollen, ist umstritten; beide Positionen werden vertreten.

Wenn exakt gleich häufig überlieferte und gleich lange Ketten vorliegen, gibt es weitere Kriterien, mithilfe derer eine Entscheidung getroffen werden kann. Dazu gehört die Bewertung der Tradenten (*ruwāt*, Sg. *rāwī*) in der Kette. Sie müssen ein bestimmtes Maß an Vertrauenswürdigkeit erfüllen. Es gibt unterschiedliche Begriffe, die die verschiedenen Stufen der Vertrauenswürdigkeit signalisieren, wie z. B. *ṯiqa* (vertrauenswürdig) und *ṣadūq* (ehrlich). Eine klare Hierarchie gibt es hier aber nicht. Grundsätzlich gilt aber: Je mehr vertrauenswürdige Tradenten sich in einer Kette befinden, desto sicherer ist sie.

### 4.1.3 Entscheidungskriterium entsprechend der Folge eines Textes

Weitere Entscheidungskriterien zielen auf den Sinn der kollidierenden Hinweise ab. Die Gelehrten verwenden hier das Wort *ḥukm* für den Sinn. Die einzelnen Kriterien sind unter den Rechtsschulen umstritten. Um aber die Entscheidungsmechanismen nachvollziehen zu können, sollen hier einige genannt werden. So werden etwa Verbote Geboten oder Freistellungen vorgezogen. Der Grundgedanke dabei ist entweder, dass man vorrangig Schaden verhindern möchte oder lieber etwas, was eigentlich erlaubt wäre, verbietet, als dass man etwas, was eigentlich verboten wäre, fälschlicherweise erlaubt. Andere Gelehrte sind der Meinung, dass verpflichtende und gebietende Aussagen anderen vorgezogen werden. Vertreten wird u. a., dass solche Aussagen, die eine *ḥadd*-Strafe (eine im Koran vorzufindende Körperstrafe, wie etwa Peitschenhiebe für die Unzucht, vgl. Q 24:2) aufheben, denen, die eine festlegen, bevorzugt werden. Generell ist man gegenüber Aussagen, die eine Strafe festlegen, vorsichtig. Denn legt man eine Strafe fest, ermächtigt man Menschen oder Institutionen dazu, jemanden zu bestrafen und ihm:ihr zu schaden. Es wird auch damit argumentiert, dass die Aussage mit der leichtesten Verpflichtung anderen vorgezogen werden solle, entsprechend der Aussage in Q 2:185, dass von Gott das Einfachere gewollt ist.

Es werden noch weitere Prinzipien genannt, wie etwa, dass Aussagen mit einem klaren Rechtsgrund anderen vorgezogen werden. Der Grund ist offensichtlich: Sie können besser eingeordnet werden und haben einen Rechtsgrund, der es erlaubt, mittels Analogie ähnliche Fälle zu regeln. Ähnliches gilt für Aussagen, deren Ursachen und Anlässe bekannt sind. Wiederum wird angenommen, dass die Tradenten der Überlieferungen nicht dem zuwiderhandeln sollten, was sie selbst überliefert haben.

### 4.1.4 Weitere Kollisionsfälle

Bisher haben wir die Kollision von Aussagen in den autoritativen Texten besprochen. Es gibt weitere Kollisionsfälle: Kollidiert eine Aussage des Propheten mit einer Überlieferung über seine Handlung oder Billigung, wird stets seine Aussage vorgezogen. Handlungen werden der Billigung vorgezogen. Der Grundgedanke dahinter ist: Eine Aussage weist auf den normativen Status stärker hin, als dies ein Bericht über eine Handlung tun kann. Berichtet jemand, dass der Prophet etwas tat, kann es eine für ihn spezifische Handlung sein oder eine freigestellte, empfohlene oder verpflichtende Handlung. Bei der Billigung ist der Sachverhalt noch unklarer. Es kann eine Freistellung vorliegen, aber möglich ist auch, dass der Prophet gar nicht vernahm, dass jemand etwas tat. Alle drei Fälle werden dem *qiyās* vorgezogen, wenn sie mit ihm kollidieren. Es gibt jedoch Gelehrte, die manche Formen des *qiyās* den berichteten Handlungen und der Billigung vorziehen.

Neben diesen Kollisionskonstellationen können zwei *qiyās*-Vorgänge kollidieren. Hier sind die Entscheidungskriterien ebenso subjektiv wie die oben dargestellten. So wird der *qiyās* mit einem klar einzuordnenden Ausgangsfall (*aṣl*) dem kollidierenden vorgezogen. Ist etwa der Rechtsgrund des Ausgangsfalls im Zielfall definitiv zu ermitteln, während im kollidierenden *qiyās* der Rechtsgrund im Zielfall nur vermutlich vorliegt, zieht man den ersten vor. Wenn der Rechtsgrund textuell festgelegt ist, wird dieser *qiyās* anderen vorgezogen, deren Rechtsgrund aus den Texten erst hergeleitet werden muss.

Eine Kollision unter den sich widersprechenden Angaben in Koran und Sunna kann auch anders gelöst werden. Wir wissen, dass der Koran über 23 Jahre hinweg zu verschiedenen Zeiten, Orten und Ereignissen Stück für Stück herabgesandt worden ist. Die überlieferten Berichte über Aussagen und Handlungen des Propheten geben seine persönlichen Entscheidungen über diese Zeitspanne wieder. Entsprechend stammen einige Aussagen und Handlungen aus einer früheren Zeit der Prophetie als andere. Daher kann die Kollision zwischen zwei Aussagen in Koran und Sunna mithilfe einer Untersuchung der Chronologie gelöst werden. Eine spätere Aussage kann eine frühere aufheben, also abrogieren. Einige Gelehrte sehen die Abrogation als Teil der Wahrscheinlichkeitsabwägung, andere betrachten sie als davon unabhängig. Da die Abrogation eigene Dynamiken hat und auch theologisch ein Problem darstellen kann, werde ich sie anschließend gesondert behandeln.

### 4.1.5 Textbeispiel zur Kollision von Hinweisen

Die Darstellung der Wahrscheinlichkeitsabwägung möchte ich mit einem Textbeispiel aus *Bidāyat al-muǧtahid* des andalusisch-malikitischen Juristen und Philosophen Ibn Rušd beenden. Er bespricht in einer langen Passage die Kollision zwischen Überlieferungen und dem *qiyās* anhand eines für uns heute klar erscheinenden Falls: Es geht um den Konsum von alkoholhaltigen Getränken – Wein ausgeschlossen. Ich möchte kurz die Positionen darstellen, die Ibn Rušd präsentiert, die angeführten Argumente zusammenfassen und anschließend die Textstelle übersetzen, die für die Wahrscheinlichkeitsabwägung wichtig ist.[45]

45 Die folgende Passage ist die Zusammenfassung von Ibn Rušd, *Bidāya*, 519–523.

Die Gelehrten sind sich einig darin, dass der Konsum von Wein aus Trauben verboten ist. Die konsumierte Menge spielt dabei keine Rolle. Bei anderen alkoholhaltigen Getränken (*anbiḏa*, Sg. *nabīḏ*) ist man sich über die Erlaubtheit des Konsums einer geringen Menge, die nicht zum Rausch führt, uneinig. Es gibt aber einen Konsens darüber, dass die berauschende Menge verboten ist. Die Mehrheit der Gelehrten aus dem Hedschas und die Traditionalisten (*al-muḥaddiṯūn*) halten den Konsum dieser Substanzen für verboten. Die Menge spielt für sie keine Rolle. Die Gelehrten aus dem Irak, insbesondere die, die in Kufa und Basra wirkten, darunter berühmte Gelehrte wie Ibrāhīm an-Naḫaʿī (gest. 96/714) aus der Nachfolgergeneration, Ibn Šubruma (gest. 144/761), Ibn Abī Laylā (gest. 148/765), Abū Ḥanīfa (gest. 150/767), Sufyān aṯ-Ṯawrī (gest. 161/778) und Šarīk (gest. 177/794) nehmen an, dass die geringe Menge, die nicht berauscht, konsumiert werden darf. Verboten sei nicht der Konsum der alkoholhaltigen Substanzen selbst, sondern der Rausch, der durch den übermäßigen Konsum entsteht. Der Grund der Meinungsverschiedenheit liegt für Ibn Rušd in der Kollision von Überlieferungen (*āṯār*) und dem *qiyās*.

Ibn Rušd stellt zuerst die Argumente der Gelehrten aus dem Hedschas in zwei Argumentationssträngen zusammen. Der erste Argumentationsstrang besteht aus Hadithzitaten. Viele Hadithe setzen Berauschendes (*muskir*) mit *ḫamr* gleich oder betonen, dass der Konsum von allem, was berauscht, ungeachtet der Menge verboten ist. Der zweite Strang ist linguistischer Art. Das Wort *ḫamr*, was auch im Koran vorkommt und ›Wein‹ bedeutet, umfasse alle alkoholisierenden Getränke. Es bedeute ›bedecken‹: Alles, was die Hirnfunktionen ›bedecke‹, sei *ḫamr*. Da der Konsum von *ḫamr* verboten ist, sei alles Alkoholisierende ebenso verboten. Daher gebe es viele Hadithe, die verschiedene aus Trauben, Honig und Datteln hergestellte und alkoholisierend wirkende Getränke als *ḫamr* bezeichnen.

Die irakischen Gelehrten berufen sich ebenfalls auf Texte, um ihre Ansicht zu untermauern; das ist der erste Argumentationsstrang. In Q 16:67 heißt es: »Und aus den Dattelfrüchten und den Trauben gewinnt ihr Rauschgetränk und schöne Nahrung«. Das Argument ist: Wenn Rauschgetränke substantiell für verboten erklärt worden wären, wieso werden sie im Vers als »schöne Nahrung« bezeichnet? Die

Gelehrten bestätigen diese ihre Annahme mit Überlieferungen, die besagen, dass *ḫamr* aufgrund seiner selbst verboten wurde, alles andere aufgrund akzidentieller Eigenschaften wie dem Rausch. Andere Hadithe zeigten, dass man Getränke aus Fässern trinken dürfe, obwohl der Prophet es vorher verboten habe, unter der Bedingung, nicht berauscht zu werden. Es befinden sich in den Fässern also alkoholisierende Getränke. Weitere Hadithe unterscheiden *ḫamr* terminologisch von anderen alkoholhaltigen Getränken wie Honigwein oder Weizenbier. Der zweite Argumentationsstrang der irakischen Gelehrten besteht aus Räsonieren (*naẓar*). Im Grunde genommen berufen sie sich auf den *qiyās al-ʿilla,* den Analogieschluss mit Rücksicht auf einen Rechtsgrund. Der Koran gebe den Rechtsgrund für das Verbot des Weinkonsums an: Der Rausch halte vom Gedenken Gottes ab und führe zu Feindschaft und Hass (vgl. Q 5:91). Dieser Rechtsgrund ergebe sich nur, wenn jemand eine Menge konsumiert, die zum Rausch führt. Welche Meinung ist nun korrekt? Hier setzt die Wahrscheinlichkeitsabwägung Ibn Rušds an:

## Textbeispiel 9: Kollision von Hinweisen

| | | |
|---|---|---|
| Rn. 53 | Die späteren Experten sind der Meinung, dass das Argument der hedschasischen Gelehrten aus der Sicht der Überlieferungen stärker, das Argument der irakischen aus der Sicht des *qiyās* offensichtlicher ist. | وقال المتأخرون من أهل النظر حجة الحجازيين من طريق السمع أقوى، وحجة العراقيين من طريق القياس أظهر. |
| Rn. 54 | Wenn es so ist, wie sie es sagen, so geht der Dissens auf ihre Uneinigkeit zurück, ob die Überlieferung dem *qiyās* oder der *qiyās* der Überlieferung vorgezogen wird, sollten sie kollidieren. Diese Angelegenheit ist umstritten. | وإذا كان هذا كما قالوا فيرجع الخلاف إلى اختلافهم في تغليب الأثر على القياس، أو تغليب القياس على الأثر إذا |

تعارضا، وهي مسألة مختلف فيها،

Rn. 55 Doch ist es in Wahrheit so, dass Überlieferungen – sollten sie [eindeutig] feststehende autoritative Texte (*naṣṣ*) sein – dem *qiyās* vorgezogen werden müssen. Ist ihr evidenter Wortlaut aber offen für die Auslegung, so scheiden sich die Geister: Führt man sie so zusammen, dass der Wortlaut ausgelegt wird, oder wird der evidente Wortlaut dem Erfordernis des *qiyās* [d. h. dem Ergebnis, das aus dem *qiyās* folgt] vorgezogen?

لكن الحق أن الأثر إذا كان نصًا ثابتًا فالواجب أن يغلب على القياس. وأما إذا كان ظاهر اللفظ محتملاً للتأويل فهنا يتردد النظر هل يجمع بينهما بأن يتأول اللفظ أو يغلب ظاهر اللفظ على مقتضى القياس؟

Rn. 56 Dies variiert entsprechend der Stärke der evidenten Bedeutung des Wortlauts und der Stärke des *qiyās* unter den [in Betracht kommenden] *qiyās*-Vorgängen, die ihr [d. h. der Stärke der evidenten Bedeutung] gegenüberstehen. Der Unterschied zwischen ihnen kann dann nicht vernommen werden, außer durch eine subjektive Empfindung[46], so wie man Aussagen,

وذلك مختلف بحسب قوة لفظ من الألفاظ الظاهرة، وقوة قياس من القياسات التي تقابلها ولا يدرك الفرق بينهما إلا بالذوق العقلي كما يدرك الموزون من الكلام من غير الموزون،

46 Ich habe das Wort *aḏ-ḏawq al-ʿaqlī* als ›subjektive Empfindung‹ übersetzt. Ibn Rušd meint damit, dass man nach seinem eigenen Gutdünken und durch Reflexion eine Entscheidung treffen kann. Sie ist subjektiv, weshalb er das für die *uṣūl al-fiqh* ungewöhnliche Wort *ḏawq* (Geschmack, Empfindung, Erfahrung) verwendet.

die von einem Verbstamm abstammen, von solchen, die das nicht tun, unterscheidet.

Rn. 57 Möglicherweise sind beide Empfindungen gleichwertig. Daher gibt es viel Uneinigkeit unter dieser Art, sodass viele Gelehrte sagen: Jeder *muǧtahid* trifft die richtige Lösung.

وربما كان الذوقان على التساوي، ولذلك كثر الاختلاف في هذا النوع حتى قال كثير من الناس: كل مجتهد مصيب.

Rn. 58 Der Richter [d. h. Ibn Rušd] sagt: Das, was sich mir zeigt, ist – und Gott weiß es besser[ – das Folgende]: Auch wenn mit seiner Aussage – Friede uns Segen auf ihm – »Alles Berauschende ist verboten« die berauschende Menge gemeint sein könnte und nicht das Berauschen als eine Gattung[, worunter alles Berauschende subsumiert wird], überwiegt die Vermutung, dass die evidente Bedeutung das Verbot eher mit der Gattung verbindet anstelle der Menge, die sich aus dem Widerspruch jenen *qiyās* ergibt und wonach die kufischen Gelehrten ihn [d. h. den Hadith] deuten.

قال القاضي: والذي يظهر لي والله أعلم أن قوله صلى الله عليه وسلم: »كل مسكر حرام« وإن كان يحتمل أن يراد به القدر المسكر، لا الجنس المسكر، فإن ظهوره في تعليق التحريم بالجنس أغلب على الظن من تعليقه بالقدر لمكان معارضة ذلك القياس له على ما تأوله الكوفيون،

Rn. 59 Denn es liegt nicht fern, dass der Gesetzgeber die geringe und große Menge an Berauschendem im Sinne der Versperrung und Erschwerung der Rechtsmittel[, die zu verbotenen Handlungen führen,] verbietet, obwohl der Schaden nur in der großen Menge entsteht.

فإنه لا يبعد أن يحرم الشارع قليل المسكر وكثيره سدًّا للذريعة وتغليظًا، مع أن الضرر إنما يوجد في الكثير،

| | | |
|---|---|---|
| Rn. 60 | Aus dem Grundsatz des Rechts steht durch den Konsens fest, dass es in Bezug auf den Wein die Gattung[sbestimmung] berücksichtigt und nicht die notwendige Menge [für den Rausch]. So muss alles, worin sich der Rechtsgrund des Wein[verbot]s befindet, an [die Beurteilung des] Wein[konsums] angebunden werden. Daher müssen diejenigen, die einen Unterschied [zwischen Wein und restlichen alkoholischen Getränken] sehen, dafür Argumente hervorbringen. | وقد ثبت من حال الشرع بالإجماع أنه اعتبر في الخمر الجنس دون القدر الواجب، فوجب كل ما وجدت فيه علة الخمر أن يلحق بالخمر، وأن يكون على من زعم وجود الفرق إقامة الدليل على ذلك، |

**Textbeispiel 9:** Ibn Rušd, *Bidāya*, 523 f.

In Textbeispiel 9 entscheidet sich Ibn Rušd ausdrücklich dafür, die Texte aus den autoriativen Quellen vorzuziehen und dem *qiyās* zu widersprechen (siehe Rn. 58). Damit ist für ihn der Konsum von alkoholischen Getränken ungeachtet der Menge verboten. Man kann seinen Ausführungen auch entnehmen, dass die Auflösung von Kollisionen oft subjektiv ist und auf grundsätzliche Entscheidungen der Gelehrten zurückgeht. Als Beispiel habe ich einige seiner Argumente übersetzt; ihnen folgen noch weitere in der *Bidāya*. Ibn Rušd, der sich in seinem Werk u. a. dazu verpflichtet, die Dissensgründe in den bekanntesten Rechtsfällen zu ermitteln, stellt in seinen Analysen den Dissensgrund unter den konkurrierenden Lösungsvorschlägen und die Mechanismen der Kollisionslösung fest. Davon gibt es eine große Menge, was uns zeigt, wie stark die Gelehrten in das Verständnis der Quellen eingreifen und darüber entscheiden, welche autoritativen Texte in die Rechtsfindung wie einbezogen werden und welche nicht.

## 4.2 Abrogation *(nasḫ)*

Kollidieren Aussagen im Koran und/oder in der Sunna, so kann diese Kollision aufgelöst werden, indem man die Chronologie ermittelt. Es kann eine frühere Bestimmung mit einer späteren Aussage revidiert und aufgehoben werden. Das ist die Abrogation. Begründet wird sie u.a. mit Rückbezug auf Q 2:106: »Tilgen wir einen Vers oder stellen ihn dem Vergessen anheim, so bringen wir einen besseren als ihn oder einen, der ihm gleicht.« Diese Abrogationsbeziehung innerhalb des Korantextes wird zudem auf die früheren Religionsschriften bezogen. Der Koran hebe frühere Religionsschriften auf. Ob es eine Abrogation auch innerhalb des Korans gibt, ist unter den Gelehrten umstritten. Die Befürworter berufen sich neben Q 2:106 u.a. auf Q 13:39 und 16:101. Sie argumentieren, dass die Menschen Schritt für Schritt die göttliche Botschaft verstehen sollen, sodass z.B. das endgültige Verbot einer Handlung nicht direkt formuliert wurde, sondern zunächst nur ein Teilaspekt verboten wurde. Darauf folgte dann ein endgültiges Verbot. Möglich ist auch, dass sich die Umstände so stark geändert haben, dass der Gesetzgeber seine Bestimmung revidiert. Die Gegner der Abrogation dagegen führen an, dass sich die Abrogation nicht auf den Koran beziehe, sondern die vorherigen Religionsschriften meint. Zugleich sehen sie hierin ein theologisches Problem: Jede Abrogation bedeute, dass Gott seine Meinung geändert habe. Jede Meinungsänderung wiederum besage, dass die vorherige Meinung entweder unvollkommen oder falsch gewesen sei. Das bedeute letztlich, dass es bei Gott einen Mangel geben müsse oder er etwas dazu lerne, was wiederum bedeuten würde, dass er nicht allwissend ist. Dem wird entgegnet, dass hier keine Meinungsänderung vorliege, sondern Gott wohlwissend um alle Umstände und Eventualitäten das für die Menschen Geeignetste zu den jeweiligen Gegebenheiten offenbart habe.

Die Mehrheit der Gelehrten folgt der Meinung, dass Abrogationen möglich sind und auch stattgefunden haben. Insbesondere seit dem

20. Jahrhundert – vorwiegend unter modernistisch orientierten Gelehrten – wird vertreten, dass es im Koran keine Abrogation geben könne, insofern damit gemeint sei, dass bestimmte Koranverse keine normative Funktion mehr hätten. Diese Vertreter wollen jeden Koranvers für sich verstehen und legen ihn so aus, dass es keine Kollision mehr mit anderen gibt. Dagegen gibt es auch Tendenzen, die mit historischen Argumenten in Frage stellen, ob die kollidierenden Verse nicht jeweils für eine andere Situation gültig sind. Durch diesen situativen Bezug würden sie nicht miteinander kollidieren. Die Mehrheit lässt aber Abrogation zu.

Die Abrogation (*nasḫ*) besteht aus zwei Bestandteilen: das Abrogierende (*an-nāsiḫ*) und das Abrogierte (*al-mansūḫ*). Die Bedingung ist, dass zwei präskriptive Aussagen zum selben Sachverhalt vorliegen, sich inhaltlich widersprechen und die eine Aussage früher getätigt wurde als die andere. Die Abrogation hat drei Arten:

1) Der Wortlaut einer Aussage und sein Urteil werden aufgehoben.

Als Beispiel wird angeführt, dass es einen Vers gab, der die Bedingungen einer Milchgeschwisterschaft darstellt. Bekanntlich ist ein solches Verhältnis ein Hinderungsgrund für eine Eheschließung. Er wurde abrogiert und befindet sich nicht im Korankorpus.

2) Der Wortlaut einer Aussage wird aufgehoben, das Urteil jedoch nicht.

Paradebeispiel dafür ist der sogenannte ›Steinigungsvers‹ (*āyat ar-rağm*). Dieser ordnet an, dass jemand, der:die Ehebruch begeht, gesteinigt werden soll. Dieser Vers befinde sich nicht mehr im Korankorpus; er sei aufgehoben worden. Jedoch sei das Urteil weiterhin gültig. Entsprechend gilt Q 24:2 für Ledige, die Unzucht begehen, der Steinigungsvers für verheiratete Personen. Einige Gelehrte, insbesondere zeitgenössische Wissenschaftler:innen, akzeptieren diese Art der Abrogation nicht. Alle Berichte, die behaupten, einen ursprünglichen Koranvers wiederzugeben, sind für sie Einzeltraditionen. Der Koran dagegen befindet sich auf der Stufe des *tawātur*. Daher gehören diese

Verse nicht zum Korankorpus, weshalb solche Berichte verworfen werden. Dagegen argumentiert die Mehrheit, dass man das etablierte Urteil von seinem Wortlaut unabhängig praktizieren könne. Es stellt sich dann aber die Frage, wieso es im Koran Verse gibt, deren Urteil abrogiert wurde, obwohl sie selbst noch zum Korantext gehören. Genau das ist die

3) Art der Abrogation: Der Wortlaut einer Aussage bleibt bestehen, das Urteil wird abrogiert.

Über die Gültigkeit dieser Art gibt es, bis auf einige wenige Gelehrte, deren Argumente ich oben beschrieben habe, eine Übereinkunft unter den Gelehrten.

Die Anzahl abrogierter Verse ist umstritten. Es wird berichtet, dass 300 Koranverse abrogiert worden seien. Einige Gelehrte nehmen an, dass es nur 5 solcher Verse gibt. Bekannt ist z. B., dass Q 9:5, der sogenannte ›Schwertvers‹ (*āyat as-sayf*), der zum Kampf aufruft, 124 bzw. 114 andere Verse, die zu einem milden Umgang mit Andersgläubigen oder Ungläubigen aufrufen, abrogiere. Insbesondere diese Ansicht wird von vielen zeitgenössischen Wissenschaftler:innen kritisiert. Die Abweichung in der Menge der abrogierten Verse hat damit zu tun, dass in der frühen Entwicklung des islamischen Rechts und der Koranexegese Methoden nicht systematisch exakt voneinander unterschieden wurden. So verstanden viele frühe Gelehrte die oben dargestellten Methoden Spezifikation und Konkretisierung als Abrogation; spätere Gelehrte unterscheiden sie voneinander. Andere wiederum sehen viele Abrogationsfälle als solche, die voneinander unterschiedlich zu betrachten sind, wobei jeder Vers jeweils für eine andere Situation eine Lösung vorschlägt. Je nach Herangehensweise kann die Abrogationszahl also variieren.

Neben diesen unterschiedlichen Arten gibt es verschiedene Abrogationskonstellationen:

1) Abrogation innerhalb des Korans,
2) Abrogation innerhalb der Sunna,
3) Abrogation der Sunna durch den Koran,
4) Abrogation des Korans durch die Sunna.

Unumstritten unter den Befürwortern der Abrogation ist, dass innerhalb des Korans Abrogation möglich ist. Man ist sich auch einig, dass die Sunna sich selbst abrogieren kann. Ein Beispiel dafür ist, dass der Prophet es zunächst verboten hat, einen Anteil vom Fleisch der Opfertiere für sich zu behalten oder Gräber aufzusuchen. Er selbst sagt später, dass beides nicht mehr verboten sei. Hier ist darauf zu achten, dass Einzeltraditionen keine *mutawātir*-Überlieferungen, dagegen *mutawātir*-Überlieferungen ihresgleichen und Einzeltraditionen abrogieren können. Eine Abrogationsbeziehung innerhalb der Einzeltraditionen ist ebenfalls möglich, wobei man hier auf die hierarchisch geordneten Stufen der Einzeltraditionen achten muss. Die Mehrheit der Gelehrten nimmt – bei gleichzeitig bestehendem Widerspruch prominenter Gelehrter – an, dass der Koran die Sunna abrogieren kann. So wurde durch Q 2:238 (»Haltet die Gebete ein, auch das mittlere Gebet! Und stellt euch – demütig ergeben – hin vor Gott«) die Praxis, während des Gebets sprechen zu dürfen, aufgehoben.

Umstritten ist eine weitere Konstellation: Darf die Sunna den Koran abrogieren? Unstreitig ist wohl, dass dies für Einzeltraditionen nicht zulässig ist. Da aber *mutawātir*-Überlieferungen ebenso wie der Koran *qaṭʿī ṯ-ṯubūt* sind, dürfte eine Abrogation möglich sein. Das wird so jedenfalls von vielen Gelehrten, insbesondere von Hanafiten und Malikiten, vertreten. Erklärt wird diese Annahme wie folgt: Der Prophet hat die Aufgabe, den Koran zu erklären. Die Abrogation ist eine Art Erklärung. Ferner nehmen einige an, dass auch die Sunna eine Art Offenbarung ist (sog. *waḥy ġayr al-matluww*, ›Offenbarung, die nicht im Gebet rezitiert wird‹). Sie stützen sich dabei auf Q 53:3 f. Damit würde eine Offenbarung wieder eine Offenbarung auslegen. Außerdem könne die Sunna, wenn sie den Koran spezifizieren könne, ihn auch abrogieren. Die Gegner berufen sich auf Q 2:106, wonach Gott nur seine eigene Rede abrogieren kann. Außerdem heißt es in Q 10:15: »Sprich: ›Es steht mir nicht an, sie von mir aus umzutauschen. Ich folge nur dem, was mir eingegeben wurde.‹« Ferner fragen die Gegner der hier vorgenommenen Abrogation: Wie soll die Sunna ihre eigene Grundlage abrogieren können, wenn sie doch den Koran erklären soll und ihre Legitimität aus ihm ableitet?

Wohl das bekannteste Beispiel für die Abrogation des Korans durch die *mutawātir*-Sunna ist die Abrogation von Q 2:180: »Es ist euch vorgeschrieben: Wenn der Tod sich einem von euch naht, so sei – im Falle, dass er Gutes hinterlässt – für Eltern und Verwandte ein Vermächtnis da, nach Billigkeit, als Pflicht für die Gottesfürchtigen.« Die Aussage des Propheten, dass für die Erbberechtigten kein Erbanteil testamentarisch festgelegt werden darf, abrogiere diesen Vers. Für diesen Fall wird auch gesagt, dass Q 2:180 durch Q 4:11–12 abrogiert wurde und nicht durch den Hadith. Der Hadith untermauere diesen Zustand nur.

Um eine Abrogationsbeziehung zwischen zwei Texten herstellen zu können, bedarf es einer expliziten Aussage in den kollidierenden Texten. Das ist meist nur in Hadithen der Fall. In diesen kündigt der Prophet selbst manchmal an, dass eine bestehende Regelung als überholt gilt. Die Texte können ferner durch Implikationen oder andere Hinweise darauf verweisen, dass sie frühere Aussagen abrogieren. Eine andere Möglichkeit ist, dass Prophetengefährt:innen eine Abrogationsbeziehung mitteilen. Man beruft sich auch hier auf Überlieferungen. Ansonsten gibt es noch die Möglichkeit, nach dem spezifischen Anlass der jeweiligen Aussage zu fragen, sei es in Bezug auf den Koran (dann sind es ›Offenbarungsanlässe‹, *asbāb an-nuzūl*, Sg. *sabab an-nuzūl*) oder die Sunna (dann spricht man von ›Anlässen des Zustandekommens‹, *asbāb al-wurūd*). All diese Berichte sind aber zumeist nicht einheitlich: Es können unterschiedliche, sich widersprechende Offenbarungsanlässe für eine Koranpassage vorliegen. Meistens sind diejenigen, die in den Überlieferungen von der Abrogationsbeziehung zwischen zwei Versen berichten, keine Prophetengefährt:innen. Oft setzen die Prophetengefährt:innen eine Abrogationsbeziehung voraus, ohne bekannt zu geben, worauf sie sich stützen. Nicht selten widersprechen sich die Informationen, die tradiert werden. Daher müssen die Gelehrten über Abrogationsbeziehungen spekulieren, sodass hier oft subjektive Entscheidungen vorliegen, die sich aber über Jahrhunderte hinweg verfestigen können.

Die Gelehrten negieren eine vollständig auf rationale Erwägungen und Spekulationen zurückzuführende Abrogationsbeziehung. Von Abū

Manṣūr al-Māturīdī (gest. 333/944) erfahren wir aber, dass eine Abrogation durch *iǧtihād* möglich sei.[47] Diese seine Haltung wurde später der oben beschriebenen Herangehensweise entsprechend ausgelegt, um ihn vor Kritik zu schützen.

## 4.3 Textbeispiel zur Abrogation

Tatsächlich ist al-Māturīdī einer der wenigen Gelehrten, die der persönlichen Meinungsbildung (*iǧtihād*, Idschtihad) des Menschen, die von den religiösen Quellen geleitet ist und methodisch kontrolliert wird, die Fähigkeit zuspricht, den Koran zu abrogieren. Diese Meinung ist es wert, näher betrachtet zu werden, weshalb ich sie als Textbeispiel aus seinem exegetischen Werk anführen möchte. Ich habe einige Beispiele ausgelassen und mich auf das Wesentliche beschränkt.

### Textbeispiel 10: Abrogation

| | | |
|---|---|---|
| Rn. 61 | Seine Aussage des Erhabenen, »Leute, deren Herz gewonnen werden soll« [Q 9:60]; | وقوله - عَزَّ وَجَلَّ -: (وَالْمُؤَلَّفَةِ قُلُوبُهُمْ). |
| Rn. 62 | Wir haben bereits gezeigt, dass er – Friede auf ihm – einen Teil der Almosensteuer den Anführenden der Heuchler gab, womit er ihre Herzen gewinnen wollte, damit sie den Islam annahmen, so wie es überliefert wird, dass er jemandem hundert Kamele und einem anderen soundso viel gab. | قد ذكرنا فيما تقدم أنه - عليه السلام - كان يعطي الرؤساء من المنافقين من الصدقات، يتألف به قلوبهم ليسلموا؛ على ما روي أنه كان يعطي فلانًا مائة من الإبل، وفلانًا كذا. |

47 Al-Māturīdī, *Ta'wīlāt*, V:407.

| | | |
|---|---|---|
| Rn. 63 | Es wird berichtet, dass er Gold oder Lederstücke an al-Aqraʿ ibn Ḥābis [gest. 33/653–654] und weitere Personen verteilte, die ʿAlī – Möge Gott an ihm Wohlgefallen haben – aus Jemen sandte. | روي أنه قسم ذهبة أو أديمًا مقروطًا، بعثها علي - رَضِيَ اللَّهُ عَنْهُ - من اليمن، بين الأقرع بن حابس وبين فلان وفلان. |
| Rn. 64 | Es gibt viele Hadithe darüber, dass der Prophet speziell den Anführenden unter ihnen [den Nichtmuslimen] einen Teil der Almosensteuer zukommen ließ, um [ihre Herzen] zu gewinnen, während [einer Zeit, in der] der Islam schwach und die Anhänger nur wenige waren. Sie aber waren viele und mächtig. Heute aber sind Muslime mehr geworden, und die Religion ist erstarkt. Sie [d. h. Nichtmuslime] werden vergehen, wenn sie Gott keine Dankbarkeit zeigen. | والحديث في هذا كثير أن النبي كان يخص به الرؤساء منهم بالصدقة يتألفهم، والإسلام في ضعف وأهله في قلة، وأُولَئِكَ كثير ذوو قوة وعدة، فأما اليوم فقد كثر أهل الإسلام، وعز الدِّين، وصار أُولَئِكَ إذ لا يحمد الله، |
| Rn. 65 | Dieser [Zustand] wurde behoben und verging, denn die Muslime sind stärker und zahlreich geworden. Sie bekämpfen sie, bis sie den Islam annehmen. Es sind entsprechende Überlieferungen über Abū Bakr und ʿUmar [ibn al-Ḫaṭṭāb] vorhanden – Möge Gott an ihnen Wohlgefallen haben –, die unsere Annahme belegen. (…) | فقد ارتفع ذلك وذهب؛ إذ قوي المسلمون وكثروا، فيقاتلون حتى يسلموا، وعلى ذلك جاء الخبر عن أبي بكر وعمر - رضي الله عنهما - فدل على ما ذكرنا. (...) |
| Rn. 66 | Für uns ergeben sich zwei Aspekte von den Argumente. Erstens, dass der Prophet – Friede auf ihm – mit einem Volk ein Bündnis zu schließen pflegte, wenn er seine Unterstützung | ولنا في ذلك وجهان من الحجج: أحدهما: أن النبي - عليه السلام - كان يعاهد قومًا وهو إلى مداراتهم |

| | | |
|---|---|---|
| | und sein Bündnis benötigte; wir erwähnten die geringe Anzahl der Muslime und ihre Schwäche als Grund. Als Gott den Islam stärkte und die Anzahl der Muslime mehrte, wies er das Bündnis der Bündnispartner zurück und befahl, sie alle zu bekämpfen. | ومعاهدتهم محتاج؛ لما ذكرنا من قلة أهل الإسلام وضعفهم، فلما أعز الله الإسلام وأكثر أهله ردّ إلى أهل العهود عهودهم، ثم أمر بمحاربتهم جميعًا. |
| Rn. 67 | Zweitens, das, was Gott der Erhabene sagt: »Einem Propheten steht es nicht an, Kriegsgefangene zu haben, solange er das Land nicht ganz bezwungen hat« [Q 8:67]; es ist der zweite Zustand, also der, in dem der Islam stärker war, so auch die Muslime. Sie sind stärker im Vergleich zum ersten Zustand [der Unterlegenheit] in diesen Angelegenheiten. Die Sache mit den Heuchlern [also die Teilhabe an der Almosensteuer] ist zulässig im ersten Zustand, verboten im zweiten Zustand; Gott weiß es am besten. | والثاني: ما قال الله – تعالى -: (مَا كَانَ لِنَبِيٍّ أَنْ يَكُونَ لَهُ أَسْرَى حَتَّى يُثْخِنَ فِي الْأَرْضِ)، فكانت الحال الثانية التي عز فيها الإسلام وقوي أهله وعزوا مخالفة للحال الأولى في هذه الأشياء، فكذلك أمر المنافقين جائز الرضا في الحال الأول محظور في الحال الثانية، والله أعلم. |
| Rn. 68 | In diesem Vers ist ein Hinweis darauf, dass die Abrogation mittels Idschtihad erlaubt ist, weil die Bedeutung, auf der er basierte, aufgehoben wurde; um mitzuteilen, dass die Abrogation aus [unterschiedlichen] Gesichtspunkten [heraus] geschieht. | وفي الآية دلالة جواز النسخ بالاجتهاد؛ لارتفاع المعنى الذي به كان؛ ليعلم أن النسخ قد يكون بوجوه. |

**Textbeispiel 10:** al-Māturīdī, *Tafsīr*, V:405–407

## Zusammenfassung

In vielen Fällen kollidieren Hinweise, die für die Herleitung von Normen berücksichtigt werden. Kollisionen können nach methodischen Vorgaben und Prinzipien gelöst werden. Oft sind es aber subjektive Entscheidungen der Gelehrten. Sinn und Zweck der Methoden und Prinzipien, so umstritten sie innerhalb der Rechtsschulen sind, ist, die Subjektivität einzugrenzen. Ähnliches gilt auch für die Abrogation. Während frühe Autoritäten mehrere Methoden darunter verstanden, haben spätere Gelehrte die Abrogation von der Spezifikation und Konkretisierung unabhängig betrachtet. Entsprechend variiert die Angabe der Zahl abrogierter Verse. Auch wenn einige Gelehrte ein theologisches Problem in der Abrogation sehen, akzeptiert sie die Mehrheit der Gelehrten, obwohl dies bedeutet, dass Koranverse ihre normative Kraft verlieren. Das ist auch der Grund, wieso insbesondere modernistisch orientierte Gelehrte die Abrogation kritisieren: Sie wollen die Koranverse für ihren eigenen Kontext verstehen und sagen, dass es deswegen keine Abrogationsbeziehung geben kann. Jeder Vers sei für je eine andere Situation herabgesandt worden und somit für diese gültig.

# Kapitel 5: Zeitgenössische Kritik und Herangehensweisen

Die folgenden zeitgenössischen Herangehensweisen an das islamische Recht und ihre Kritik an den traditionellen Methoden sind nur eine Auswahl unter verschiedenen nuancierten Ansätzen. Sie alle reagieren auf den Umstand, dass das islamische Recht seit dem Ende des 19. Jahrhunderts graduell vom positiven Recht abgelöst wurde. Nach der Entstehung von Nationalstaaten und der Übernahme von Rechtssystemen und -normen aus anderen Rechtskulturen bildete es nur noch einen Teil des geltenden Nationalrechts. Damit büßte das islamische Recht viel von seiner gesellschaftsgestaltenden Kraft ein.

Die im folgenden beschriebenen Ansätze der Gelehrten, sie auf unterschiedlichem Wege wiederbeleben zu wollen, sind vereinfachte Darstellungen solcher Bestrebungen. Ihnen allen ist gemein, dass sie den Idschtihad betonen möchten. Das heißt, dass das selbstständige Herleiten von Normen wieder ermöglicht werden sollte. Denn seit dem 7./13. Jahrhundert überwog die Haltung, dass man sich nur in Anlehnung an die bestehende Literatur der Rechtsschule zu orientieren hatte und von dieser ausgehend neue Wege formulieren durfte. Das nennt sich u. a. *taḫrīǧ*. Die Einschränkung ging teilweise sogar so weit, dass die Gelehrten nur eine Entscheidung bzw. Auswahl unter bestehenden Normen treffen durften (sog. *taḫayyur* bzw. *tarǧīḥ*). Auf diese Engführung und die politischen Veränderungen im 19. und 20. Jahrhundert reagieren die folgenden Ansätze.

## 5.1 Moderne *maqāṣid*-Debatte

Die bisher stark textzentrierte Herangehensweise der vormodernen Gelehrten wird insbesondere seit dem Ende des 19. und dem Beginn des 20. Jahrhunderts kritisiert. Der hier beschriebene Ansatz ist zwar textzentriert, aber andere, die eine von den religiösen Texten freie Normderivation erlauben, sind in vormodernen Schriften nicht selten. Sie sind jedoch meist der Textauslegung untergeordnet. Eben dieses Moment wird in der modernen Debatte zur islamischen Rechtsmethodik kritisiert.

Zentral ist die Debatte um die übergeordneten Ziele der Scharia (*maqāṣid aš-šarīʿa*). Der Grundgedanke ist, dass mithilfe der als übergeordnete Ziele der Scharia ermittelten Ziele rechtsrelevante Fälle besprochen werden. Dabei berufen sich zeitgenössische Gelehrte auf vormoderne Konzepte wie die *maṣlaḥa* (das Interesse, Pl. *maṣāliḥ*). Die *maṣāliḥ* teilen sich in drei Arten auf: von den schriftlichen Quellen anerkannte Interessen (*maṣāliḥ muʿtabara,* wie etwa das Erlaubtsein von Kaufgeschäften), von ihnen für nichtig erklärte Interessen (*maṣāliḥ mulġā,* wie etwa der Aufruf zur Erbverteilung nach anderen Maßstäben als mit Bezug auf Q 4:11–12) und von den Quellen offengelassene Interessen (*maṣāliḥ mursala*). Diese letzte Kategorie teilt sich in notwendig zu schützende Interessen (*aḍ-ḍarūrīyāt*); schützt man sie nicht, kann eine Gesellschaft nicht existieren. Dazu gehört der Schutz des Lebens (*ḥifẓ an-nafs*), der Religion (*ad-dīn*), der Vernunft (*al-ʿaql*), der Nachkommenschaft (*an-nasl*) und des Vermögens (*al-māl*). Alle weiteren schützenswerten Interessen fallen entweder unter bedürfnisorientierte (*ḥāǧīyāt*) oder lediglich verschönernde Interessen (*taḥsīnīyāt*). Diese sind alle, wie sie hier aufgezählt wurden, hierarchisch geordnet.

Nach Gelehrten wie Abū Ḥāmid al-Ġazālī (gest. 505/1111) darf man während der Normfindung – sollte es keine direkten Texte dazu geben – die notwendig zu schützenden Interessen berücksichtigen. Sie werden in den Vorgang des *qiyās* integriert. Nach dem malikitischen Gelehrten aš-Šāṭibī (gest. 790/1388) dagegen müssen alle Stufen geschützt werden, denn wird eine Stufe nicht berücksichtigt, schädigt sie die anderen. Er integriert, wie sonst auch die Malikiten, diese Arten in den Prozess des *istiṣlāḥ*.[48] Die modernen Gelehrten kritisieren diese

48 Für eine kurze Beschreibung siehe Band III, Kapitel 3.2.

Herangehensweise: Die *maqāṣid aš-šarīʿa* dürften nicht auf die fünf notwendig zu schützenden Interessen oder auch die drei Interessenskategorien reduziert werden. Ferner dürften sie nach Ansicht der vormodernen Gelehrten nur bei fehlenden textuellen Hinweisen konsultiert werden. Der Aufruf der modernen Gelehrten bzw. Wissenschaftler:innen lautet daher, sich viel stärker auf die *maqāṣid* zu fokussieren und die Textauslegung hintanzustellen, nicht umgekehrt. Man solle demnach für die Herleitung von Normen und Regelungen abstrakte Ideen wie Gleichheit, Freiheit, Religionsfreiheit, Meinungsfreiheit und Toleranz im Blick haben.

Diese Kritik, so berechtigt sie auch sein mag, berücksichtigt aber nicht, dass die rechtspraktische Literatur andere Lösungen vorschlägt und nicht unbedingt immer der Theorie in der *uṣūl al-fiqh*-Literatur folgt. So sehen wir, dass Gelehrte wie der Hanafit Šams al-Aʾimma as-Saraḫsī (gest. 483/1090), selbst Verfasser eines *uṣūl*-Werks, Rechtfindungs- und Entscheidungsmechanismen in seinem rechtspraktischen Werk *al-Mabsūṭ* anführt, die wir in seiner Rechtsmethodik nicht finden.[49] Auch die Fatwaliteratur zeigt alternative Formen der flexiblen Rechtsfindung und -anwendung. Solche Konzepte flexibilisieren die Rechtsfindung in erheblichem Maße.

Prominent dagegen ist die Herangehensweise des Hanbaliten Naǧm ad-Dīn aṭ-Ṭūfī (gest. 716/1316). Er kommentiert den Hadith »Es gibt kein Schadenerleiden und Hinzufügen im Islam« und schlägt einen neuen Weg für die Flexibilisierung der Rechtsfindung vor. Sein Vorschlag lautet, das Interesse der Menschen stets zu berücksichtigen, und zwar dann, wenn es mit dem Ergebnis der Textauslegung kollidiert. In den Grundzügen besagt seine Theorie: Führt das Ergebnis einer Textauslegung und mithilfe traditioneller Methoden im Bereich der zwischenmenschlichen Beziehungen zu etwas Unerträglichem, dürfen für den Schutz des Interesses der Menschen Alternativen vorgeschlagen

49 Vgl. Kurnaz, »*Al-Maqṣūd*«.

werden. Das bedeutet, dass die religiösen Texte dem Interesse der Menschen untergeordnet werden.[50]

Viele zeitgenössische Gelehrte und Wissenschaftler:innen haben diesem Ansatz zugesprochen. Da der Mensch in der Lage sei, das Gute und Böse zu erkennen, sei solch ein dynamisches Rechtsverständnis das für die heutigen Umstände passendste. Andere, ja sogar die Mehrheit zeitgenössischer Gelehrter, haben aṭ-Ṭūfī für seine ›radikale‹ Haltung kritisiert und ihn scharf angegriffen. Sie fordern, dass man sich an den klassischen Methoden orientieren solle. Schaut man auf aṭ-Ṭūfīs Herangehensweise selbst, erscheint sie viel bedachter als die Radikalität, die man ihm in der Sekundärliteratur unterstellt.

Durchgesetzt hat sich die Haltung, sich trotz der weiterhin stark präsenten etablierten Methoden der Textauslegung und der Rechtsfindung mittels *qiyās* auf die *maqāṣid* zu berufen. Es ist daher kein Wunder, dass Autoren wie aš-Šāṭibī und aṭ-Ṭūfī im 20. Jahrhundert prominent wurden. Fast alle, die die *maqāṣid*-Theorie befürworten, berufen sich auf beide. Durch die Referenz auf diese beiden Autoritäten hat man den Gedanken festigen können, dass man sich auf das Interesse der Menschen (*maṣlaḥa*) berufen kann, um eine Lösung für einen Fall herzuleiten. Dieser utilitaristische Ansatz wurde von vielen Gelehrten rezipiert und unterschiedlich ausformuliert. Darunter befinden sich Gelehrte, die als Reformer bekannt sind, wie z. B. der ägyptische Gelehrte Muḥammad ʿAbduh (gest. 1905). Sein Schüler Rašīd Riḍā (gest. 1935), der salafitisch orientiert ist, schlägt unabhängig der klassischen *maqāṣid*-Begriffe seine eigene Vorstellung der *maqāṣid* vor. Wir sehen auch maghrebinische Gelehrte wie ʿAllāl al-Fāsī (gest. 1974) und insbesondere aṭ-Ṭāhir ibn ʿĀšūr (gest. 1973), die den Diskurs um die *maqāṣid* prägten. Sie ebneten den Weg für spätere Gelehrte und Wissenschaftler:innen, noch weitere Interessen und Rechte der Menschen zu schützen, indem sie sie als *maqāṣid* identifiziert haben. Es dauerte nicht lange, bis auch die allgemeinen Menschenrechte darunter

50 Für aṭ-Ṭūfīs Ansatz, siehe Opwis, *Maṣlaḥa*, 200–246; Kurnaz, »Möglichkeiten«, 248–255.

subsumiert wurden. Sie werden oft als integraler Bestandteil der *maqāṣid* verstanden.

Entsprechend der Vielzahl neuer Ansätze variiert die Anzahl der vorgeschlagenen Ziele (*maqāṣid*); es können bis zu 41 unterschiedliche sein. Oft ist es der Fall, dass derselbe *maqṣad,* dasselbe Ziel unterschiedlich ausgelegt wird. So wird die Geschlechtergerechtigkeit entweder liberal ausgelegt oder nach dem klassischen Islamrechtsverständnis. Insbesondere Frauenrechtler:innen und feministische Theologinnen schalteten sich hier ein, um entsprechende Änderungen in der muslimischen Denktradition zu bewirken. Sie bedienten sich nicht nur des *maqāṣid*-Ansatzes – das ist eher selten der Fall –, sondern verstärkt des historisch-kritischen Ansatzes, den ich am Beispiel von Fazlur Rahman (gest. 1988) unten besprechen werde.

Neben der eher willkürlichen Auslegung ist auch die Bestimmung davon, was *maqāṣid* sind, oft unklar. Es ist fraglich, nach welchen Kriterien sie vorgeschlagen werden. Was wir aber flächendeckend sehen können ist, dass die *maqāṣid*-Befürworter:innen sie allmählich als eine Quelle des Rechts verstehen. Sie nehmen sogar an, dass das Ergebnis der Textauslegung, wenn sie den *maqāṣid* widerspricht, entsprechend anzupassen ist. Das ist nach den vormodernen *uṣūl al-fiqh* undenkbar, selbst für aš-Šāṭibī, der die *maqāṣid* wie kein anderer vormoderner Gelehrter betont. So etwa wird nach moderner Auffassung Q5:38, wo angeordnet wird, dass die Hand des Diebes als Strafe für den Diebstahl abgeschlagen werden soll, ausgelegt: Ziel sei es, das Hab und Gut der Menschen zu schützen. Könne dies auf anderem Wege gewährleistet werden, dürfe die Hand nicht amputiert werden. Die Lösung könne dem Wortlaut der Quellen widersprechen und z. B. eine Freiheitsstrafe sein. Dem Sinn der Sure trüge man aber Rechnung.

Noch stärker greifen einige Gelehrte wie Ibn ʿĀšūr in die Auslegung der Sunna ein. Er schlägt vor, die überlieferten Hadithe nicht blindlings nach dem äußeren Wortlaut auszulegen und anzuwenden. Die Hadithe sollen vielmehr auf ihre Verbindlichkeit hin analysiert werden, denn nicht jeder Hadith sei verbindlich darin, den äußeren Wortlaut eins zu eins auszuführen. Unter den Kategorien zählt er auf, dass man z. B. religionsrechtliche Urteile von richterlichen Urteilen und Rechtsgutachten des Propheten zu unterscheiden habe. Die letzten beiden seien nicht nach ihrem äußeren Wortlaut zu verstehen, sondern zu kontextualisieren. Zentral sei damit das Ziel bzw. die Botschaft, nicht der Wortlaut.

Diese Haltung suchen die Gelehrten auch bei vormodernen Gelehrten, um ihrer eigenen Herangehensweise eine Legitimität durch Rückbezug auf eine Autorität zu verleihen. So gilt z. B. der ägyptische Malikit Šihāb ad-Dīn al-Qarāfī (gest. 684/1285) als eine Bezugsgröße, die ebenfalls eine Kategorisierung der Sunna ihrer Verbindlichkeit entsprechend vornimmt.

Diese Entwicklungen haben theologische Folgen: Man muss es nun eher für möglich halten, dass der Mensch das Gute und Böse unabhängig von den Quellen erkennen kann und sie beide unabhängig der Aussage Gottes, ob etwas gut oder böse, geboten oder verboten ist, existieren. Die religiösen Schriften werden der Vernunft unterstellt, was bisher nicht der Fall war, zumindest unter den Sunniten. Die schiitische Tradition, sei sie zwölfer- (also dschafaritisch) oder fünferschiitisch (also zayditisch), ordnete schon immer der Vernunft eine stärkere Rolle zu als die Sunniten. Doch waren auch dort stärkere Restriktionen vorhanden, als es heute der Fall ist. Damit bemerken wir durchaus einen erkenntnistheoretischen Wandel bzw. eine Neujustierung in Gelehrtenkreisen, selbst wenn dies nicht flächendeckend der Fall ist. Die klassische Theorie besteht vielerorts so weiter, wie sie Jahrhunderte lang betrieben worden ist.[51]

Die Dominanz der *maqāṣid*-Diskussion im 20. Jahrhundert hat außerdem dazu geführt, dass Methoden wie *istiḥsān* (›das Für-gut-Halten‹) im Rahmen von *maqāṣid*-zentrierten Methoden dargestellt werden. *Istiḥsān* beschreibt – zumindest für Hanafiten ab dem 5./11. Jahrhundert – den Vorgang, in dem der Gelehrte nach seinem eigenen Ermessen oder mit Rücksicht auf eher schwache Hinweise eine alternative Lösung zur etablierten Rechtsmeinung oder zu einem gewöhnlichen Herleitungsprozess findet. Traditionell blicken die Hanafiten,

51 Für den erkenntnistheoretischen Wandel, siehe Johnston, »A Turn in the Epistemology«.

die diese Methode stark befürworten, skeptisch auf den *maṣlaḥa*-Gedanken, aus dem sich die heutige *maqāṣid*-Lehre u. a. entwickelte. Viele moderne Autor:innen jedoch sehen die Funktionsweise des *istiḥsān* bei der Berücksichtigung der *maqāṣid* seitens der Hanafiten aufgegriffen. Die vormodernen Hanafiten beziehen sich terminologisch weder (oder nur selten) auf *maṣlaḥa* noch auf *maqāṣid*. Jedoch ist die *maqāṣid*-Debatte inzwischen so dominant, dass man versucht, diese Methodik darin zu verorten.[52]

Im Sinne der *maqāṣid* werden zudem gern Rechtsprinzipien (*qawāʿid fiqhīya*) zitiert. Ein Rechtsprinzip ist eine Regel, nach der Fälle geregelt werden können, die davon erfasst werden, so z. B. die Regel »Not kennt kein Gebot«. In einer Notsituation dürfen verbotene Handlungen ausgeführt werden. Befürchtet man etwa zu verdursten, darf Alkoholhaltiges getrunken werden, um das Leben zu retten. Schon im 6./12. Jahrhundert haben die Gelehrten sich bemüht, solche Rechtsprinzipien aus dem vorhandenen Recht herzuleiten. Sie sahen, dass die Prinzipien es den Gelehrten erlauben, flexibel auf neue Umstände zu reagieren. In modernen Debatten um die *maqāṣid* genießen solche Werke daher besondere Aufmerksamkeit. Berühmte Gelehrte wie der Schafiit ʿIzz ad-Dīn ibn ʿAbd as-Salām (gest. 660/1262) und sein malikitischer Schüler Šihāb ad-Dīn al-Qarāfī werden hierbei oft zitiert. Es wird angenommen, dass die Rechtsprinzipien dazu befähigen, das Rechtsverständnis zu dynamisieren und das islamische Recht an zeitgenössische Umstände anzupassen.[53]

52 Kamali, »*Istiḥsān* and the Renewal of Islamic Law«; Dakkak, »al-Istiḥsān ʿinda l-ḥanafīya wa-l-mālikīya madḫal li-riʿāyat al-maqāṣid«.

53 Für die Rezeption dieser und weiterer Ansätze aus der Vormoderne von modernen Autoren, siehe Opwis, »Islamic Law and Legal Change«.

## 5.2 Salafismus und Formen des *back to the roots*

Eine weitere Herangehensweise an die Quellen unterscheidet sich gänzlich von dem bisher Beschriebenen. Sie ist geleitet von dem Slogan »zurück zu den Quellen«. Insbesondere die Salafiten (*salafīya*) stützen sich auf diesen Gedanken. Die Lösung der Herausforderung, das islamische Recht wieder erstarken zu lassen, liegt für sie darin, dass sie die Weltordnung islamisieren wollen: Alles, was für sie nicht islamisch ist, muss verändert werden. Das bedeutet nach ihren Denkparadigmen, dass man alles, was sich in den (authentischen) autoritativen Quellen findet, wortlautgetreu auslegen und umsetzen muss, ungeachtet dessen, was die lange muslimische Gelehrsamkeitstradition an – mitunter konfligierenden – Vorschlägen bisher unterbreitet hat. Diese Bewegung ist nicht neu, aber in ihrer Radikalität unterscheidet sie sich von solchen Aufrufen, die es in der Geschichte gab. So etwa riefen die Almohaden (*al-muwaḥḥidūn*, eine Herrscherdynastie in Maghreb und Andalusien von 1130 bis 1269) dazu auf, wieder ›zu den Quellen‹ zurückzukehren.[54] Das bedeutete zugleich, dass man bereits bestehende Rechtsschulen beseitigen wollte, was aber im Endeffekt nicht geschah. Ähnlich will die Salafīya – wir können hier auf ihre unterschiedliche Ausprägung nicht eingehen – die Rechtsschulen weitestgehend überwinden und sich auf die Quellen rückbesinnen. Wenn man die authentische Sunna mit Hilfe von Hadithkritik noch einmal unbelastet erfasse und Koran und Sunna korrekt auslege, werde man die eine richtige Lösung finden. Man brauche daher die Rechtsschulen nicht mehr. Dass die Textauslegung stark subjektiv ist, haben wir im Rahmen der klassischen Methodik oben gesehen. Davon ist die

54 Für eine kurze Übersicht über die rechtstheoretische Haltung der Almohaden am Beispiel von Ibn Rušd, siehe Kurnaz, *Tradition und Fortschreibung*, 53–61.

Salafīya nicht befreit, erkennt dies aber nicht an. Die salafitische Gesinnung ist oft keine banale Form der Textauslegungstradition: Einige Vertreter berufen sich wie andere Strömungen auch auf die *maqāṣid aš-šarīʿa,* die sie aus dem Koran ableiten. Prominenter Vertreter ist Rašīd Riḍā.

Eine besondere Form der Salafīya, die eine bis in das 18. Jahrhundert zurückgehende Geschichte hat, ist der Wahhabismus. Der Wahhabismus geht zurück auf Muḥammad ibn ʿAbd al-Wahhāb (gest. 1206/1792) und ist eine puristisch-traditionalistische Bewegung, die sich an der Rechtsschule der Hanbaliten orientiert. Sie folgt einem strengen, buchstabengetreuen Verständnis des Hanbalitentums. Die autoritativen Texte werden im Rahmen der hanbalitischen Schule eng am Wortlaut der textuellen Quellen entlang ausgelegt.

Eine besondere Form des Slogans *back to the roots* sehen wir beim prominenten ägyptischen Gelehrten Yūsuf al-Qaraḍāwī (gest. 2022). Dieser ruft dazu auf, zum frühen Islam zurückzukehren. Dabei versteht er die Rückkehr nicht als eine reine Nachahmung der damaligen Umstände. Vielmehr solle man das Religionsverständnis und die Herangehensweise der Altvorderen (*salaf*) an die religiösen Quellen wiederbeleben. Dabei erkennt er die Tradition der Gelehrsamkeit an und verwirft sie nicht. Er betont, dass wir dieser Tradition nicht blind folgen dürften. Insgesamt versteht er seinen Ansatz als einen Mittelweg (er nennt ihn *waṣaṭīya,* ›das Mittlere‹). Man solle stets die Mitte zwischen zwei Extremen finden, was er mit Bezug auf Q 2:143 zu begründen versucht. Aus diesem Grund müsse man bei der Auslegung der religiösen Texte die o. g. Kategorien berücksichtigen. Ist der Text der religiösen Quellen sowohl *qaṭʿī t-ṯubūt* und *ad-dalāla,* so sind neue Lösungsfindungen nach al-Qaraḍāwī ausgeschlossen (siehe hierzu auch Schema 2 auf Seite 36). In diesen Bereich fallen die gottesdienstlichen Handlungen und Glaubensgrundsätze. Ist der Text *ẓannī aṯ-ṯubūt* und/oder *ẓannī ad-dalāla,* seien aktualisierende Auslegungen möglich. Davon sind insbesondere die zwischenmenschlichen Beziehungen betroffen. Entsprechend könne man hier den neuen Umständen der Moderne entsprechende Lösungen formulieren. Dies gelte auch für Bereiche, zu denen die religiösen Quellen schweigen. Al-Qaraḍāwī schätzt die Tradition der Gelehrsamkeit (daher sieht er sich auf einer Linie mit Gelehrten wie al-Ġazālī und aš-Šāṭibī verortet) und bedient sich für seine eigene Herangehensweise sowohl der Quellen und Methoden (z. B. Koran, Sunna, Rechtsprinzipien), die bereits in der vormodernen Literatur anerkannt waren, als auch modernen (z. B. die o. g. *maqāṣid*).[55] Sein Rechtsverständnis verortet er in einer politischen Bewegung, der ›Erwachensbewegung‹ (*aṣ-ṣaḥwa al-islāmīya,* ›das islamische Erwachen‹). Nach seinem Verständnis soll diese Bewegung das gesamte Leben der Muslim:innen argumentativ durchdringen und ihre Lebensweise formen. Sie soll dabei weder radikal noch gewaltbereit sein und Änderungen zwar zulassen, sie aber durch die religiösen Texte kontrollieren und einschränken.[56]

Der Grundtenor ist bei fast allen unter die bisherigen beiden Überschriften fallenden Gruppen gleich und ab dem 20. Jahrhundert fast in allen Disziplinen zu finden: Der Aufruf zur Wiederbelebung des (innovativen) Idschtihad, entweder durch Buchstabentreue oder flexible Auslegung durch abstrakte Ideen (darunter auch Menschenrechte). Traditionelle wie auch modernistische Kreise lassen sich auf diesen Aufruf ebenfalls ein, was ich in den noch folgenden Abschnitten zeigen möchte.

## 5.3 Islamisches Recht als Minderheitenrecht

Mit den Herausforderungen der Moderne sahen sich Gelehrte, unter denen sich traditionell und auch salafitisch orientierte befinden, vor neue Herausforderungen gestellt. Dazu gehörte die Rechtsfindung für Muslim:innen, die im nichtmuslimischen Ausland lebten. Da das islamische Recht nur für Muslim:innen in einer muslimisch geprägten Mehrheitsgesellschaft konzipiert wurde, fühlten sich die Gelehrten von den neuen Fragen der Muslim:innen in nichtmuslimisch geprägten

55 Für die Quellen siehe Band III.

56 El-Wereny, *Mit Tradition in die Moderne?*

Gesellschaften herausgefordert. Der Rückgriff auf die Rechtsschultraditionen und die traditionellen Auslegungsmethoden war nicht mehr ausreichend. Man fand z. B. keine Antworten darauf, ob Muslim:innen etwa christliche Feste feiern bzw. an solchen teilnehmen dürfen. Solche Rechtsfälle haben die Gelehrten ab den 1990er Jahren unter dem Begriff *fiqh al-aqallīyāt* (Minderheitenrecht) subsumiert – nach einer langen Diskussion wurde dieser Begriff erweitert und revidiert (etwa als *fiqh* des Zusammenlebens, *fiqh at-taʿāyuš*, und *fiqh* der Staatsbürgerschaft, *fiqh al-muwāṭana*), was hier aber nicht besprochen werden kann.[57] Wichtiger ist die methodische Entwicklung. Die Gelehrten haben versucht, sowohl die traditionellen Methoden zu berücksichtigen als auch sie mit Rückbezug auf Rechtsprinzipien und die übergeordneten Ziele der Scharia zu erweitern. Man versucht, Rechtsschulgrenzen zu überwinden und Lösungen aus allen Rechtsschulen zu kombinieren, was mit den Begriffen *taḫayyur* und *talfīq* wiedergegeben wird. Mittlerweile spricht man daher auch von einem ›kollektiven Idschtihad‹ (*iǧtihād ǧamāʿī*): Gelehrte unterschiedlicher Rechtsschulen und Experten aus anderen Feldern wie Medizin, Wirtschaftswissenschaften und Biologie finden gemeinsam eine Lösung für zeitgenössische Probleme. Diese Zusammenkunft wurde institutionalisiert. Es entstanden *fiqh*-Gremien und -Akademien, wie etwa das *European Council for Fatwa and Research*. Damit wurde auch der Wirkungsraum dieses neuen Idschtihad-Trends über die Grenzen des Minderheitenrechts hinaus erweitert.

Der Grundgedanke innerhalb des *fiqh al-aqallīyāt* ist, dass man Rechtsmeinungen herleiten soll, die der Lebensrealität der Menschen gerecht werden. Nicht die religiösen Texte sind zentral, sondern dass die Einhaltung muslimisch gerechtfertigter Praktiken ermöglicht wird, die der göttlichen Botschaft entsprechen, aber sie nicht unbedingt wörtlich umsetzen. Zeitgenössische Gelehrte berufen sich daher verstärkt auf den Brauch der Menschen, um einen Wandel im Recht zu

57 Für die folgenden Ausführungen sowie die genaue historische Entwicklung, siehe Franke, »Fiqh al-aqallīyāt«.

bewirken. Dafür schlagen Gelehrte wie Ṭāhā Ǧābir al-ʿAlwānī (gest. 2016) vollständig neue Methoden vor, die sie dennoch als Idschtihad bezeichnen. Al-ʿAlwānī spricht zwar von einer neuen Methode, aber eine Methodologie hat er nicht entworfen. Er vertritt einen starken Koranbezug, indem er in ihm nach den übergeordneten Zielen sucht. Die Sunna dient für ihn als Erklärung des Korans, wird ihm aber nicht vorgezogen. Mit Rücksicht auf die Lebensrealität der Menschen und der Botschaft des Korans sollen neue Lösungen gefunden werden und ein komplett neues *fiqh* entstehen.[58]

Der prominente ägyptische Gelehrte Yūsuf al-Qaraḍāwī dagegen will an dem klassischen *fiqh* festhalten, aber auf eine kritische Weise. Entsprechend schließt er sich der Quellenlehre der herkömmlichen *uṣūl al-fiqh* an, betont aber wie al-ʿAlwānī die Berücksichtigung der Lebensrealität der Menschen. Er und viele weitere betonen zudem Rechtsprinzipien wie die Notwendigkeit, die Ausnahmeregelungen zulässt, so auch das Prinzip, dass stets das Leichtere vorzuziehen ist. Al-Qaraḍāwī prägt daher zwei Idschtihad-Begriffe: 1) den eines abwägenden, selektiven Idschtihad (*iǧtihād tarǧīḥī intiqāʾī*) und den innovativen, schöpferischen Idschtihad (*iǧtihād ibdāʿī inšāʾī*). Beruft man sich auf die unterschiedlichen Lösungen aus der Tradition und entscheidet sich für die geeignetste, so handelt es sich um den Idschtihad der ersten Art. Muss man eine neue Lösung finden, handelt es sich um einen innovativen Idschtihad.[59] Letzteres hat mit der Auffassung des *taǧdīd* zu tun: Revisionen und Innovationen (also: *taǧdīd*) im Rechtsdiskurs werden von den meisten Gelehrten – auch in der Vormoderne – akzeptiert, da dies in einem Hadith vom Propheten für jedes Jahrhundert angekündigt wird.[60]

58 Für diese Herangehensweise, siehe al-ʿAlwānī: »Madḫal ilā fiqh al-aqallīyāt«.

59 Für al-Qaraḍāwīs Herangehensweise, siehe al-Qaraḍāwī, *Fī fiqh al-aqallīyāt al-muslima.*

60 Vgl. Abū Dāwūd, *Sunan, Kitāb al-Malāḥim, Bāb* 1, Hadith Nr. 4291.

## 5.4 Islamisches Recht als Ethik

Wesentlich zu unterscheiden von dieser Herangehensweise sind Tendenzen, das islamische Recht als Ethik zu verstehen. Zu denjenigen, die solch einen Ansatz vertreten, gehört der amerikanische Professor Khaled Abou El Fadl (geb. 1963). Es gab zuvor bereits Versuche, das islamische Recht als Ethik zu verstehen. Kevin Reinhart hat bereits in den 1980er Jahren die Idee formuliert, das islamische Recht – nicht zuletzt aufgrund der stark moralisch orientierten Normkategorien (Verpflichtung, Empfehlung, Freistellung, Verpönung, Verbot) und des Konzepts der juristischen Verantwortung (*taklīf*) – als islamische Ethik zu verstehen. Ein wichtiger Indikator dafür, dass islamisches Recht der Ort sei, an dem ethische Vorschriften ausgehandelt werden, ist der Umstand, dass die meisten Muslim:innen im islamischen Recht nach den richtigen Handlungen Ausschau halten.[61]

Neuere Forschungen zeigen, dass Gelehrte wie Ibn Rušd und zuvor der berühmte Philosoph Abū Naṣr al-Fārābī (gest. 339/950) ebenfalls bestrebt waren,[62] das Ethische im islamischen Recht zu befürworten. In seinem *Bidāya,* um genau zu sein auf der letzten Seite, versucht Ibn Rušd zu zeigen, wie alle Rechtsbereiche dazu dienen, die Tugenden (*faḍā'il*), die die muslimische Tradition von Aristoteles über verschiedene Wege und unterschiedlich rezipiert hat, zu verwirklichen.[63] Auch sonst ist die Haltung zu beobachten, ethisch Relevantes teilweise im islamischen Recht zu diskutieren, ohne dies explizit zu Wort zu bringen, ob schon rechtliche Belange von ethisch(-religiösen) Bewertungen dort auch unterschieden werden.[64]

61 Vgl. Reinhart, »Islamic Ethics«.

62 Vgl. Bouhafa, »Ethics and Fiqh«.

63 Vgl. Kurnaz, *Tradition und Fortschreibung,* 375–381.

64 Katz, »Ethics, Gender, and The Islamic Legal Project«.

Khaled Abou El Fadl hat eine andere Herangehensweise als die bisher beschriebenen. Er kritisiert die gesamte Gelehrsamkeit dafür, dass sie die Ethik im islamischen Recht um des Formalismus willen vernachlässigt haben. Ferner kritisiert er die strenge, puristische Bewegung der Wahhābīya, die ein textzentriertes und restriktives Verständnis vom islamischen Recht hat. Für Abou El Fadl muss man sich auf den Koran rückbesinnen, um die ethischen Prinzipien zu entdecken, die die Scharia ausmachen. Die konkrete Umsetzung der Scharia – dessen, was er als *fiqh*, also islamisches Recht beschreibt – müsse ständig angepasst werden. Denn *fiqh* sei immer Menschenprodukt. Scharia dagegen sei die göttliche Botschaft, die in Form von Prinzipien im Koran zu finden sei. Der Koran lasse durch ethische Prinzipien Diversität und Pluralismus zu, innerhalb derer sich die gesamte muslimische Tradition stets neu forme. Wenn wir auf den Koran und seine Prinzipien schauen, dann ist für Abou El Fadl das Prinzip der Gerechtigkeit das gewichtigste. Jede muslimische Tradition muss danach fragen, ob die Lösungen, die formuliert werden, dem Gerechtigkeitsgedanken genügen. Bei der Auswertung solle Gott niemals außer Acht gelassen werden; man solle seiner gedenken, was El Fadl mit dem Begriff *ḏikr* (Gottgedenken) wiedergibt. Neben diesen Grundsatzformulierungen sind keine methodischen Ansätze in seinen Schriften zu erkennen, außer der Betonung des Idschtihad und seiner Bereitschaft, den Koran in seinem historischen Kontext zu lesen. Sichtlich beeinflusst ist Letzteres von historisch-kritischen Ansätzen, wie wir sie etwa beim pakistanischen Gelehrten und Philosophen Fazlur Rahman finden, auf den ich abschließend eingehen möchte.[65]

65 Siehe z. B. Abou El Fadl, »Qur'anic Ethics and Islamic Law«.

## 5.5 Kritik Fazlur Rahmans an der muslimischen Tradition – die historisch-kritische Lesart

Fazlur Rahman ist zwar vor allem für seine Koranhermeneutik und seine kritische Auseinandersetzung mit der islamischen Tradition insgesamt bekannt, aber seine Schriften sind auch für die Kritik der islamischen Rechtsmethodik relevant. Rahman kritisiert nicht nur, dass der Koran nicht seiner Natur entsprechend gelesen werde, indem er wie ein Text gelesen werde, anstatt wie eine Rede behandelt zu werden. Bestimmte Grundannahmen in der muslimischen Tradition hätten zudem dazu geführt, den Koran restriktiv zu lesen. Dass der Ansatz eine Berechtigung hat, haben wir bereits zuvor gesehen: Dafür möchte ich auf das o. g. Beispiel zum Umkehrschluss erneut eingehen. Es ging um den Umkehrschluss mit Rücksicht auf Q 4:25: »Und wer von euch nicht die Mittel dazu hat, keusche gläubige Frauen zu heiraten, der heirate aus dem Kreis dessen, was eure Rechte besitzt, eines von euren gläubigen Mädchen!« Rahman fragt sich u. a. wegen solcher Verse: Wie gehe ich damit heute um? Ignoriere ich solche Aussagen? Gilt nur noch ein Teil des Korans heute? Sind solche Aussagen – im o. g. Fall das Recht, Sklavinnen zu heiraten – in irgendeiner Form immer noch gültig? Wenn ja, inwiefern?

Rahman versucht, den Koran ganzheitlich zu lesen. Seine Kritik an der traditionellen Herangehensweise läuft zweigleisig: Zum einen kritisiert er, dass der Koran, der eigentlich eine Rede sei und zu spezifischen Situationen des 7. Jahrhunderts in Arabien und zu bestimmten Adressaten gesprochen habe, als kontextloser Text gelesen werde. Wie es dazu kommen konnte, haben wir oben gesehen (siehe Kapitel 1.2). Der Koran ist nach Rahman eine Dokumentation der mündlichen Reaktion Gottes auf die damaligen Geschehnisse. Die muslimische Gelehrsamkeit lese den Koran jedoch wie ein überhistorisches Buch. Ungeachtet der Gefahr des Anachronismus würden neu entstehende Situationen mittels Analogie an die schriftlichen Referenzen des Korans und der Sunna gebunden. Dadurch entstehe aber eine Schieflage: Es würden zwei unterschiedliche Situationen analog bewertet und die historisch bedingten Lösungen verabsolutiert. Ferner führe eine wortgetreue Umsetzung des Korans dazu, dass man der Botschaft des Korans oft zuwiderhandle. So vergleiche man zwei unterschiedliche Situationen miteinander und zwinge sie dazu, gleich bewertet zu werden.

Ähnliches geschehe mit der Sunna. Das ist der zweite Strang der Kritik Rahmans. Die Sunna des Propheten sei wie der Koran eine Reaktion auf die Geschehnisse zu Lebzeiten des Propheten. Sie wurde nicht mit dem Tod des Propheten abgeschlossen, sondern von seinen Gefährten fortgeführt. Diese lebendige Sunna, die nicht nur auf den Propheten beschränkt war, sondern durch die Gefährten und folgende Generationen korankonform fortgeschrieben wurde, sei durch methodische und erkenntnistheoretische Grundannahmen eingefroren worden, so Rahman. Sie sei auf die überlieferte Praxis des Propheten reduziert worden, aus ihrem Kontext befreit und verabsolutiert. Rahman ruft dazu auf, die prophetische Sunna wiederzubeleben, indem man ethische Prinzipien aus der Sunna und dem Koran herleitet und den Alltag entsprechend bewältigt.

Um die Prinzipien im Koran herauszuarbeiten und die Botschaft Gottes in aktualisierter Form umzusetzen, damit sich in der Moderne ein der göttlichen Botschaft entsprechendes Leben führen lasse, schlägt Rahman die Methode der ›doppelten Bewegung‹ vor. Zunächst soll der Koran in seinem historischen Kontext gelesen werden, um die ursprüngliche Bedeutung zu rekonstruieren. In einem zweiten Schritt können die Prinzipien entdeckt und für die aktuelle Situation konkretisiert werden. Ein Beispiel ist die Erbverteilung. Sie sieht zwar vor, dass Töchter die Hälfte von dem, was die Söhne erben, erben. Dies sei damals ein fortschrittlicher Schritt gewesen, als Frauen nichts erben durften. Die Stoßrichtung ist für Rahman klar: Die Erbverteilung soll alle gleichberechtigt behandeln. Damals waren Frauen an der Gesellschaft finanziell nicht beteiligt und daher auch in der Erbverteilung, aus unserer Sicht betrachtet, benachteiligt gewesen. Da die Situation heute anders sei, müsse die Erbverteilung angeglichen werden. Eine wörtliche Auslegung des Korans würde seiner eigenen Botschaft widersprechen.[66]

Solche Ansätze haben insbesondere unter Anhängern in der Türkei, Südostasien sowie in Marokko und Tunesien fußfassen können. Ähnliche Ansätze finden wir auch in Ägypten, wo sie auf großen Widerstand gestoßen sind. Pioniere dort sind die ägyptischen Literaturwissenschaftler Amīn al-Ḫūlī (gest. 1966) und Nasr Hamid Abu Zayd (gest. 2010), die eine ebenfalls historisch-kritische Lesart des Korans fordern. Ihr Ansatz unterscheidet sich aber von dem Fazlur Rahmans.[67]

Problematisch an der Herangehensweise Rahmans oder der historisch-kritischen Lesarten ist, dass die Rekonstruktion des historischen Umfelds des Korans und die für ihn objektiv nachvollziehbare, ursprüngliche Bedeutung des Korans eigentlich ein subjektiver Prozess ist bzw. ein solcher sein kann. Wir können nur auf Berichte vertrauen, die eine historische Situation wiedergeben. Diese können sich allerdings widersprechen und der:die Interpret:in kann dazu neigen, solche Überlieferungen zu berücksichtigen, die der eigenen Vorstellung entsprechen. Es ist zudem aus der Disziplin der Hermeneutik heraus fragwürdig, ob ursprüngliche Bedeutungen rekonstruiert werden können, geschweige denn, dass es sie überhaupt gibt. Und nicht zuletzt besteht in der doppelten Bewegung Rahmans die Gefahr, die Prinzipien, die man unbedingt finden will, dem Koran zwischen die Zeilen bzw. in den Mund zu legen. Wer den Koran nach etwas befragt, kann es durch seine ambigue Sprache in den meisten Fällen auch darin finden. Das ist aber eine Kritik, die gleichermaßen für die traditionellen *uṣūl al-fiqh* gilt. Dennoch ist der Ansatz von Rahman bzw. der historisch-kritische Ansatz vielversprechend, wenn man ihn konsequent weiterdenken und rechtsphilosophisch, erkenntnistheoretisch sowie hermeneutisch kritisch reflektieren und im Rahmen des Rechts einzubetten vermag.

66 Vgl. Hallaq, *History*, 241–245; Özsoy, »Pioniere«.

67 Siehe Özsoy, »Pioniere«.

## Zusammenfassung

Aufgrund der starken Veränderung der Gesellschaft ab dem 19. Jahrhundert haben sich die Gelehrten vermehrt die Frage gestellt, ob die bestehenden Methoden und Lösungen den Bedarf der Muslim:innen decken. Bereits früher gab es vereinzelt ähnliche Bestrebungen. Insbesondere mit Rücksicht auf die übergeordneten Ziele der Scharia (*maqāṣid aš-šarīʿa*) hat man neue Methoden vorgeschlagen und diese im Laufe des 20. Jahrhunderts, zumindest implizit, zu einer Rechtsquelle erhoben. Damit unterscheidet sich diese Herangehensweise von der vormodernen, die die *maqāṣid* bzw. *maṣāliḥ* (Nutzen) den Hauptquellen unterordnet. Es gibt ferner Wissenschaftler:innen, die das islamische Recht als Ethik deuten, wieder andere klammern sich an den äußeren Wortlaut der autoritativen Texte. Koranhermeneutische Zugänge wollen dagegen neue Wege für die traditionelle Herangehensweise zeigen, und zwar disziplinübergreifend. So anregend die besprochenen Ansätze für eine Neujustierung der Methodologie sein mögen, sind sie dennoch im Gegensatz zur vormodernen Methodologie weder hermeneutisch noch erkenntnistheoretisch begründet, noch können sie wirkliche alternative Modelle entwerfen, die auf einer nachvollziehbaren Hermeneutik und Erkenntnistheorie beruhen. Damit soll nicht gesagt sein, dass man sich den vormodernen Methoden zuwenden soll. Ganz im Gegenteil: Es bedarf einer rechtsphilosophischen, hermeneutischen und erkenntnistheoretischen Neujustierung und Reflexion für eine neue Methodologie, die z. B. auch die Sprachphilosophie und die Sprechakttheorie berücksichtigt, sind doch der Koran und die Sunna (zumindest die überlieferten Aussagen des Propheten) verschriftlichte Rede, die sich an konkrete Adressaten zu spezifischen Anlässen im Kontext der Spätantike wenden.

## Schlusswort

Die hier besprochenen Methoden haben verdeutlicht, dass die Gelehrten den Koran und die Sunna als Texte verstehen. Ihre Wortwahl zeigt, dass sie ein Bewusstsein dafür haben, dass der Koran eigentlich eine Rede ist, so auch die tradierten Aussagen des Propheten. Nicht umsonst wird das im Text Erwähnte als ›das Gesagte‹ (*al-manṭūq bihi*) bezeichnet. Dass die Gelehrten trotzdem von einem Text ausgehen, zeigt das Synonym *al-manṣūṣ ʿalayhi*, also ›das, worüber es einen Text gibt‹, womit sie die Aussagen in Koran und Sunna wiedergeben. Der Vorteil dieser Entscheidung ist, dass die Texte nun zeitliche und räumliche Grenzen überwinden können. Man kann sich auf den äußeren Wortlaut konzentrieren; der spezifische Anlass, zu dem der ›Text‹ herabgesandt wurde, spielt oft keine Rolle. Durch den kontextlosen Text können die Gelehrten nun viele Bedeutungen in den Texten entdecken. Einige sind dabei wahrscheinlicher als andere. Daher sind nach der Mehrheitsmeinung die Aussagen in Koran und Sunna nur präsumtiver (*ẓannī*) Natur.

Der Bezug auf den Text befähigt damit zur Interpretation. Er kontrolliert aber auch zugleich die willkürliche Auslegung: Alles, was dem äußeren Wortlaut widerspricht oder nicht an ihn angebunden werden kann, wie etwa die übertragene Bedeutung durch ein Indiz, ist zu verwerfen. Der wörtliche Sinn einer Aussage ist deshalb so wichtig, weil er es den Gelehrten erlaubt, hier eine erkenntnistheoretische Hierarchie aufzubauen, wahrscheinlich um der Rechtssicherheit willen: Jede Meinung, die dem Text entspringt, ist einer freien Meinungsfindung vorzuziehen. Die erkenntnistheoretische Haltung dahinter ist, dass wörtliche Bedeutungen klarer und wahrscheinlicher sind als ihre Alternativen; sie sind prüfbar. Daher zielt jede muslimische

Interpretationslehre weitgehend auf den Wortlaut der religiösen Quellen; sie orientiert sich am Wortsinn.

Entsprechend ergeben sich viele Dissensgründe in der Auswahl der zu berücksichtigenden autoritativen Texte, ihrer Auslegung, die Art und Weise, wie sie auf eine Regelung hinweisen, die Ermittlung des Rechtsgrunds und die Abrogationsbeziehung. Da aber sowohl die Entscheidungen für die letztgenannten Problemfelder und auch die Auslegung der Texte subjektiv sind, versuchen die Gelehrten, Prinzipien und Methoden zu entwickeln. Diese sollen die Subjektivität eindämmen. Daher beruft man sich auf die sprachlichen Vorgaben für die Interpretation, in der Hoffnung, intersubjektiv geteilte sprachliche Annahmen zur Grundlage zu nehmen. Dass dem nicht so ist, erkennen wir an allen umstrittenen Aspekten der besprochenen Prinzipien und Methoden; es gibt kaum eine einheitliche Herangehensweise. Deswegen ist das islamische Recht größtenteils erworbenes Wissen spekulativer Natur. Dies lässt auf der anderen Seite eine Rechtspluralität zu, die die muslimische Tradition bereichert.

Der starke Bezug auf den Wortlaut der autoritativen Texte wurde in der Geschichte hin und wieder kritisiert, was aber keine Veränderung in der traditionellen Systematik bewirken konnte. Ab dem 20. Jahrhundert gibt es zahlreiche Versuche für neue Herangehensweisen, die es aber allesamt noch nicht geschafft haben, wirklich neue Methoden zu entwickeln, sie erkenntnistheoretisch und hermeneutisch zu verorten und zu begründen. Es gibt wenige Versuche in der Geschichte, die Herangehensweise der Gelehrten auch philosophisch zu verorten und sie in diesem Rahmen zu denken. Ein Beispiel dafür ist Ibn Rušds Herangehensweise: Er versucht, das islamische Recht entsprechend der Aufteilung des Rechts in Naturrecht (bei Ibn Rušd: ungeschriebenes Recht) und positives Recht (bei Ibn Rušd: geschriebenes Recht) bei Aristoteles neu zu deuten. Deuten lässt sich seine Herangehensweise wie folgt: Die Rechtsprinzipien, die Ibn Rušd in der Analyse der Rechtsquellen und der Argumentation der Gelehrten findet, verortet er im Naturrecht. Sie sind allgemeine Prinzipien, die universell gültig sind. Die konkrete Umsetzung dieser Prinzipien ist positives Recht, also *furūʿ al-fiqh*. Sie ist stets präsumtiver Natur, da eine stetige Aushandlung zwischen Text und Kontext stattfindet. Für

Ibn Rušd ist das positive Recht nur eine zeitlich und örtlich bedingte Konkretisierung allgemeiner Prinzipien. Das begründet auch die Rechtspluralität und die Universalität des islamischen Rechts zugleich. Nicht die Einzelregelungen sind universal, sondern die dahinterliegenden Prinzipien. Da Ibn Rušd im Bereich des islamischen Rechts größtenteils der Hermeneutik und Erkenntnistheorie der klassischen Gelehrsamkeit folgt, schlägt er auch keine neuen Methoden vor. Sein Vorschlag lautet vielmehr – so lassen sich seine Ausführungen deuten – die mithilfe dieser Methoden gewonnenen Prinzipien in der Rechtsfindung anzuwenden, sie zu konkretisieren und so Fälle zu lösen. Denn Prinzipien sind definitiver Natur.[68]

Die Betonung der Prinzipien dagegen ist für seine Zeit ein Novum gewesen. Sie sollen dazu befähigen, neue Fälle im Recht schariakonform zu bewerten. Dabei kann die menschliche Erfahrung eine Rolle spielen. Man beruft sich nicht mehr auf spekulative Einzelregelungen, mithilfe derer man analog anmutende Fälle regelt. Vielmehr argumentiert man mit allgemeinen, sich auf der epistemologischen Stufe der Gewissheit befindenden Prinzipien, deren Konkretisierung wieder zeitlich und örtlich gebunden und somit präsumtiv ist. Es ist ein nicht endender Aushandlungsprozess. Solch eine Neuaushandlung und Neujustierung des islamischen Rechts, wie wir sie bei Ibn Rušd finden können, bleibt im großen Rahmen immer noch aus. Es sind zwar vielversprechende Ansätze vorhanden, jedoch fehlt eine entsprechende Rechtsphilosophie, Erkenntnistheorie und mithin eine Anpassung der Wissenskategorien und der Hermeneutik, um neue Methoden vorschlagen zu können.

68 Kurnaz, *Tradition und Fortschreibung*, 366–384.

# Literaturempfehlungen und Bibliographie

Die folgenden Literaturempfehlungen sind zugleich die Quellen dieser Einführung. Übersichtsinformationen sind zudem in den jeweiligen Einträgen zu den Quellen in den folgenden Enzyklopädien empfohlen, die ich ebenfalls konsultiert habe.

## Enzyklopädien und Lexika


Bearman, Peri J./Th. Bianquis/C. E. Bosworth/E. van Donzel/W. P. Heinrichs et al. (Hgg.): *Encyclopaedia of Islam, Second Edition* (*EI²*), 13 Bde., Leiden: Brill, 1986–2004.

Fleet, Kate/Gudrun Krämer/Denis Matringe/John Nawas/Everett Rowson et al. (Hgg.): *Encyclopeadia of Islam – Three* (*EI³*), Leiden: Brill, seit 2007.

Hallermann, Heribert/Thomas Meckel/Michael Droege/Heinrich de Wall (Hgg.): *Lexikon für Kirchen- und Religionsrecht*, 4 Bde., Gesamtausgabe: Brill/Ferdinand Schöningh, 2019–2021.

*Türkiye Diyanet Vakfı İslâm Ansiklopedisi* (TDVİA), türkisch, islamansiklo pedisi.org.tr (letzter Aufruf: 12.11.2021).


## Bibliographie


Abou El Fadl, Khaled: »Qur'anic Ethics and Islamic Law«, in: *Journal of Islamic Ethics* 1 (2017), 7–28.

Abū l-Ḥusayn al-Baṣrī: *al-Muʿtamad fī uṣūl al-fiqh*, hrsg. von Ḫalīl al-Mays, 2 Bde., Beirut: Dār al-Kutub al-ʿIlmīya, 1983.

al-ʿAlwānī, Ṭāhā Ǧābir: »Madḫal ilā fiqh al-aqallīyāt«, in: *al-Fikr al-islāmī al-muʿāṣir* 19.5 (1999), citj.org/index.php/citj/article/view/1775/1617 (letzter Aufruf: 3.3.2022).

Arslan, Hakkı, *Juridische Hermeneutik («uṣūl al-fiqh») der hanafitischen Rechtsschule am Beispiel des «uṣūl al-fiqh»-Werks «Mirqāt al-wuṣūl ilā ʿilm al-uṣūl» von Mulla Ḫusraw (gest. 885/1480)*, Frankfurt am Main: Peter Lang, 2016.

Arslan, Hakkı/Jens Bakker: »Übersetzung von ›*al-Waraqāt fī uṣūl al-fiqh*‹ des Imām al-Ḥaramayn Abū l-Maʿālī ʿAbd al-Malik ibn Abī Muḥammad ʿAbd Allāh ibn Yūsuf al-Ǧuwaynī«, in: *Hikma* 9 (2014), 34–59, hikma-online.com/wp-content/uploads/2016/04/Hikma-9-translation.pdf (letzter Aufruf: 22.11.2021).

al-Bāǧī, Abū l-Walīd: *Iḥkām al-fuṣūl fī aḥkām al-uṣūl*, hrsg. von ʿAbd al-Maǧīd Turkī, 2 Bde., Beirut: Dār al-Ġarb al-Islāmī, [2]1995.

Bauer, Thomas: *Die Kultur der Ambiguität. Eine andere Geschichte des Islams*, Berlin: Verlag der Weltreligionen, [7]2021.

Bou Akl, Ziad: *Averroès: Le philosophe et la Loi*, édition, traduction et commentaire de l'Abrégé du Mustaṣfā, Boston/Berlin/München: De Gruyter, 2015.

Bouhafa, Feriel: »Ethics and Fiqh in al-Fārābī's Philosophy«, in: *Philosophy and Jurisprudence in the Islamic World*, hrsg. von Peter Adamson, Berlin/Boston: De Gruyter, 2019, 11–27.

al-Buḫārī, ʿAbd al-ʿAzīz: *Kašf al-asrār ʿan Uṣul Faḫr al-Islām al-Bazdawī*, hrsg. von ʿAbdallāh Maḥmūd Muḥammad ʿUmar, 4 Bde., Beirut: Dār al-Kutub al-ʿIlmīya, 1997.

al-Buḫārī, Abū ʿAbdallāh Muḥammad ibn Ismāʿīl: *Ṣaḥīḥ al-Buḫārī*, Damaskus/Beirut: Dār Ibn Kaṯīr, 2002.

Burton, John: *The Sources of Islamic Law. Islamic Theories of Abrogation*, Edinburgh: Edinburg University Press, 1990.

Dakkak, Ümmügülsüm: »al-Istiḥsān ʿinda al-ḥanafīya wa-l-mālikīya madḫal li-riʿāyat al-maqāṣid«, in: *Çukurova Üniversitesi İlahiyat Fakültesi Dergisi*, 22.2 (2022), 124–146.

*Der Koran*, übers. von Hartmut Bobzin, München: C. H. Beck, 2012.

El-Wereny, Mahmud: *Mit Tradition in die Moderne? Yūsuf al-Qaraḍāwīs Methodologie der Fiqh-Erneuerung in Theorie und Praxis*, Köln: ditibverlag, 2017.

Franke, Patrik: »Fiqh al-aqallīyāt«, in: *Bamberger Islam-Enzyklopädie*, www.uni-bamberg.de/islamwissenschaft/bie/f bzw. *Wikipedia. Die freie Enzyklopädie*: de.wikipedia.org/w/index.php?title=Fiqh_al-aqal l%C4%ABy%C4%81t&oldid=205917539 (letzter Aufruf: 3.3.2022).

al-Ǧaṣṣāṣ, Abū Bakr: *Šarḥ Muḫtaṣar aṭ-Ṭaḥāwī*, hrsg. von ʿIṣmat Allāh ʿIyānat Allāh Muḥammad, 8 Bde. Beirut: Dār al-Bašāʾir al-Islāmīya, 2010.

Gleave, Robert: *Islam and Literalims: Literal Meaning and Interpretation in Islamic Legal Theory*, Edinburgh: Edinburgh University Press, 2012.

Görgün, Tahsin: *Sprache, Handlung und Norm*, Istanbul: İSAM, 1998.

Hallaq, Wael B.: *A History of Islamic Legal Theories*, Cambridge: Cambridge University Press, 2005.

Ibn ʿAqīl, Abū l-Wafāʾ: *Al-Wāḍiḥ fī uṣūl al-fiqh*, hrsg. von ʿAbdallāh ibn ʿAbd al-Muḥsin at-Turkī, 5 Bde., Beirut: Muʾassasat ar-Risāla, 1999.

Ibn Māǧa, Abū ʿAbdallāh Muḥammad: *as-Sunan*, hrsg. von Šuʿay al-Arnaʾūṭ et. al, Damaskus: Dār ar-Risāla al-ʿĀlamīya, 2009.

Ibn Rušd, Abū l-Walīd: *Al-Muqaddimāt al-mumahhidāt li-bayān mā qtaḍathu rusūm al-Mudawwana min al-aḥkām aš-šarʿīyāt wa-t-taḥṣīlāt al-muḥkamāt li-ummahāt masāʾilihā al-muškilāt*, hrsg. von Muḥammad Ḥaǧǧī, 2 Bde., Beirut: Dār al-Ġarb al-Islāmī, 1988.

Ibn Rušd, Abū l-Walīd: *Bidāyat al-muǧtahid wa-nihāyat al-muqtaṣid*, hrsg. von Abū Aws Yūsuf ibn Aḥmad al-Bakrī, 2 Bde., Amman: Bayt al-Afkār ad-Duwalīya, 2007.

Johansen, Baber: *Contingency in a Sacred Law. Legal and Ethical Norms in the Muslim Fiqh*, Leiden [u. a.]: Brill, 1999.

Johnston, David: »A Turn in the Epistemology and Hermeneutics of Twentieth Century *Uṣūl al-Fiqh*«, in: *Islamic Law and Society* 11.2 (2004), 233–282.

Kamali, Mohammad Hashim: »*Istiḥsān* and The Renewal of Islamic Law«, in: *Islamic Studies* 43.4 (2004), 561–581.

Kamali, Mohammad Hashim: *Principles of Islamic Jurisprudence*, Cambridge: The Islamic Text Society, ³2003.

Katz, Marion Holmes: »Ethics, Gender, and The Islamic Legal Project«, law.yale.edu/sites/default/files/area/center/kamel/katz_final _proofs.pdf (letzter Aufruf: 2.3.2022).

Kurnaz, Serdar: »*Al-Maqṣūd* als Deutungs- und Entscheidungsgrundlage für die Normderivation in *as-Saraḫsīs* (gest. 483/1090) *Kitāb al-Mabsūṭ*«, in: *Islamische Normen in der Moderne zwischen Text und Kontext*, hrsg. von Hatem Elliesie, Irene Schneider und Bülent Uçar, Berlin: Peter Lang, 2019, 125–149.

Kurnaz, Serdar: »Göttliches Recht im Wandel der Zeiten aus muslimischer Sicht«, in: *Gibt Gott Gesetze? Ius divinum aus christlicher und muslimischer Perspektive*, hrsg. von Nora Kalbarczyk, Timo Güzelmansur und Tobias Specker, Regensburg: Pustet, 2018, 75–114.

Kurnaz, Serdar: *Methoden zur Normderivation im islamischen Recht. Eine Rekonstruktion der Methoden zur Interpretation autoritativer textueller Quellen bei ausgewählten islamischen Rechtsschulen*, Berlin: EB-Verlag, 2016.

Kurnaz, Serdar: »Möglichkeiten der Anwendung der *maqāṣid* in den erkenntnistheoretischen Grenzen der *uṣūl al-fiqh* am Beispiel des Analogieschlusses bei al-Ġazālī, des Vorziehens der *maṣlaḥa* bei aṭ-Ṭūfī, der juristischen Präferenz (*istiḥsān*) und der Spezifikation (*taḫṣīṣ*)«, in: *Historizität und Transzendenz im Islam*, hrsg. von Jameleddine Ben Abdeljelil, Berlin: EB-Verlag, 2017, 241–263.

Kurnaz, Serdar: *Tradition und Fortschreibung bei Ibn Rušd. Eine rechtsschulübergreifende Analyse zu Kauf- und Tauschgeschäften im islamischen Recht*, Baden-Baden: Nomos, 2020.

Lowry, Joseph E.: *Early Islamic Legal Theory. The Risāla of Muḥammad ibn Idrīs al-Shāfiʿī*, Leiden [u. a.]: Brill, 2007.

al-Māturīdī, Abū Manṣūr: *Taʾwīlāt Ahl as-Sunna. Tafsīr al-Māturīdī*, hrsg. von Maǧdī Bāsallūm, 10 Bde., Beirut: Dār al-Kutub al-ʿIlmīya, 2005.

al-Māwardī, Abū l-Ḥasan: *Al-Ḥāwī al-kabīr fī fiqh maḏhab al-Imām aš-Šāfiʿī raḍiya llāh ʿanhu wa-huwa Šarḥ Muḫtaṣar al-Muzanī*, hrsg. von ʿAlī Muḥammad Muʿawwaḍ und ʿĀdil Aḥmad ʿAbd al-Mawǧūd et al., 18 Bde., Beirut: Dār al-Kutub al-ʿIlmīya, 1994.

al-Māwardī, Abū l-Ḥasan: *An-Nukat wa-l-ʿuyūn. Tafsīr al-Māwardī*, hrsg. von as-Sayyid ibn ʿAbd al-Maqṣūd ibn ʿAbd ar-Raḥīm, 6 Bde., Beirut: Dār al-Kutub al-ʿIlmīya/Muʾassasat al-Kutub aṯ-Ṯaqāfīya, o. J.

Muslim ibn al-Ḥaǧǧāǧ: *Ṣaḥīḥ Muslim*, hrsg. von Abū Qutayba Niẓar Muḥammad al-Fāryābī, Riyad: Dār aṭ-Ṭayba, 2006.

al-Nawawī, Yaḥyā ibn Sharaf: *Das Buch der Vierzig Hadithe – Kitāb al-Arbaʿīn*, übers. und hrsg. von Marco Schöller, Frankfurt am Main/Leipzig: Verlag der Weltreligionen, 2007.

an-Nawawī, Yaḥyā ibn Šaraf: *Kitāb al-Maǧmūʿ Šarḥ al-Muhaḏḏab li-š-Šīrāzī*, hrsg. von Muḥammad Naǧīb Muṭʿī, 23 Bde., Dschedda: Maktabat al-Iršād, (o.J.).

Opwis, Felicitas: »Islamic Law and Legal Change: The Concept of *Maṣlaḥa* in Classical and Contemporary Islamic Legal Theory«, in: *Islamic Law in the Contemporary Context*, hrsg. von Abbas Amanat und Frank Griffel, Stanford: Stanford University Press, 2007, 62–82.

Opwis, Felicitas: *Maṣlaḥa and the Purpose of the Law. Islamic Discourse on Legal Change from the 4th/10th to 8th/14th Century*, Leiden/Boston: Brill, 2010.

Opwis, Felicitas: »New Trends in Islamic Legal Theory: *Maqāṣid al-Sharīʿa* as a New Source of Law?«, in: *Die Welt des Islams* 57 (2017), 7–32.

Özsoy, Ömer: »Pioniere der historischen Koranhermeneutik. Amīn al-Ḫūlī, Fazlur Rahman und Naṣr Hamid Abu Zaid«, in: *Historizität und Transzendenz im Islam. Offenbarung, Geschichte, Recht*, hrsg. von Jameleddine Ben Abdeljelil, Berlin: EB-Verlag, 2017, 23–45.

al-Qaraḍāwī, Yūsuf: *Fī fiqh al-aqallīyāt al-muslima*, Kairo: Dār aš-Šurūq, 2001.

al-Qasṭallānī, Šihāb ad-Dīn Abū l-ʿAbbās Aḥmad: *Iršād as-sārī Šarḥ Ṣaḥīḥ al-Buḫārī*, hrsg. von Muḥammad ʿAbd al-ʿAzīz al-Ḫālidī, 15 Bde., Beirut: Dār al-Kutub al-ʿIlmīya, 1996.

Ramić, Šukrija Husejn: *Language and the Interpretation of Islamic Law*, Cambridge: The Islamic Texts Society, 2003.

ar-Rāzī, Faḫr ad-Dīn: *Tafsīr al-Faḫr ar-Rāzī al-mašhūr bi-t-Tafsīr al-kabīr wa-Mafātīḥ al-ġayb*, 32 Bde., Beirut: Dār al-Fikr, 1981.

Reinhart, A. Kevin: »Islamic Law as Islamic Ethics«, in: *The Journal of Religious Ethics* 11.2 (1983), 186–203.

Šaʿbān, Zakīy ad-Dīn: *Uṣūl al-fiqh al-islāmī*, Bengasi: Ǧāmiʿat Qāryūnis, 1995.

as-Siǧistānī, Abū Dāwūd Sulaymān: *Sunan Abī Dāwūd*, hrsg. von Šuʿayb al-Arawūṭ und Muḥammad Kāmil Qarah-Ballī (Karaballı), 7 Bde., Damaskus: Dār ar-Risāla al-ʿĀlamīya, 2009.

Stewart, Devin J.: *Islamic Legal Orthodoxy: Twelver Shiite Response to the Sunni Legal System*, Salt Lake City: University of Utah Press, 1998.

aṭ-Ṭabarī, Abū Ǧaʿfar Muḥammad ibn Ǧarīr: *Tafsīr aṭ-Ṭabarī. Ǧāmiʿ al-bayān ʿan taʾwīl āy al-Qurʾān*, hrsg. von ʿAbdallāh ibn ʿAbd al-Muḥsin at-Turkī et al., 26 Bde., Giza: Dār Hiǧr, 2001.

aṭ-Ṭaḥāwī, Abū Ǧaʿfar: *Šarḥ Maʿānī l-āṯār*, hrsg. von Muḥammad Zuhayr an-Naǧǧār und Muḥammad Sayyid Ǧād al-Ḥaqq, 5 Bde., Beirut: ʿĀlam al-Kutub, 1994.

Tillschneider, Hans-Thomas: *Die Entstehung der juristischen Hermeneutik (uṣūl alfiqh) im frühen Islam*, Würzburg: Ergon, 2006.

Vishanoff, David R.: *The Formation of Islamic Hermeneutics. How Sunni Legal Theorists Imagined a Reveald Law*, Connecticut: American Oriental Society, 2011.

Vishanoff, David R.: »A Critical Introduction to Islamic Legal Theory Based on Imām al-Ḥaramayn al-Juwaynī's Kitāb al-Waraqāt«, waraqat.vishanoff.com (letzter Aufruf: 8.12.2020).

Weiss, Bernard G. (Hg.): *Studies in Islamic Legal Theory*, Leiden/Boston/Köln: 2002.

Weiss, Bernard G.: *The Search for God's Law. Islamic Jurisprudence in the Writings of Sayf al-Dīn al-Āmidī*, Salt Lake City: University of Utah Press, 2010.

Zeineddine, Nora: *Die Methodik der islamischen Jurisprudenz – Uṣūl al-fiqh*, Baden-Baden: Nomos, 2020.

az-Zuḥaylī, Wahba: *Uṣūl al-fiqh al-islām*, 4 Bde., Damaskus: Dār al-Fikr, 1986.

Zysow, Aaron: *The Economy of Certainty. An Introduction to the Typology of Islamic Legal Theory*, Atlanta/Georgia: Lockwood Press, 2013.

# Index

## Schlagwortverzeichnis

### A


Abrogation (*nasḫ*), abrogieren, abrogiert 17, 34, 49, 69 f., 78, 101, 123, 129, 135–140, 142 f., 164
Absicht *siehe* Intention
*adāt aš-šarṭ* (Bedingungspartikel) 58, 78
*adawāt aš-šarṭ* (Bedingungen) 76
*siehe auch* Bedingung
*siehe auch šarṭ*
*adilla siehe dalīl*
Adressat (Hörer), Adressatenkreis 46, 50, 59, 61, 103, 159, 162
adressieren 21, 31, 46, 50, 57, 59–62, 71, 103, 159, 162
*af'āl* (Berichte über Handlungen des Propheten) 20
Ägypten, ägyptisch 53, 148, 150, 153, 156, 161
ägyptisch-hanafitisch 53
*āḥād* (Einzeltradition) 35
*siehe auch* Einzeltradition
akzidentiell 106, 113
*'alāqa, munāsaba* ([sprachliche] Verbindung) 39
*al-alfāẓ al-mu'akkada siehe* Allquantor
Alkohol, Alkoholhaltiges, alkoholisieren(d) 15–17, 23, 35, 109, 111, 129–131, 134, 151
allgemein, Allgemeines *siehe 'āmm*
Allquantor (*al-alfāẓ al-mu'akkada*) 49, 58
Almosensteuer *siehe zakāt*
altarabisch 17
Altvordere *siehe salaf*
ambig 161
*'āmm* (allgemeine Aussage) 17, 34, 39, 54–58, 60, 63 f., 66–70, 72–74, 78–80, 83, 85, 124
*'āmm badalī* (›ersatzweise wirkendes Allgemeines‹) 85
*'āmm maḫṣūṣ* (spezifiziertes Allgemeines) 66, 79 f.
*'āmm urīda bihi l-ḫāṣṣ* (Allgemeines, dessen spezifische Bedeutung intendiert ist) 80
*amr* (Gebieten, Imperativ) 13, 23 f., 29, 42 f., 90–100, 102–105, 107, 112, 125, 127, 130 f., 149
Anachronismus 159
Analogie, Analogieschluss 19, 67, 72, 81, 83, 87, 91, 96, 103, 114, 116, 128, 131, 159 f., 165
*siehe auch qiyās*

*anbiḏa*, Sg. *nabīḏ* (alkoholhaltige Getränke) 130
*siehe auch* Alkohol
Andalusien, andalusisch 15, 88, 99, 129, 152
andalusisch-malikitisch 99, 129
Andeutung 33, 115
anfechtbar 42 f., 106
Anlass 41–43, 62, 73 f., 139, 163
*siehe auch asbāb*
*siehe auch sabab*
Anlass der Offenbarung 163
Anspielung *siehe dalālat al-išāra*
*siehe išāra*
Ansprache 31 f., 37, 40–43, 50, 59–62, 71, 116, 120 f.
*ʿaqlī* (rationales Wissen) 26 f., 132
Arabien 159
Arabisch, arabisch 12 f., 17, 19, 23, 36, 58–60, 74, 81, 83, 86, 98, 101
*arbāb al-ḫuṣūṣ* (›Anhänger des Spezifischen‹) 57
*arbāb al-ʿumūm* (›Anhänger des Allgemeinen‹) 57
Argument, Argumentation, argumentativ 17, 22, 29, 38 f., 48, 51, 60, 64, 74, 79, 91 f., 94, 97, 102, 105, 107, 113–117, 119, 125, 127, 129–131, 134–137, 141, 154, 164 f.
*argumentum a contrario* (Umkehrschluss) 115
*argumentum a fortiori* (Erstrecht-Argument) 114
*asbāb al-wurūd* (›Anlässe des Zustandekommens‹ [der Sunna]) 139
*asbāb an-nuzūl* (Sg. *sabab an-nuzūl*, Offenbarungsanlässe) 139
Aschariten 57, 91
*aṣl* (Ausgangsfall) 128
*āṯār* (Überlieferung) 130
Aufforderung (*ṭalab*) 18, 20, 30, 32, 41–43, 60, 91, 94 f., 97, 103 f.
*siehe auch ṭalab*
Aufhebung, aufheben, aufgehoben 97, 110, 127, 129, 135 f., 138, 142
Ausgangsfall 33, 35, 128
auslegen, Auslegung, ausgelegt 18–22, 29, 35 f., 40, 45–51, 63 f., 67, 69, 94, 97, 99, 102 f., 111–113, 117, 122 f., 132, 138, 146–149, 152–155, 161, 163 f., 194
*siehe auch muʾawwal*
Auslegungsmethode 21, 35 f., 40, 69, 155
Auslegungsprinzip 20, 97
Auslegungsprozess 50
Ausnahme(fall), Ausnahmeregelung 68, 74–77, 98, 118, 156
*siehe auch istiṯnāʾ*
außenstehend(e Eigenschaft einer Handlung) *siehe muǧāwir*
Auswahlmöglichkeit 105
authentisch 22, 35, 152
Authentizitäts(über)prüfung 35
Autorität, autoritativ 18–20, 28–30, 33, 41 f., 72, 99, 101, 112, 122, 128, 132, 134, 143, 148, 150, 152 f., 162, 164
autoritativer Text 18–20, 28–30, 33, 41 f., 99, 112, 122, 128, 132, 134, 153, 162, 164
*siehe auch naṣṣ*
*siehe auch nuṣūṣ*
*āyat ar-raǧm* (›Steinigungsvers‹) 136
*āyat as-sayf* (Schwertvers) 137
*ʿazīma* (regulärer Vollzug einer Handlung, wörtl. ›Entschlossenheit‹) 42 f.

## B

*badīhī* (apriorisch, eingegeben[es Wissen]) 25, 27
Basra 130
*bāṭil* (nichtig) 106

*bayān* (wörtl. ›Erklärung‹, Klarstellung zur Erklärung einer bereits getroffenen Aussage, Mitteilung über zu Tuendes/zu Unterlassendes) 30 f., 34
*bayān aḍ-ḍarūra* (Mitteilung der Notwendigkeit) 34
*bayān at-tabdīl* (Mitteilung des Ersetzens) 34
*bayān at-tafsīr* (Mitteilung der Erläuterung) 34
*bayān at-taġyīr* (Mitteilung des Veränderns) 34
*bayān at-taqrīr* (Mitteilung der Feststellung) 34
*bayān*-Arten 34
*bayt al-ʿizza* (Himmelssphäre, ›Haus der Erhabenheit‹) 32
Bedingung, Bedingtes 40, 42 f., 58, 66–71, 74, 76–78, 96, 106, 112, 117 f., 120, 131, 136
Bedingungspartikel 58, 78
Befehl 91–94, 96 f., 103
Befehlsform 103
Begrenzung, Begrenztes *siehe muġayyā*
Begriffssystematik, begriffssystematisch 21, 51, 113
Beleg 11, 13, 16, 18, 29, 50, 54–56, 60, 63, 97, 141
berauschen(d), Berauschendes, berauschende Getränke, berauscht 15–17, 23, 41, 130 f., 133 f.
Bericht 15, 17, 20, 31, 68, 71, 84, 95, 128 f., 136 f., 139, 141, 161
*siehe auch afʿāl*
*siehe auch* Sunna
Beschränkung 56, 58 f., 62, 70, 72, 77 f., 96
Besitzübertragung 114
besteuern, besteuert *siehe* Steuern
Bestrafung *siehe* Strafe
Beweis 24, 47, 62, 64, 79, 89, 95, 100, 121
Beweischarakter 79
*siehe auch ḥuǧǧīya*
Beweisführung 24
bezeugen, Bezeugung 100–102
Bildungseinrichtung 11
Billigung 20, 31, 33, 114, 128, 139
*siehe auch iqrār, taqrīr*
Biologie 155
Bitte 92 f., 104
Bittgebet 51, 93
Brauch *siehe ʿurf*
buchstabengetreu, Buchstabentreue 153 f.
Bündnis 141 f.
Bündnispartner 142
*buṭlān* (Nichtigkeit) 42 f., 98
*siehe auch fasād* (Anfechtbarkeit)

## C

christlich 15, 155
Chronologie 129, 135
Córdoba 15

## D

*dalāla* (Hinweischarakter einer Aussage) 35–37, 45, 64 f., 67 f., 70, 113–115, 119, 125, 153
*dalāla*-Kategorien 125
*dalālat al-ʿibāra* (Hinweis des Ausdrucks) 113
*dalālat al-iqtiḍāʾ* (Hinweis des Erfordernisses) 114
*dalālat al-išāra* (Anspielung) 113
*dalālat an-naṣṣ* (Hinweis des Textes) 114 f.
*dalīl* (Hinweis, Pl. *adilla*) 18–20, 115 f.
*dalīl al-ḫiṭāb* (Hinweis der Ansprache) 115 f., 119

*siehe auch mafhūm al-muḫālafa*
*dalīl iǧmālī* (summierter Hinweis) 19
*dalīl tafṣīlī* (detailspezifischer Hinweis) 19
Dankbarkeit 28, 141
*aḍ-ḍarūrīyāt* (notwendig zu schützende Interessen) 146
*dawām* (wörtl. ›Dauerhaftigkeit‹, fortwährende Befolgung) 104
*ḏawq* (Geschmack, Empfindung, Erfahrung) 132
*aḏ-ḏawq al-ʿaqlī* (subjektive Empfindung) 132
definieren, Definition 30, 39, 45, 56, 65, 85 f., 90, 103
Definitionsvariante 30, 65 85, 90, 103
definitiv, Definitives 28 f., 35, 46–49, 63–65, 67 f., 70 f., 82–84, 111, 116, 124, 128, 165
*siehe auch qaṭʿī*
definitiver Hinweischarakter (*qaṭʿī d-dalāla*) 36 f., , 64 f., 67 f., 70
definitives Wissen 28
Denkparadigma 142
Determination (sprachlich), determiniert 58, 78
Deutsch, Deutschland 11 f., 23, 38, 81
Deutung 13, 42, 93, 95, 97, 100
Deutungsmöglichkeit, -option 17, 44, 48, 65, 75, 90, 93, 104, 109, 111–115
Dieb 50, 149
Diebesstrafe 149
Diebstahl (*sariqa*) 50, 149
*ḏikr* (Gottgedenken) 131, 158
*ḏimma* (Verantwortung des Menschen) 53
disjunkt, Disjunktion, Trennung *siehe* (*infiṣāl*)
*siehe auch* Spezifikator
disjunkter Spezifikator 71, 78
Diskrepanz 71, 83
Diskurs 11, 30, 57, 148, 156
Diskussion 11 f., 46, 60–62, 70, 77, 79, 83, 91, 93, 95, 97 f., 103–107, 109, 120, 150, 155
Disput 61, 110, 121
Dissens 71, 120, 131, 134, 164
Dissens der Gelehrten 71
Dissensgrund 134, 164
Disziplin 18, 30, 39 f., 154, 161 f.
disziplinübergreifend 162
Diversität 158
dominant, Dominanz 150 f.
Drohung 57, 93 f., 104
dschafaritisch *siehe* zwölferschiitisch
dynamisieren 151

## E

Echtheit 26, 125
Ehe 49, 75, 84, 117 f., 136
Ehebruch 136
Eheschließung 117, 136
Eheschließung Hinderungsgrund 136
Eigenschaft 53, 74, 77, 85, 96, 106, 117, 120 f., 131
eindeutig, Eindeutigkeit 29, 36, 42, 44, 47–50, 90, 109, 111, 132
*siehe auch muḥkam*
Eingrenzung von Aussagen 111
Einigkeit 71 f., 78, 102, 108, 131, 133
Einigkeit der Muslime 102
einschränken 54, 64, 66, 69 f., 72–74, 84, 154
einschränkender Faktor 69, 84
Einzelregelung 165
Einzeltradition (*āḥād*) 35 f., 63 f., 67, 71 f., 81–84, 124, 136, 138
Eltern 44, 114, 139

empfehlen(d), Empfehlung 13, 18, 20, 86, 92–95, 97, 100, 102, 105, 112, 123, 157
*siehe auch mandūb*
endgültig 49, 84, 135
Engel 49, 118, 146
Engführung 145
Entscheidung 28, 51, 53, 70, 72, 79, 96f., 100, 104f., 124f., 127–129, 132, 134, 139, 143, 145, 147, 163f.
Entscheidungskriterium 91f., 124f., 127f.
Entscheidungsmechanismus 124, 127, 147
Entscheidungsmöglichkeit 105
epistemisch 71
epistemologisch 21, 165
*siehe auch* erkenntnistheoretisch
Erbe, erben 79, 139, 146, 160
Erbanteil 139
Erbberechtigte:r 139
Erbquote 79
Erbverteilung 146, 160
Erfordernis 54, 89, 102, 110, 114f., 132
Erkenntnis 21, 23, 25, 29f., 34–36, 72, 150, 160–165
Erkenntnisfähigkeit 23
Erkenntnislehre 29
Erkenntnisquelle 23
erkenntnistheoretisch, Erkenntnistheorie (Epistemologie) 21, 23, 30, 34–37, 71f., 150, 160–165
Erklärung, Klärung, erklärt *siehe mubayyan*
Erklärungsbedürftigkeit 81
Erlaubnis 26, 47f., 54–57, 62, 66, 71f., 78, 86f., 97, 106, 108–110, 117f., 127f., 130, 142, 146, 151, 163
erläutert *siehe mufassar*
Ermessen 150
Erschwerung 133
Erst-recht-Argument *siehe argumentum a forteriori*
*siehe mafhūm al-mufāwaqa*
*siehe dalālat an-naṣṣ*
Essen 76f., 106, 109
essentiell 106
Essig(herstellung) 15, 108–111
Ethik, Ethisches, ethisch 157–160, 162
*European Council for Fatwa and Research* 155
evident 46, 48–50, 52, 55–94, 100, 102–104, 124, 132f.
*siehe auch ẓāhir*
Exegese, exegetisch 99, 137, 140
exemplarisch 84, 124
explizit 13, 116, 139, 157

## F

*faḍā'il* (Tugenden) 157
*faḥwā l-ḫiṭāb* (Erst-recht-Argument) 115, 119
*siehe auch mafhūm al-muwāfaqa*
falsifizierbar, falsifizieren, falsifiziert 20f., 41
Familie 15, 83
*fasād* (Anfechtbarkeit) 42f., 98, 106
*siehe auch buṭlān* (Nichtigkeit)
Fasten, fasten 77, 87, 93, 118
Fatwa (*fatwā*, Pl. *fatāwā*, religiöses Gutachten) 15, 147, 155
*al-fawr* (sofortige Befolgung) 95
feministisch 149
Fest, Feierlichkeit 20
festgesetzt (*naṣṣ*) 46, 48–50, 124
*siehe auch naṣṣ*
Feststellbarkeit 35, 60
*siehe auch ṯubūt*
Feststellung 34, 41, 64
finanziell 160
*fiqh* 18, 22–25, 29, 33, 44, 76, 78, 84, 99, 132, 147, 149, 151, 155f., 158, 161, 164

*fiqh al-aqallīyāt* (Minderheitenrecht) 155
*fiqh al-muwāṭana* (*fiqh* der Staatsbürgerschaft) 155
*fiqh at-taʿāyuš* (*fiqh* des Zusammenlebens) 155
*fiqh*-Akademien, -Gremien 155
Fisch 108f.
Fleisch 73, 104, 106–108, 138
flexibel, flexibilisieren 147, 151, 154
Flexibilisierung der Rechtsfindung 147
Formalismus 158
fortschrittlich 160
Frage(partikel) 15–17, 22, 41, 57f., 78, 84
Frauen 40, 45, 49f., 58–60, 65, 72, 75, 83f., 117, 122, 149, 159f., Beteiligung, Gleichberechtigung, Benachteiligung 160
Frauenrechtler:innen 149
freigestellte Handlung 20, 42, 97, 128
Freiheitsstrafe 149
Freilassung von Sklaven 93
Freistellung, freigestellt *siehe mubāḥ*
Freitagsgebet *siehe* Gebet
Frevler 104
Frist 99
fünferschiitisch (zayditisch) 150
*fuqahāʾ* (Rechtsgelehrte) 11f., 15, 21f., 100, 120
Für-möglich-Halten 25
*furūʿ* (rechtspraktisch) 99
*furūʿ al-fiqh* (positives Recht) 164
*furūʿ*-Text 99


## G


*ġalabat aẓ-ẓann* (überwiegende Vermutung) 29
*ǧamʿ* (Zusammenführung) 123
*ġarar* (Spekulationskauf) 62
Gattung(sbestimmung) 45, 47, 58, 65, 74, 133f.
Gattungsbegriff 45, 47, 58
*ǧawhar* 39
*ġāya* (Begrenzung) *siehe muġayyā*
Gebet 20, 26, 28, 31, 39, 51, 60, 72, 86, 93–95, 97f., 107, 138
Freitagsgebet 72, 107
Gebieten, gebieten, gebietend *siehe amr*
Gebot, Gebotenes 91, 94, 96–98, 104–106, 117, 127, 150f.
Geldstrafe 95
Gelehrsamkeit 152f., 158f., 165
Gelehrsamkeitstradition 152
Gelehrtenkreise 150
Gemeinschaftsbegriff 58
gerecht, Gerechtigkeit 11, 28, 149, 155, 158
Gesagtes (*al-manṭūq bihi*) 20, 69f., 115, 118f., 124, 163
Gesandter 31f., 38, 40, 43, 62, 70, 73, 101, 129, 143, 163
Geschäft(e) 48, 54–56, 66, 72, 100, 107, 114, 146
Geschäftsform 56
Geschlecht (sprachlich) 58f.
geschlechterübergreifend (sprachlich) 58
Geschlechterbeschränkung 58
Geschlechtergerechtigkeit 149
Gesellschaft 145f., 154f., 160, 162
gesellschaftsgestaltend 145
Gesetzgeber (*šāriʿ*) 17, 30f., 33f., 38, 40, 45, 51, 79, 85, 92, 116, 133, 135
gesetzgeberisch 92
Gewalt, gewaltbereit 114, 154
Gewissheit (*yaqīn*) 29, 36, 45, 63, 79, 165
Glaubensgrundsatz 153
Gläubige:r 16, 30, 40f., 59f., 79, 85–87, 93, 117, 137, 159

gleichberechtigt, Gleichheit 147, 160
Gold 72, 108, 141
Gott 15, 17, 20, 28, 30–33, 35, 38, 40, 43, 47 f., 51, 54 f., 59 f., 70, 82 f., 92, 95, 98, 101 f., 106 f., 109 f., 121, 128, 131, 133, 135, 138 f., 141 f., 150, 153, 158–160
Gottesdienst 28, 30, 59, 95, 106, 109 f., 153
gottesdienstliche Handlung 28, 30, 59, 106, 109 f., 153
*siehe auch ʿibādāt*
Gräber (aufsuchen) 138
Grenze 16, 19, 23, 32 f., 37, 57, 60 f., 78, 85, 111, 114, 143, 155, 163
Grundannahme 17, 23, 71 f., 159 f.
Grundlage, Grundsatz 12, 18, 23, 30, 33 f., 37, 39, 70, 117, 120, 122, 138, 158–164
Grundsatzentscheidung 97
Grundsatzformulierung 158
Grundtext 108, 154
gültig, Gültigkeit 21, 39, 42 f., 49, 51, 58, 61–63, 66 f., 70 f., 73, 78 f., 84, 91 f., 102, 106 f., 115, 117 f., 120–122, 135–137, 143, 159, 164
Gutdünken 132
Gut-Sein einer Handlung 98

## H

Hab und Gut 149
*ḫabar* (Nachricht) 26, 41, 43, 91, 125
*ḥadd*-Strafe (Körperstrafe) 127
Hadith (*ḥadīṯ*, Pl. *aḥādīṯ*) 13, 16–18, 23, 30 f., 35, 37, 41 f., 61 f., 64, 66, 72–74, 82 f., 86, 94 f., 102, 116–118, 125, 127, 130 f., 133, 139, 141, 147, 149, 152, 156
Hadithkritik 152
Hadithliteratur 18
*ḫafāʾ* (Unklarheit) 46
*ḫafī* (versteckt) 50, 52
*ḥāǧīyāt* (bedürfnisorientierte Interessen) 146
*ḫamr* (Traubenwein) 23, 130 f.
Hanafiten, hanafitisch 21, 33, 36, 44–46, 48–53, 63 f., 67–72, 74, 78, 81–83, 85, 87 f., 97, 106, 113–117, 123–125, 138, 147, 150 f.
Hanbaliten, hanbalitisch 21, 46–48, 50, 61 f., 64, 72, 87, 97, 115, 119, 147, 153
Handamputation 149
Handel 107
Handlung 13, 15 f., 18, 20, 26, 28, 30 f., 33 f., 40, 42, 45, 51, 59, 62 f., 70 f., 78, 91 f., 94–98, 103–107, 109–113, 118, 128 f., 133, 135, 151, 153, 157, 164 f.
Handlungsanweisung 18, 33
Handlungsoption 105
Handlungsvollzug 28, 42
Handschrift, Manuskript 24
*ḥaqīqa* (wirkliche Bedeutung), *ḥaqīqī* (wirklich[e Bedeutung]) 37, 39, 52, 78 f., 91, 93, 95, 104 f.
*ḥaqīqa-maǧāz*-Dichotomie 37, 79, 95
*ḥarām* (Verbot), *ḥarrama, muḥarram* (verboten) 42 f., 103 f.
*siehe auch* Verbot
*ḫāriǧīya* (außerhalb des Gesagten befindliche Indizien) 20
harmonisieren(d), Harmonisierung 123 f.
*siehe auch ǧamʿ*
*ḫāṣṣ* (spezifische Aussage) 39, 56, 65 f., 80
Hedschas, hedschasisch 130 f.
Heirat, heiraten, verheiratet 69, 117, 139, 159
Herabsendung (des Koran), herabgesandt 32, 73, 129, 143, 163
herleiten, Herleiten 11, 17–19, 22, 26, 29 f., 36, 41 f., 48, 50, 96,

112–114, 116, 122, 143, 145, 147, 150, 155, 160
Herleitung von Normen *siehe* Normderivation
*siehe auch istinbāṭ*
Herleitungsprozess 150
Hermeneutik, hermeneutisch 12, 14, 30, 34, 102 f., 159, 161 f., 164 f.
Herrscherdynastie 152
Heuchler 140, 142
Hierarchie, hierarchisch, Hierarchisierung 48, 50, 114, 124 f., 127, 138, 146, 163
*ḥifẓ al-...* Schutz der/des ...
*... ad-dīn* (... Religion) 146
*... al-ʿaql* (... Vernunft) 146
*... al-māl* (... Vermögens) 146
*... an-nafs* (... Lebens) 146
*... an-nasl* (... Nachkommenschaft) 146
himmlische Tafel *siehe al-lawḥ al-maḥfūẓ*, ›die wohlverwahrte Tafel‹
Hinweis (*dalīl*, Pl. *adilla*) 18–20, 24, 36, 45 f., 49 f., 53–57, 59, 61–72, 74, 78–80, 85, 87, 93–96, 103–107, 111, 113–117, 120 f., 123 f., 127, 129, 131, 139, 142 f., 147, 150, 164
Hinweischarakter 36, 45, 49, 63–65, 67–70, 79 f., 111
historisch 11, 59, 136, 149, 158–161
historisch-kritisch 149, 158 f., 161
historischer Kontext, historisches Umfeld 161
*ḫiṭāb* (Ansprache) 37, 41, 43, 52, 115 f., 119
Hohlmaß 53
Honig(wein) 16 f., 130 f.
Hörer 44 f., 70
*ḥuǧǧīya* (Beweischarakter) 79
*ḥukm*, Pl. *aḥkām siehe* Norm, Regelung
*ḥurūf al-maʿānī* (Partikel) 65
*ḥusn* (Gutes) 99, 107
*ḫuṣūṣ as-sabab* (spezifischer Anlass) 73

## I

*ʿibādāt* (gottesdienstliche Handlungen) 28, 30, 59, 106, 109 f., 153
*ʿibārat an-naṣṣ* (›Ausdruck des Textes‹) 113
*ʿidda* (Wartezeit) 84
Idschtihad *siehe iǧtihād*
*iǧmāʿ*, Idschma (Konsens) 19, 72, 90, 101 f., 130, 134
*iǧtihād*, Idschtihad (persönliche Meinungsbildung) 19, 33, 117, 140, 142, 145, 154–156, 158
*iǧtihād ǧamāʿī* (kollektiver Idschtihad) 155
*iǧtihād ibdāʿī inšāʾī* (innovativer schöpferischer Idschtihad) 156
*iǧtihād tarǧīḥī intiqāʾī* (abwägender selektiver Idschtihad) 156
innovativer *iǧtihād* 154, 156
*iḫbārī* (deskriptiv[e Aussage]) 41, 43
*ʿilm* (Wissen) 25 f., 29
*al-ʿilm aḍ-ḍarūrī* (notwendiges Wissen) 26
*al-ʿilm al-muktasab* (erworbenes Wissen) 26
Imam 33, 94
Imperativ *siehe amr*
*siehe nahy*
Implikation 21, 34, 41, 113, 115, 118, 122, 124 f., 139
implizieren, impliziert, implizit 21, 37, 60, 114–116, 122, 162
Indeterminiertes (sprachlich) 58, 78
Indikator 71, 157
textuell *siehe* Indiz, textuell
individuell 56 f., 60, 63–65, 71, 78, 85, 115
Indiz (*qarīna*, Pl. *qarāʾin*) 19 f., 29, 37, 46 f., 49, 57, 59, 62–64, 66,

71, 74, 92–97, 102, 104, 112, 116, 123, 163
*siehe auch qarīna*
Inferior 91
*infiṣāl* (Disjunktion) 68, 70 f., 74, 78 f.
innere Rede 91
Innovation *siehe taǧdīd*
innovativer Idschtihad *siehe iǧtihād ibdā'ī inšā'ī*
*inšā'ī* (präskriptiv) 41, 43, 90, 93, 111, 156
institutionalisiert 155
Intention, Absicht 69, 98, 118
Interesse (der Menschen) *siehe maṣlaḥa*
Interpretation(svariante), interpretativ 11, 17–19, 37, 40 f., 45, 54, 79 f., 99, 161, 163 f.
Interpretationslehre 11, 18, 37, 40, 164
Interpretationsmethode/-prinzip 11, 18, 37, 40, 164
*iqrār, taqrīr* (Aussagen darüber, was der Prophet stillschweigend zugelassen hat) 20, 34
*iqtiḍā' an-naṣṣ* (Erfordernis des Textes) 114, 119
*irāda* (Wille) 92, 103
*al-irāda al-amrīya/at-tašrī'īya, irādat at-tašrī'* (gesetzgeberischer Wille Gottes) 92
*al-irāda al-ḫalqīya/at-takwīnīya, irādat at-takwīn* (schöpferischer Wille Gottes) 92
Irak, irakisch 48, 64, 103 f.
*išārat an-naṣṣ* (Anspielung des Textes) 113, 115, 119
islamisch 11–14, 18, 25, 27, 29, 32, 38, 40, 42, 49, 86, 100, 112, 137, 145 f., 151 f., 154, 157–159, 162, 164
islamisieren 152
islamisches Recht, islamrechtlich 13, 24, 29, 149, 154, 157
Islamrechtsverständnis 149
*ism, laqab* (Nomen für Eigennamen, Gattung oder Art) 58, 65, 119
*al-ism al-ǧins* (Gattungsbegriff) 58
*al-ism al-mawṣūl* (Relativpronomen) 58
*al-ism al-mufrad* (Singular) 58
*isti'āra* (Metapher) 39
*istiḫbār* (Einforderung einer Benachrichtigung, Frage) 41, 43
*istiḥsān* (Für-gut-Halten) 19, 150 f.
*istinbāṭ* (›Herleitung, Hervorbringung‹ [von Normen]) 18 f.
*istinbāṭ al-aḥkām siehe* Normderivation
*istiṣlāḥ* (Für-nützlich-Halten) 19, 146
*istiṯnā'* (Ausnahme) 74, 119
*istiṯnā' min ġayr al-ǧins, istiṯnā' munqaṭi'* 74
*siehe auch* Ausnahme
*'iṣyān* (Ungehorsam) 104, 110 f.

## J

Jemen 141
jenseitig, Jenseits 60
Jurist, juristisch 18, 22, 31, 33, 41 f., 71, 98, 108, 129, 157
juristisch verantwortlich 31, 33, 71
juristische Lizenz (*ruḫṣa*) 42 f., 98

## K

*kalām* 25, 39
*kalām*-Literatur 25
*kalām*-relevante Koranverse 51
Kampf 137
*karāha* (Verpöntsein) 104 f.

Kategorie, kategorisieren, Kategorisierung 11, 18, 23–25, 27, 29, 35–38, 42–47, 49–52, 65, 67, 79, 111, 113–115, 124 f., 146 f., 149 f., 153, 157, 165
Klarheit/Unklarheit 42–52, 55, 63, 68, 100, 111, 114
Kaufgeschäft 48, 54–56, 66, 72, 100, 114, 146
Kaufvertrag 26, 78, 106 f.
*kināya* (unklare, indirekte Verwendung von Wörtern oder Aussagen) 45 f., 52
Kinder 34, 38, 71, 113 f., 118
klassifizieren 78, 105
klassisch 15, 22, 148–150, 152, 156, 165
Kleidung 109, 114
kollektiver Idschtihad 155
*siehe auch iǧtihād ǧamāʿī*
kollidieren(d), Kollision 21, 50, 67–69, 82–84, 94, 97, 114, 118, 123 f., 127–131, 134–136, 139, 143, 147
*siehe auch muʿāraḍa*
Kollisionsfall 114
Kollisionslösung 123, 134
Kommentar, kommentieren 53 f., 81, 108, 118, 147
Kommunikation(ssituation) 38, 44
Komplementärbegriff 47, 103
konjunkt *siehe* Spezifikator
konjunkter Spezifikator 69, 74, 76–78
konkretisieren, Konkretisiertes, Konkretisierung, konkretisiert 77, 84–90, 137, 143, 160, 165
*siehe auch muṭlaq*
konkurrieren 96, 134
Konsens *siehe iǧmāʿ*, Idschma
Konstellation 44 f., 47, 73, 76 f., 85, 95, 97, 105, 123, 128, 137 f.
Konsum, konsumieren 15–17, 23, 29, 35, 42, 73, 90, 109 f., 129–131, 134
*siehe auch* Alkohol
Kontext 20, 44, 59, 143, 150, 158–160, 162–164
kontextlos 159, 163
kontextualisieren 150
Kontrollmechanismus 45
Konvention, konventionell 37–39, 64, 79 f., 112
Koran, koranisch 13, 15–20, 26, 30–33, 35, 39, 41–43, 46, 51, 56 f., 60–64, 67, 71–73, 81–83, 86, 94, 98 f., 111, 124 f., 127, 129–131, 135–140, 143, 152–154, 156, 158–163
Koranbezug 156
Koranexegese, koranexegetisch 99, 137
Koranhermeneutik, koranhermeneutisch 159, 162
koran konform 160
Korankorpus 136 f.
Koranpassage 63, 94, 139
Korantext 35, 135, 137
Koranvers 44, 49, 54–56, 64, 72, 79, 87, 102, 114, 117, 124, 130, 135–137, 142 f.
Q 2:43 93
Q 2:106 135, 138
Q 2:143 153
Q 2:180 139
Q 2:185 87, 93, 128
Q 2:187 77, 118
Q 2:196 87
Q 2:222 97
Q 2:228 45, 50, 65
Q 2:233 113
Q 2:234 71
Q 2:238 138
Q 2:275 48, 54–56, 66, 72, 90
Q 2:282 99, 103
Q 2:283 101 f.
Q 4:10 115
Q 4:11 34, 79
Q 4:11–12 139, 146

Q 4:23 39, 63
Q 4:25 117, 159
Q 4:92 85 f., 93
Q 5:2 97
Q 5:6 86
Q 5:38 50, 149
Q 5:90 16 f., 23, 29 f., 35, 41 f., 90
Q 5:91 131
Q 6:141 44, 47
Q 8:67 142
Q 9:5 137
Q 9:60 140
Q 10:15 138
Q 11:40.43.97 98
Q 12:82 44
Q 13:39 135
Q 15:30 49
Q 16:101 135
Q 16:67 130
Q 17:15 83
Q 17:23 44, 114
Q 17:31 118
Q 24:2 127, 136
Q 24:4 49
Q 24:4 f. 75
Q 39:65 62
Q 48:10 51
Q 53:3–4 138
Q 55:27 51
Q 58:3 85 f.
Q 58:4 87
Q 62:9 72, 107
Q 62:10 97
Q 65:1 62
Q 65:4 71
Q 65:6 84, 121
Q 73:1 62
Q 74:1 62
Q 85:16 92
Q 85:21–22 32
Koranübersetzung 16
körperlich(e Beschränktheit) 98
Körperstrafe *siehe ḥadd*-Strafe
Krankheit 98
Kriegsgefangene 142
Kritik, kritisch 14, 21, 23, 104, 116, 137, 140, 143, 145–149, 152, 156, 158–161, 164
Kufa, kufisch 130, 133
kumulativ 105

## L

*laqab* (Nomen für Eigennamen, Gattung oder Art) 65
*siehe auch ism*
*al-lawḥ al-maḥfūẓ* (›die wohlverwahrte Tafel‹) 32
*lāzim* (notwendig[e Eigenschaft einer Handlung]) 106
Lebensrealität 155 f.
Lebensweise 154
Legaldefinition 39
legitimieren, Legitimität 18, 31, 33, 74, 112, 138, 150
Lesart 159, 161
*li-ʿaynihi* (durch sich selbst) 106
liberal 149
*li-ġayrihi* (aufgrund anderer Faktoren) 106
linguistisch 130
Literatur 13, 15, 18, 21 f., 25, 65, 76, 81, 84 f., 91, 93, 105, 108, 117, 145, 147 f., 154, 161
Literaturwissenschaftler 161
Logik 79, 83, 89, 112
Los(spiel) 16 f., 41
Lösung von Kollisionen 134
Lösungsfindung 153
*luġawī* (sprachlich[e Bedeutung]) 39

## M

*mabtūta* (beziehungslos[e Frau]) 83 f.
*madlūl* (›das, worauf hingewiesen wird‹) 124

*mafāsid* (Sg. *mafsada*, Schaden) 125
*al-mafhūm* (das Verstandene) 115
*mafhūm al-muḫālafa* (Umkehrschluss), *dalīl al-ḫiṭāb* (das widersprechende Verstandene) 115 f., 119
*mafhūm al-muwāfaqa*, auch *faḥwā l-ḫiṭāb* (das übereinstimmende Verstandene) 115, 119
*mafsada siehe mafāsid*
*maǧāz, maǧāzī* (übertragen[e Bedeutung]) 37, 39, 52, 78 f., 95
*siehe auch* übertragene Bedeutung, übertragener Sinn
Maghreb, maghrebinisch 148, 152
*makrūh* (verpönt) 42 f., 97 f., 104 f., 108
*siehe auch karāha*
*siehe auch* verpönt
Malikiten, malikitisch 21, 46–48, 50, 64, 72 f., 88, 97 f., 107 f., 115 f., 129, 138, 146, 150 f.
*al-mansūḫ* (das Abrogierte) 136
*al-manṣūṣ ʿalayhi* (›das, worüber es einen Text gibt‹) 163
*mandūb* (empfohlen) 42 f., 90, 128
*mānīʿ* (Hindernis) 42 f., 65, 127, 136
*manṭūq* (Gesagtes) 115, 119, 163
*al-manṭūq bihi* (das [direkt] Gesagte) 115, 163
*maqāṣid* 146–151, 153 f., 162
*maqāṣid aš-šarīʿa* (übergeordnete Ziele der Scharia) 146 f., 153, 162
*maqṣad siehe maqāṣid*
*maʿqūl* 121
Marokko 161
*maṣāliḥ* (Pl., Nutzen) 146, 162
*siehe auch maṣlaḥa*
*maṣdar* 19
*mašhūr* (bekannt) 36
*maṣlaḥa* (Interesse; Nutzen) 73, 125, 146, 148, 151
Maturiditen 91
*mawḍūʿ* (erfunden[e Nachricht]) 26
Medizin 104, 155
mehrdeutig, Mehrdeutigkeit 40, 45, 48, 50 f., 63, 93
Mehrheit, mehrheitlich 24 f., 32, 38, 51, 54, 57 f., 60–64, 66 f., 69–71, 73 f., 78 f., 85, 87 f., 91–93, 95–98, 100, 103–106, 116, 124, 130, 135–138, 143, 148, 154, 163
Mehrheitsmeinung 25, 32, 51, 61, 66, 88, 95–97, 105, 163
*siehe auch* Gelehrte:r
Meinung 15, 25, 32, 51, 53–55, 57, 59–62, 64, 66, 70, 72, 82, 88 f., 91, 94–98, 100–102, 105–108, 110, 112, 115, 127, 130 f., 135, 140, 147, 150, 155, 163
Meinungsänderung 135
Meinungsbildung 72, 140
Meinungsfindung 163
Meinungsfreiheit 147
Meinungspluralität 112
Meinungsverschiedenheit 130
Menge 16, 23, 54, 57, 68 f., 74, 78 f., 82, 86, 100, 130 f., 133 f., 137
Menschenrechte 148, 154
Allgemeine Menschenrechte 148, 154
Menstruation(speriode/-phase) 45, 51, 65
Metapher (*istiʿāra*) 39
Methoden zur Normderivation 13, 19
Methoden, methodisch, Methodologie 11–13, 18–23, 31, 33–38, 40 f., 45, 52, 56, 59, 61, 71 f., 79, 81, 84 f., 90, 99, 111–113, 116 f., 122 f., 123, 137, 140-143, 145–148, 150–152, 154–156, 158–160, 162–165
Milchgeschwister(schaft) 136
Minderheitenrecht 154 f.
Minderheitsmeinung 97
Mindestgrenze 57, 60 f., 78
*siehe auch* Spezifikation

Mindestgrenze des Plurals 57, 78
Mitteilung des Gesetzgebers *siehe* Gesetzgeber
modern, Moderne, modernistisch 11, 15, 19, 21f., 45f., 136, 143, 145–147, 149–151, 153f., 156, 160, 162
moralisch 157
Mord 118
Motiv(ation) 118
*muʿāmalāt* (zwischenmenschliche Beziehungen) 28, 30, 59, 106, 147, 153
*muʿāraḍa* (Kollision) 83
*muʾawwal* (ausgelegt) 17, 29, 46–49, 51f., 65f., 68, 102f., 132, 140, 149, 153
*mubāḥ* (freigestellt) 20, 42f., 54f., 97, 127f.
*mubayyan* (erklärt) 47f., 51
*mufassar* (erläutert; ursprünglich unklar[e], aber erklärt[e Aussage]) 47–52
*muǧāwir* (außenstehend[e Eigenschaft einer Handlung]) 106
*muġayyā* (Begrenzung, Begrenztes), *ġāya* 65, 68, 74, 77, 118–120, 122
*muǧmal* (summarisch) 47, 50–52
*muǧtahid* 129, 133
*muḥaddiṯūn* (Hadithwissenschaftler, Traditionarier) 130
*muḫaṣṣiṣ* (Spezifikator) 66, 69f., 80
*muḥkam* (eindeutig; klare Aussage) 47–49, 52
*munfaṣil* (getrennt) 68, 70, 80
*munqaṭiʿ* (gebrochen) 74, 126
*muqayyad* (das Konkretisierte) 84f.
Murdschiiten 57
Murren *siehe taʾfīf*
*mursal* (Überliefererkette mit fehlendem erstem Glied) 126, 146
musizieren 20
*muškil* (zweifelhaft) 50, 52
*muskir* (Berauschendes) 130
*siehe auch* berauschen(d)
Muslim:in, Muslime, muslimisch
muslimische Länder 12, 15f., 18, 57, 60, 63, 72, 86, 100–102, 108, 117, 141f., 149, 152, 154f., 157–159, 162–164
*musnad* (ununterbrochen) 126
*muṭlaq* (das Unbestimmte) 77, 84, 92
*mutakallimūn* (sog. ›Theologen‹: Malikiten, Schafiiten und Hanbaliten) 21
*mutašābih* (unklar; Mehrdeutigkeit eines Wortes; summarische/ausgelegte Aussage) 45, 47f., 50f.
*siehe auch* unklar
*mutawātir* (vielfach überliefert) 29, 37, 63, 71, 81–83, 125, 138f.
Mutaziliten, mutazilitisch 19, 28, 44, 68, 91f., 94, 97, 104f.
mutazilitisch-hanafitisch 44
*muṭlaq* (konkretisiert) 77, 84, 94
*al-muwaḥḥidūn* (Almohaden, reg. 1130–1269) 152

## N

*nabīḏ siehe anbiḏa*
Nachahmung 153
Nachfolgergeneration 101f., 126, 130
Nachforschung 48, 50, 64
Nachricht 26, 41, 43, 91, 125
*nadb* (Empfehlung) 20, 93
*nahy* (das Verbieten) 42f., 90, 92f., 103, 112
*nasḫ* 123, 135f.
*siehe auch* Abrogation
*nāsiḫ* (das Abrogierende) 136
*naṣṣ*, Pl. *nuṣūṣ* (autoritativer Text; festgesetzt[e Bedeutung]) 20, 46–49, 52, 113–115, 119, 124, 132
Nationalrecht 145

Nationalstaat 145
Naturrecht (ungeschriebenes Recht) 164
*naẓar* (Räsonieren) 24, 131
Negation, negieren 58, 63, 77, 79, 88 f., 97, 103, 116 f., 120–122, 139
Neuaushandlung 165
Neujustierung 12, 150, 162, 165
nichtig, Nichtigkeit 17, 34, 41–43, 69–71, 90, 98, 106–111, 118, 146
*siehe auch bāṭil*
Nichtmuslim(e), nichtmuslimisch 60, 117, 141, 154
Nicht-Vorhandensein/Vorhandensein 29, 56, 76, 80, 141, 150, 165
Norm, Regelung (*ḥukm*, Pl. *aḥkām*) 11–13, 16–23, 28–31, 33, 35 f., 38, 40–42, 47 f., 50–52, 55, 61, 70, 72, 90 f., 93, 95, 97, 100, 104, 108, 112, 116, 120–122, 128, 136, 143, 145–147, 157
normativ 18, 20, 28, 41 f., 72, 90 f., 93, 95, 97, 100, 104, 108, 128, 136, 143
Normativität 18, 72
Normativitätsgrad 18
Normderivation (*istinbāṭ al-aḥkām*) 13, 18 f., 21–23, 35, 38, 41 f., 47, 51 f., 70, 121, 146, 199
Normderivationsmethode 18 f.
Notsituation 151
›Not kennt kein Gebot‹ 151
notwendig, Notwendigkeit 18, 24–27, 29, 34 f., 45, 48, 51, 59, 61, 83, 92, 95 f., 106, 114, 134, 146 f., 156
notwendig zu schützenden Interessen 146 f.
notwendiges Wissen 24–27, 29, 35
Nutzen *siehe maṣāliḥ*
*nuṣūṣ*, Sg. *naṣṣ* (›autoritativer Text‹) 18, 20, 46–49, 52, 113–115, 119, 124, 132


## O


Obergrenze 60
*siehe auch* Mindestgrenze
objektiv 161
Offenbarung 28, 30, 31, 33, 53, 138 f.
Offenbarungsanlass *siehe asbāb an-nuzūl*
Offenbarungstext 28
Opfersteine 16 f., 41
Opfertiere 138
örtlich 165


## P


pakistanisch 158
Partikel 58, 65, 76–78
Peitschenhiebe 49, 75, 127
Pfeile 16 f., 41
Pflicht(en) 18, 20, 28, 40, 42 f., 51, 53, 59, 62, 86, 93–95, 97 f., 100–102, 107, 112 f., 122 f., 127 f., 134, 139, 157
Pflichtgebet 93
Philosoph, Philosophie, philosophisch 39, 99, 108, 129, 157 f., 161 f., 164 f.
Pilgerfahrt 87, 95
Pluralbildung, Pluralform 57–60, 65, 78, 93, 103, 112, 158, 164 f.
Pluralismus 158
politisch 145, 154
polysem 93 f.
*siehe auch* mehrdeutig
positives Recht 145, 164 f.
Praktik 12, 155
Präposition 93
präskriptiv 41, 43, 90, 93, 111, 156
präskriptive Aussage 90, 93, 111, 136
Präsumtion, präsumtiv, Präsumtivität 35, 46, 48, 63 f., 67 f., 70 f., 81–83, 111, 116, 124, 163–165

Praxis 17, 102, 138, 160
Preis 15, 100
Prinzip, Grundannahme 17–20, 22 f., 37 f., 42, 73, 90, 93 f., 97 f., 102, 111–113, 117, 123–125, 128, 143, 151, 154–156, 158, 160 f., 164 f.
Prophet Muḥammad *siehe* Muḥammad (Prophet) im Personenverzeichnis
Prophetengefährte (*ṣaḥābī*) 62, 82, 126
Prophetie 61, 129
puristisch 153, 158
  puristisch-traditionalistisch 153

## Q

*qabīḥ* (böse, schlecht[e Handlung]) 106 f.
*qāḏif siehe* Verleumder
*qarāʾin al-aḥwāl* (Zustandsindizien) 20, 71, 102
  *siehe auch* Indiz
*qarīna* (Pl. *qarāʾin*; Indiz) 19, 37
  *siehe auch* Indiz
  *ḫāriǧīya* (außerhalb des Gesagten befindliche Indizien, intratextuell) 20
  *lafẓīya* (wörtliche, textuelle Indizien) 20, 71
  *siyāqīya* (kontextuelle Indizien) 20
*qaṣr* (Reduktion) 68
  *siehe auch* Reduktion
*qaṭʿī* (definitiv) 28 f., 35–37, 46–49, 63–65, 67 f., 70 f., 82–84, 111, 116, 124 f., 128, 138, 153, 165
  *qaṭʿī d-dalāla* (definitive Bedeutung, definitiver Hinweischarakter) 36 f., 64 f., 67 f., 70
  *qaṭʿī ṯ-ṯubūt* (definitiv feststellbare 35, 37, 67, 125, 135, 153
*al-qawl al-maḫṣūṣ* (spezifische Aussageart) 91
*qawāʿid fiqhīya* (Rechtsprinzipien) 151
*qiyām* (Stehen[ beim Gebet]) 28
*qiyās* (Analogieschluss [und verwandte Schlussverfahren]) 33, 67, 72, 81–83, 89, 114, 128–134, 146, 148
  *qiyās al-ʿilla* (Analogieschluss mit Rücksicht auf einen Rechtsgrund) … 131
  *siehe auch* Analogie
*qubḥ* (Böses, Schlechtes, Schlecht-Sein) 99, 105, 107
Quelle 11–13, 17–19, 22 f., 31, 33, 60, 67, 87, 134, 140, 146, 149 f., 152–154, 156, 162, 164
*qurūʾ*-Wartezeit 45, 50 f.

## R

radikal, Radikalität 148, 152, 154
Ramadan 77, 87, 93
Räsonieren 24, 131
rational 20, 26 f., 30, 139
Rausch(getränk) *siehe* berauschen(d)
*rāwī*, Pl. *ruwāt* (Tradent) 127 f.
Recht(e), rechtlich 11–15, 17–19, 21 f., 24 f., 27–33, 35 f., 38–42, 44, 46–49, 51–53, 57, 59, 61 f., 64 f., 70, 72, 79–82, 85–90, 93 f., 96, 99 f., 104, 106 f., 109–120, 122–125, 127–129, 131, 133 f., 137, 139, 143, 145–165
  Rechtsdiskurs 30, 57, 156
  rechtsdogmatisch 12
  Rechtsfindung 70, 79, 94, 134, 147 f., 154, 165
  Rechtsfolge 33, 86–88, 124
  Rechtsgelehrte:r (*muftī*) 11 f., 15, 21 f., 100, 120, 122

Rechtsgutachten 149
rechtshermeneutisch 12, 162
Rechtskultur 145
Rechtslücke 19, 116 f.
Rechtsmethodik, rechtsmethodisch 18 f., 31, 57, 72, 81, 99, 146 f., 159
Rechtsmittel 133
Rechtsnorm 18, 22, 40, 112
rechtsphilosophisch 161 f., 165
Rechtspluralität 164 f.
rechtspraktisch 52, 99, 107, 147
Rechtsprechung 35 f., 41, 52, 64
Rechtsprinzip *siehe qawāʿid fiqhīya*
Rechtsquelle/Hinweis (*dalīl*, Pl. *adilla*) 11, 17, 19, 162, 164
rechtsrelevant 11, 18, 41, 51, 93, 99, 146
Rechtssicherheit 163
Rechtssystem 18, 154
rechtstheoretisch 12, 152
Rechtstradition 12
Rechtsverständnis 14 f., 151, 154
Rechtswerk 15
Rechtswissenschaft 11–13
Rechtsgrund 33, 44, 96, 109–111, 114, 118, 128 f., 131, 134, 164
Rechtsschule 11 f., 19, 21 f., 30, 36, 46–48, 51, 57, 64 f., 72, 80, 82, 85, 89 f., 106, 113, 115, 122, 124, 127, 143, 145, 152 f., 155
Rechtsschulgrenze 155
rechtsschulspezifisch 90
Rechtsschultradition 155
rechtsschulübergreifend 21, 30, 65
Rede 32 f., 41, 61, 91 f., 138, 159, 162 f.
Reduktion (*qaṣr*) 39, 66, 68 f., 74, 78, 80, 118
Referenz 17, 20, 112, 148, 159
Referenztexte (*nuṣūṣ*, Sg. *naṣṣ*) 17, 20
*siehe auch naṣṣ*
*siehe auch nuṣūṣ*
Reflexion 24–26, 162
Reform(er) 148
Regel(ung) 16, 28, 33, 40, 42, 58, 77, 90, 111, 116, 118, 122, 128, 139, 147, 151, 156, 164 f.
*siehe auch* Norm
Reichtum 117
rein, Reinheit 45, 51, 73 f., 86 f., 108 f.
rekonstruieren, Rekonstruktion 160 f.
Religionsschrift 135
Religionsverständnis 153
religiös 15–18, 21, 31, 43, 60, 72, 97, 112 f., 140, 146, 148, 150, 153–155, 157, 164
Religionsfreiheit 147
Rest(menge) 34, 78 f.
Restriktion, restriktiv 122, 150, 158 f.
revidieren, Revision 135, 155 f.
rezitieren 28
*ribā*(-Verbot) 53–55, 60, 72, 90
Richter 12, 22, 133, 149
rituelle Reinigung 51, 73, 86 f., 106
Rücksicht, berücksichtigen 17, 28, 30, 33, 35 f., 39, 47, 51, 57, 60, 63 f., 66, 70, 73 f., 79, 93, 95, 104, 113, 123, 125, 127, 131, 134, 143, 146 f., 150 f., 153, 155 f., 159, 161 f., 164
*ruḫṣa*, Pl. *ruḫaṣ* 42 f.
*siehe auch* juristische Lizenz
*rukn* (Bestandteil) 42 f.
*rukūʿ* (Beugen) 28


## S


*sabab* (Anlass) 42 f., 73, 139
*sabab an-nuzūl siehe asbāb an-nuzūl*
*ṣadūq* (ehrlich) 127
*saǧda* (Niederwerfung) 28

*aṣ-ṣaḥwa al-islāmīya* (›das islamische Erwachen‹, Erwachensbewegung) 154
*ṣaḥābī* (Prophetengefährten) 62, 82, 126 f.
*salaf* (Altvordere) 153
  *salafīya*, Salafīya (Salafiten) 152 f.
  salafitisch 152 f.
*ṣalāt* (rituelles Gebet, u. a. Bittgebet) 39, 45, 51
Samarqand-Tradition 48, 63, 69
*samʿī* (textuell überliefert; rein aus Überlieferung stammendes Wissen) 20, 26
*sanad*, Pl. *isnād* (Überliefererkette) 124, 126
*šarʿī* (rechtlich[e Bedeutung]) 39
*ṣarīḥ* (offensichtliche, direkte Verwendung eines Wortes) 45, 119
*sariqa siehe* Diebstahl
*šarṭ* (Bedingung) 42 f., 58, 74, 76, 78, 119
Satan 16, 41
schaden, Schaden 21, 44, 114, 125, 127, 133, 147
  *siehe auch mafāsid*
Schafiiten, schafiitisch 21, 23, 46–48, 50, 52, 54 f., 64, 72 f., 89, 97, 99, 106 f., 115 f., 151
Scharia 146, 155, 158, 162, 165
  schariakonform 165
Scheidung 45, 50, 65, 84
Schiiten, schiitiisch 19, 28, 33, 57, 86, 94, 150
Schlaf 91 f.
  Schlafende:r 91 f.
Schlussfolgerung 25, 64
Schöpfer 26, 92, 156
  schöpferischer Wille Gottes 92
  Schöpfung 26
Schreiben 93, 101 f.
Schrift, schriftlich, verschriftlicht 24, 31, 150, 158 f., 162
Schulden, Schuldverhältnis 34, 74, 99 f., 102
Schüler 82, 148, 151
Schutz des Interesses der Menschen 147
  *siehe auch maṣlaḥa*
  schützenswerte Interessen 146
  *siehe auch maṣlaḥa*
schwanger(e Frau) 121 f.
Schweigen, schweigend 15, 20, 31, 33 f., 153
Schweinefleisch 106 f.
Schwur(bruch) 88
Seele 25, 83
*ṣifa* (Eigenschaft) 74, 119
*ṣiḥḥa* (Gültigkeit) 42 f.
singen 20
Sinne (Hören, Sehen, Riechen, Schmecken und Tasten) 24–26, 71
  Sinneswahrnehmung, Sinneserfahrung 26, 71
Sklave(n), Sklav:in(nen) 59, 85–87, 93, 117, 159
Spätantike 162
Spekulation, spekulativ 28, 30, 62, 139, 164 f.
Spekulationskauf *siehe ġarar*
Spezifikation, Spezifizieren, Spezifizierung, Spezifizität 34, 49, 56 f., 59–61, 63 f., 67–72, 74, 77–85, 90, 123, 137 f., 143
  *siehe auch taḫṣīṣ*
Spezifikator *siehe muḫaṣṣiṣ*
spezifisch, spezifiziert 17, 19, 39, 45 f., 55–57, 59, 63–67, 70–73, 78–81, 83, 90 f., 103, 124, 128, 139, 159, 162 f.
Sport 17
Sprache, sprachlich 12 f., 33, 37–40, 44, 50, 56–59, 64, 66, 79, 87, 89–91, 112, 114, 116, 161 f., 164
  Sprachkonvention, sprachkonventionell 37–39, 64, 79, 112

Sprachlogik 89, 112
Sprachphilosophie 162
Sprachsetzung 89
Sprachverwendung 38
Sprechen, Sprecher 31, 33 f., 37, 44 f., 47, 51, 68–70, 74, 77, 79 f., 92, 113
Sprechakttheorie 162
steinigen, gesteinigt 136
Steinigungsvers 136
Steuer, versteuern 39, 68, 78, 93, 116 f., 121 f., 140–142
Strafe 28, 57, 60, 83, 94 f., 104, 127, 149
Strafandrohung 57, 94, 104
stunden, gestundet, Stundung 53, 100
subjektiv, Subjektivität 128, 132, 134, 139, 143, 152, 161, 164
Substanz 39, 111, 130
subsumieren 50, 83, 91, 133, 149, 155
Südostasien 161
*šufʿa* (Vorkaufsrecht) 62
Sühne(leistung) 85–88
summarisch 47, 50 f., 53
*siehe auch muǧmal*
summarische Darstellung 47
Sünde 74, 104, 107, 111
Sünder 104
Sunna (Berichte überlieferter Aussagen, Handlungen und stillschweigender Zustimmung) 15–21, 30–32, 39, 41, 43, 46, 61, 63, 71, 73, 81–83, 86, 111 f., 125, 129, 135, 137–139, 149 f., 152, 154, 156, 160, 162 f.
Sunnit, sunnitisch 19, 21, 28, 92, 150
Superior 91, 103
Sure *siehe* Koran
Systematik, systematisch 18, 21, 25, 34, 39 f., 47, 51, 108, 113, 115, 137, 165

## T

*tābiʿī* (jemand aus der Nachfolgergeneration) 126
*taʾfīf* (Murren [gegenüber den Eltern]) 114
*tafsīr* (Koranexegese) 34, 99, 102, 142
*taǧdīd* (Innovation) 156
*taḫayyur* (Auswahl) 145, 155
*taḫrīǧ* 145
*taḥrīm* (Verbotserklärung) 97, 104
*siehe auch ḥarām*
*siehe auch* Verbot
*taḥsīnīyāt* (verschönernde Interessen) 146
*taḫṣīṣ* (Spezifikation) 56, 66
*at-takrār/at-tikrār* (Wiederholung) 95
*taklīf* (juristische Verantwortung) 42 f., 51
*taklīf mā lā yuṭāq* (›Auferlegung des Unerfüllbaren‹) 51
*taklīfī* (verpflichtend, beauftragend) 42 f.
*ṭalab* (Aufforderung) 41, 43, 94
*ṭalab muṭlaq* (unbestimmte Aufforderung) 94
*siehe auch* Aufforderung
*talfīq* 155
tanzen 20
*taqrīr siehe* Billigung, *iqrār*
*taqyīd al-muṭlaq* (Konkretisierung des Unbestimmten) 77, 84
*tarāḫī* (›verzögerbar‹) 96
*tarǧīḥ* (›Bevorzugung‹; Wahrscheinlichkeitsabwägung) 123, 145, 156
*tašābuh* (Ähnlichkeit) *siehe mutašābih*
*tašbīh* (rhetorischer Vergleich) 39
*tawātur* 24, 26, 35 f., 136
*tayammum* (rituelle Reinigung mit trockener Erde) 86 f.
testamentarisch 139
Teufel 104

Text, textuell 19 f., 71, 102, 113 f., 123, 147, 153
Textauslegung 18–22, 146–149, 152 f., 201
Textauslegungstradition 153
textbasiert 113
textzentriert 145 f., 158
Theolog:innen, theologisch 12, 21, 25, 31–33, 39, 47, 57, 70, 91, 98 f., 107, 129, 135, 143, 149 f.
theologische Schule 99
*ṯiqa* (vertrauenswürdig) 127
Tod 139, 160
Toleranz 147
Tote:r 83, 86, 106, 118, 157, 164
Töten/Totschlag 86, 118
Tötung eines Muslims 86
Tradent 127 f.
tradieren, tradiert 26, 30 f., 35, 62, 72, 82, 102, 125 f., 139, 163
Tradition, traditionell 12, 15, 35 f., 48, 63 f., 64, 67, 69, 71 f., 81–84, 94, 124, 130, 136, 138, 145, 147, 149 f., 152–159, 161 f., 164
Traditionarier *siehe al-muḥaddiṯūn*
Trauben(wein) 23, 130
*ṯubūt* (Feststellbarkeit) 35–37, 64, 67, 83, 125, 138, 153
*ṭuma'nīna* (›Vertrauen‹) 36
Tunesien 161
*ṭuruq al-istinbāṭ* (Normderivationsmethoden) 18 f.
Türkei, türkisch 13, 161
Tyrann 104

## U

Übereinkunft 137
Übereinstimmung 98, 115
übergeordnete Ziele der Scharia *siehe maqāṣid aš-šarīʿa*
Überliefererkette(n), Isnade (*isnād* – ›Stütze‹) 124–126
Überliefertes, Überlieferung 15 f., 20, 26 f., 31, 33, 35–37, 62 f., 71 f., 84, 102, 124–132, 138–141, 149, 160–162
Überschuss 53
*siehe auch ribā*
Übersetzung 12 f., 16, 18, 22 f., 31, 44, 54, 81, 83 f., 103, 118, 129, 132, 134
übertragene Bedeutung, übertragener Sinn 26, 37–40, 44, 46, 65, 78 f., 89, 95, 98, 105, 124, 163
Übertragung 33, 114
Übertretung 110
überwiegende Vermutung *siehe ġalabat aẓ-ẓann*
überzeitlich 32
Umkehrschluss 115–122, 125, 159
*umm* (alle Frauen, die zur ›Wurzel der Abstammung‹ gehören, Mutter, übertragen auch ›Wurzel, Basis‹) 39, 53–55
umstritten 28, 47, 54, 61 f., 64 f., 71 f., 74 f., 78, 86 f., 91, 94, 96, 104–106, 108 f., 116, 125–127, 131, 135, 137 f., 143, 164
unbestimmt, Unbestimmtes 57, 77, 84–90, 94, 97
Uneinigkeit 108, 131, 133
Ungehorsam 104, 110
Ungewissheit 45
Ungläubige(r) 60, 79, 137
universal, universell 164 f.
universitär 11
Unkenntnis 24 f., 53
unklar (*mutašābih*), Unklarheit 31, 34, 36, 42–48, 50–53, 55, 59, 63, 69 f., 79, 93 f., 100, 111, 124, 128, 149
unrechtmäßig 115
unrein, Unreinheit 74, 87, 108 f.
Unterhalt 83 f., 114, 122
Unterhaltsleistung 84
Unterhaltszahlung 114, 122
Unterlassung 97 f., 103, 112

Unterlegenheit 142
Unterrichtszirkel 12
Unterscheidungskriterium 91 f.
unwirksam 106
Unwissen(heit) 25
Unzucht 49, 127, 136
unzulässig 82, 116
urewig 25, 27, 91
*ʿurf* (Brauch, Konvention) 39, 59, 72, 155
*ʿurf ʿāmm* (allgemein verbreitet/allgemeine Konvention) 39
*ʿurf ḫāṣṣ* (spezifische, auf einen Ort beschränkte/spezielle Konvention) 39
*ʿurfī* (konventionell[e Bedeutung]) 39
Ursache (*causa*) 25 f., 86–88, 128
ursprünglich 32, 47, 97, 116 f., 136, 160 f.
Urteil 53, 62, 88 f., 98, 100, 108, 110, 113 f., 117, 120, 134, 136 f., 149
*uṣūl* (rechtsmethodisch) 18, 22 f., 25, 29, 33, 37, 40, 44 f., 76, 79, 81, 84, 99, 120 f., 132, 147, 156, 161
*uṣūl al-fiqh* (›Wurzeln des Verstehens/Rechts‹, ›Rechtsmethodologie‹) 18, 22 f., 25, 29, 33, 44, 76, 79, 84, 99, 132, 147, 149, 156, 161
*uṣūl*-Gelehrte 37, 40, 45, 121
*uṣūl*-Text/-Werk 79, 99, 147
utilitaristisch 148

## V

Vater 34, 107, 114
Verachtung 104
Verantwortung (rechtlich) 31, 33, 59, 71, 157
Verbieten, verbieten(d) 17, 35, 42 f., 62, 90, 97, 103–105, 107 f., 111, 114, 117, 125, 127, 133
*siehe auch nahy*
verbindlich, Verbindlichkeit 18, 42, 63, 70, 91–94, 98, 103, 149 f.
Verbindlichkeitsgrad/-stufe 42, 91, 94
Verbot, verboten 15–17, 23, 29, 39, 41 f., 44, 53–56, 62, 72 f., 90, 97 f., 103–111, 114 f., 118, 127, 130 f., 133–135, 138, 142, 150 f., 157
Verbotserklärung 97, 104
*siehe auch ḥarām*
Verdacht 110
Verendetes 73
Vergessen 135
Vergleichsgrundlage 33
Verkaufsgegenstand 72, 107
Verleumder (*qāḏif*) 49, 75
Vermächtnis 139
Vermögen 68, 115 f., 146
Vermutung 25, 28 f., 35 f., 40, 63 f., 68, 79, 84, 129, 133
Vernunft 33, 71, 146, 150
verpflichtend, Verpflichtung 18, 20, 40, 42, 51, 53, 62, 86, 93–95, 97, 100–102, 112, 122 f., 127 f., 134, 157
verpönt, Verpöntsein, Verpönung 42 f., 97 f., 104 f., 108
*siehe auch karāha*
*siehe auch makrūh*
Vers *siehe* Koranvers
verschriftlichte Rede 61, 162
verspätete Erklärung 70
Versperrung 133
versteckt 50
Vertrag 28, 41, 106 f.
Vertragspartei 107
Vertragsrecht 28
Vertragsschluss 107
Vertrauenswürdigkeit 62, 127
*siehe auch ṯiqa*
verunreinigen, verunreinigt 74, 109
Verwandte 19, 139

verzinsen, verzinst 106
Verzögerung *siehe tarāḫī*
vorislamisch 86
Vorkaufsrecht (*šufʿa*) 62
vormodern, Vormoderne 21 f., 45, 145–147, 149–151, 154, 156, 162
Vormund 118
Vorrang 25, 127

## W

*waḍʿī* (›eine Kondition setzend‹, konditional[e Ansprache]) 42 f.
*wāǧib* (verpflichtend) 42 f.
Wahabīya, Wahhabismus 153
wahrscheinlich, Wahrscheinlichkeit 25, 29, 34, 36, 44, 46–48, 50, 69, 97, 123–125, 129, 131, 163
  Wahrscheinlichkeitsabwägung 123 f., 129, 131
*waḥy ġayr al-matluww* (Offenbarung, die nicht im Gebet rezitiert wird) 138
Wandel 150, 155
Ware 41
Warnung 93
Wartezeit *siehe ʿidda*
*waṣaṭīya* (›Mittleres‹, Mittelweg) 153
Waschen, Waschung *siehe* rituelle Reinigung
Wasser 73 f., 86 f., 92, 109
Wein 15–17, 23, 29, 41 f., 90, 106–111, 129–131, 134
Weizenbier 16 f., 131
Weltordnung 152
Wert 29, 36, 68, 72, 74
widersprechen(d), Widerspruch 17 f., 21, 25, 48, 50, 54, 62, 66, 71, 82, 87, 103, 109, 111, 115, 117, 123, 129, 133 f., 136, 138 f., 149, 161, 163
Wiederbelebung 145, 153 f.
wiederholen(d), Wiederholung 79, 95 f., 104
Wille 30 f., 92, 103
Willkür, willkürlich 112, 149, 163
wirklich(e Bedeutung) 37, 39, 57, 78, 93, 95, 98, 104 f.
Wirkungsraum der Texte 122, 155
Wirtschaftswissenschaft 155
Wissen 21, 23–30, 33, 35, 38, 67, 84, 164 f.
  apriorisch/eingegeben *siehe badīhī*
  erworben *siehe al-ʿilm al-muktasab*
  göttlich 25
  menschlich, erschaffen 25, 27
  notwendig (*al-ʿilm aḍ-ḍarūrī*) 24–27, 29, 35
  urewig, unerschaffen 25, 27, 91
  Wissenskategorie 24, 29, 67, 165
Wissenschaftler:in(nen) 11, 136 f., 147 f., 161
Wissenschaftsdisziplin 40
Wort, wörtlich 12, 18–20, 22, 30, 37–40, 46, 51, 81, 124, 155, 161, 163
  Wortbedeutung 48, 53
  wortgetreu 160
  Wortlaut 21, 42, 46, 48, 54 f., 59, 61, 73, 84, 87 f., 111, 113, 116, 122, 132, 136 f., 149 f., 152 f., 162–164
  Wortneuschöpfung 39
  Wortsinn 164
Wucher 54
  *siehe auch ribā*
  *siehe auch* Zinsen
*wuḍūʾ* (rituelle Waschung) 86
*wuḍūḥ* (Klarheit) 46
*wuǧūb* (Verpflichtung) 20, 93

## Y

*yaqīn* (Gewissheit) 29
  *siehe auch* Gewissheit

## Z

*ẓāhir* (evident[e Aussage, Bedeutung]) 46–48, 52, 94, 103 f., 124
Zahiriten 116 f., 122
*zakāt* (jährliche Almosensteuer) 39, 78, 93, 116 f., 121 f., 140–142
*ẓann* (Vermutung) 29, 35–37, 46, 48, 63, 67, 153, 163
*ẓannī* (präsumtiv, wahrscheinlich, vermutet) 29, 35–37, 46, 48, 63, 67, 153, 163
*ẓannī d-dalāla* (Aussage verweist nur vermutlich auf eine Bedeutung, präsumtiv) 36 f., 67
*ẓannī t-ṯubūt* 35, 37, 63, 67
zayditisch *siehe* fünferschiitisch
zeitgenössisch 21, 136 f., 145 f., 148, 151, 155
zeitlich 32, 61, 96, 163, 165
Zeuge(n) 49, 75, 100–102
Zeugenaussage 49, 75
Zeugenschaft 75
Zeugnis ablegen 100
Ziele (der Scharia) *siehe maqāṣid (aš-šarīʿa)*
Zielfall 128
*ẓihār*-Scheidung 86 f., 89
Zinsen 54, 106
Zuordnung 50
Zustand 20, 24–26, 71, 76, 96 f., 102, 107, 109, 111, 114, 116 f., 139, 141 f.
Zweifel, zweifelhaft 25 f., 29, 50
zwischenmenschliche Beziehung(en) 28, 30, 59, 106, 147, 153
zwölferschiitisch (dschafaritisch) 150

# Personenverzeichnis

## A


ʿAbd al-ʿAzīz al-Buḫārī (gest. 730/1330) 81–84
*Kašf al-asrār* 81–83
ʿAbdallāh ibn ʿAbbās (gest. 68/687–688) 82
Abou El Fadl *siehe* Khaled Abou El Fadl
Abū ʿAbdallāh ibn Māǧa (gest. 273/887) 157 f.
*Sunan* 157 f.
Abū Bakr (gest. 13/634) 82, 141
Abū Bakr al-Ǧaṣṣāṣ (gest. 370/981) 51–53, 55, 82
*Šarḥ Muḫtaṣar aṭ-Ṭaḥāwī* 52
Abū Ǧaʿfar aṭ-Ṭaḥāwī (gest. 321/933) 52 f.
Abū Ḥāmid al-Ġazālī (gest. 505/1111) 146, 154
Abū Ḥanīfa (gest. 150/767) 82, 130
Abū Isḥāq aš-Šīrāzī (gest. 476/1083) 89
Abū l-Ḥasan al-Māwardī (gest. 450/1058) 53–55
*al-Ḥāwī* 53–55
Abū l-Ḥusayn al-Baṣrī (gest. 436/1044) 44 f.
Abū l-Maʿālī Imām al-Ḥaramayn al-Ǧuwaynī (gest. 478/1085) 23–25, 29, 94
*al-Waraqāt* 23–25
Abū l-ʿUsr al-Bazdawī (gest. 482/1089) 81
*Uṣūl al-Bazdawī* (*Kanz al-wuṣūl ilā maʿrifat al-uṣūl*) 81
Abū l-Wafāʾ ibn ʿAqīl (gest. 513/1119) 119–122
*al-Wāḍiḥ* 119–122
Abū l-Walīd al-Bāǧī (gest. 474/1081) 88–90
*Iḥkām* 88–90
Abū l-Walīd Muḥammad Ibn Rušd (gest. 520/1126) 107
Abū Manṣūr al-Māturīdī (gest. 333/944) 140–142
*Tafsīr* 140–142
Abū Naṣr al-Fārābī (gest. 339/950) 157
Abū ṭ-Ṭayyib aṭ-Ṭabarī (gest. 450/1058) 89
Abū Zayd ad-Dabūsī (gest. 430/1039) 48
Aḥmad (al-Ǧaṣṣāṣ, gest. 370/981) 53
ʿĀʾiša (gest. 58/678) 82 f.
ʿAlī ibn Abī Ṭālib (gest. 40/661) 141
ʿAllāl al-Fāsī (gest. 1974) 148
al-ʿAlwānī *siehe* Ṭāhā Ǧābir al-ʿAlwānī
Amīn al-Ḫūlī (gest. 1966) 161
al-Aqraʿ ibn Ḥābis (gest. 33/653–654) 141
Aristoteles (gest. 322 v. Chr.) 157, 164
Arslan *siehe* Hakkı Arslan
ʿAṭāʾ ibn Abī Rabāḥ (gest. 114/732) 100


## B


al-Bāǧī *siehe* Abū l-Walīd al-Bāǧī
Bakker *siehe* Jens Bakker
al-Bazdawī *siehe* Abū l-ʿUsr al-Bazdawī

Bobzin *siehe* Hartmut Bobzin
al-Buḫārī *siehe* ʿAbd al-ʿAzīz al-Buḫārī

## D

David R. Vishanoff (geb. 1968) 14, 23 f.

## F

Faḫr ad-Dīn ar-Rāzī (gest. 606/1210) 99–102
*Tafsīr* 99–102
Fāṭima bt. Qays (gest. 54/674) 83 f.
Fazlur Rahman (gest. 1988) 149, 158–161

## G

al-Ǧaṣṣāṣ *siehe* Abū Bakr al-Ǧaṣṣāṣ
al-Ġazālī *siehe* Abū Ḥāmid al-Ġazālī
al-Ǧuwaynī *siehe* Abū l-Maʿālī Imām al-Ḥaramayn al-Ǧuwaynī

## H

al-Ḥakam (ibn ʿUtayba, gest. 115/733) 101
Hakkı Arslan (geb. 1983) 23
Hartmut Bobzin (geb 1946) 16, 44, 54
al-Ḥasan al-Baṣrī (gest. 110/728) 101 f.

## I

Ibn Abī Laylā (gest. 148/765) 130
Ibn ʿĀšūr *siehe* aṭ-Ṭāhir ibn ʿĀšūr
Ibn Daqīq al-ʿĪd (gest. 702/1302) 118
Ibn Ḥazm (gest. 456/1064) 116
Ibn Lubāba (gest. 330/942) 108 f.
Ibn Māǧa *siehe* Abū ʿAbdallāh ibn Māǧa
Ibn Rušd (al-Ǧadd, gest. 520/1126) *siehe* Abū l-Walīd Muḥammad Ibn Rušd
Ibn Rušd (al-Ḥafīd), Abū l-Walīd Muḥammad ibn Aḥmad (latein. Averroes, gest. 595/1198) 108–110, 129–134, 157, 164 f.
*Bidāya(t al-muǧtahid)* 129, 131–134, 157
*al-Muqaddimāt* 108–110
Ibn Šubruma (gest. 144/761) 130
Ibn Surayǧ (gest. 306/918) 121
Ibrāhīm an-Naḫaʿī (gest. 96/714) 100, 130
Ibrāhīm ibn Mūsā aš-Šāṭibī (gest. 790/1388) 92, 146, 148 f., 154
ʿĪsā ibn Abān (gest. 221/836) 82
ʿIzz ad-Dīn ibn ʿAbd as-Salām (gest. 660/1262) 151

## J

Jens Bakker (geb. 1965) 23

## K

Kevin Reinhart (geb. 1952) 157
Khaled Abou El Fadl (geb. 1963) 157 f.

## M

Mālik ibn Anas (gest. 179/795) 108
al-Māturīdī *siehe* Abū Manṣūr al-Māturīdī
al-Māwardī *siehe* Abū l-Ḥasan al-Māwardī
Muḥammad ʿAbduh (gest. 1905) 148
Muḥammad ibn ʿAbd al-Wahhāb (gest. 1206/1792) 153

Muḥammad ibn Aḥmad al-Qurṭubī (gest. 671/1273) 99
*al-Ǧāmiʿ li-aḥkām al-Qurʾān* 99
Muḥammad ibn Ǧarīr aṭ-Ṭabarīs (gest. 310/923) 100
Muḥammad ibn Idrīs aš-Šāfiʿī (gest. 204/820) 31, 53–55, 82
*Kitāb al-Umm* 53–55
Muslim *siehe* Muslim ibn al-Ḥaǧǧāǧ

## N

Naǧm ad-Dīn aṭ-Ṭūfī (gest. 716/1316) 147 f.
an-Naḫaʿī *siehe* Ibrāhīm an-Naḫaʿī
Nasr Hamid Abu Zayd (gest. 2010) 161
an-Nawawī *siehe* Yaḥyā ibn Šaraf an-Nawawī

## P

Prophet Muhammad 32, 61

## Q

al-Qāḍī Abū Bakr al-Bāqillānī (gest. 403/1013) 89, 121
al-Qāḍī Abū Ǧaʿfar *siehe* Abū Ǧaʿfar aṭ-Ṭaḥāwī
al-Qāḍī Abū Muḥammad (gest. 422/1031) 89
al-Qaraḍāwī *siehe* Yūsuf al-Qaraḍāwī
al-Qasṭallānī *siehe* Šihāb ad-Dīn Abū l-ʿAbbās Aḥmad al-Qasṭallānī

## R

Rahman *siehe* Fazlur Rahman
Rašīd Riḍā (gest. 1935) 148, 153
ar-Rāzī *siehe* Faḫr ad-Dīn ar-Rāzī
Reinhart *siehe* Kevin Reinhart
Riḍā *siehe* Rašīd Riḍā

## S

aš-Šaʿbī (gest. 104/722) 102 f.
aš-Šāfiʿī *siehe* Muḥammad ibn Idrīs aš-Šāfiʿī
Saʿīd Ibn Ǧurayǧ (gest. 150/767) 100
Šams al-Aʾimma as-Saraḫsī (gest. 483/1090) 147
*al-Mabsūṭ* 147
aš-Šarīf al-Murtaḍā (gest. 436/1044) 94
Šarīk (gest. 177/794) 130
aš-Šāṭibī *siehe* Ibrāhīm ibn Mūsā aš-Šāṭibī
Šihāb ad-Dīn Abū l-ʿAbbās Aḥmad al-Qasṭallānī (gest. 923/1517) 109
*Iršād as-sārī* 109
Šihāb ad-Dīn al-Qarāfī (gest. 684/1285) 150 f.
Sufyān aṯ-Ṯawrī (gest. 161/778) 130
Sufyān Ibn ʿUyayna (gest. 198/814) 101
Sulaymān (ibn Ṭarḫān) at-Taymī, Abū l-Muʿtamir (gest. 143/761) 102

## T

aṭ-Ṭaḥāwī *siehe* Abū Ǧaʿfar aṭ-Ṭaḥāwī
aṭ-Ṭāhir ibn ʿĀšūr (gest. 1973) 148 f.
Ṭāhā Ǧābir al-ʿAlwānī (gest. 2016) 156
at-Taymī *siehe* Sulaymān (ibn Ṭarḫān) at-Taymī, Abū l-Muʿtamir
aṭ-Ṭūfī *siehe* Naǧm ad-Dīn aṭ-Ṭūfī

## U

ʿUmar ibn al-Ḫaṭṭāb (gest. 23/644) 82, 141

## V

Vishanoff *siehe* David R. Vishanoff

## Y

Yaḥyā ibn Šaraf an-Nawawī (gest. 676/1277) 52, 54–56, 118
*al-Ḥāwī l-kabīr* 53–55
*al-Maǧmūʿ Šarḥ al-Muhaḏḏab* 52, 54 f.
*Vierzig Hadithe* 118
Yūsuf al-Qaraḍāwī (gest. 2022) 153, 156

# Anhang

Da die Überblicksdarstellung zur Normderivation durch Textauslegung zu komplex ist, um sie im kleinen Format dieses Buches adäquat abbilden zu können, steht sie zum Download unter dem angegebenen Link bzw. QR-Code bereit.

**Schema 10:** Normderivation durch Textauslegung

www.buchgestaltung-online.de/Verlinkung_Kurnaz/Kurnaz_HziR_Band%204_Anhang_Schema_10_Normderivation_durch_Textauslegung.pdf

*Mehr Informationen zur Reihe und weitere interessante Titel zur islamischen Theologie finden Sie unter:*

**WWW.EBVERLAG.DE**

EBVERLAG

WWW.EBVERLAG.DE

Dr. Brandt e.K.
Jägerstraße 47
13595 Berlin

Tel.: 030 | 68977233
Fax: 030 | 91607774
E-Mail: post@ebverlag.de